【经济学学术前沿书系】

世界城市文化力量

牛继舜等◎编著

经济日报出版社

前　言

世界城市是指在全球政治、经济和文化等领域具有国际影响力和控制力的城市，是具有全球意义的战略资源或生产要素的集聚中心和配置中心，也是从全球角度俯视各国主要城市所构成的国际城市体系的高端形态。世界城市在全球资源配置中具有关键作用，对所在国家的发展具有重大贡献。随着世界范围内城市竞争的日益加剧，建设世界城市已经成为全球化时代世界主要国家或地区获取更大发展空间的战略选择。

2005年国务院批准的《北京城市总体规划（2004—2020年）》中明确提出，“必须以建设世界城市为努力目标，不断提高北京在世界城市体系中的地位和作用”。北京市“十二五”规划纲要提出，“当今世界正在发生深刻变化，经济全球化深入发展，科技创新孕育新的突破，国际市场分化组合，特大城市在全球网络中扮演着日益重要的角色。作为国家首都的北京，伴随着发展阶段的变化，需要以更宽阔的视野审视发展，以世界城市为坐标系定位发展，在更高层次上参与全球分工。”“要努力打造国际活动聚集之都、世界高端企业总部聚集之都、世界高端人才聚集之都、中国特色社会主义先进文化之都、和谐宜居之都，推动北京向中国特色世界城市迈出坚实步伐。”

北京快速发展的成果使其有实力和信心向世界城市迈进，但也应看到，目前北京在一些方面与世界城市还存在差距，尤其是城市文化软实力方面还有待提高。

硬实力是指支配性实力，包括基本资源（如土地面积、人口、自然资源）、军事力量、经济力量和科技力量等一些有形的物质力量。软实力是无形的非物质性力量，是依赖塑造与影响他人偏好的能力来吸引或说服别人相信和同意某些行为准则、价值观念和制度安排，即按照吸引而非强迫或收买手段达到己方意愿的能力。软实力研究的开创者约瑟夫·奈认为，随着两个超级大国全球军事对抗的消失，技术、教育和经济、文化因素在国际关系中的作用越来越突出，实力的界定正在变得“强制力更少，有形因素更少”。软实力包括文化软实力、意识形态软实力和社会制度软实力，而意识形态与社会制度，又恰恰是凭文化来打造的，因此，文化软实力可以说具有核心地位。

世界城市既需要硬实力基础，更需要文化软实力支撑，而最能提升城市文化软实力的有形载体则是文化创意产业。文化创意产业是将创意融合于文化元素通过科技和智力创造生产的高附加值产品，进而形成的满足市场需求的产业，主要包括广播影视、动漫、音像、传媒、视觉艺术、表演艺术、工艺与设计、雕塑、环境艺术、广告装潢、服装设计、软件和计算机服务等方面的创意群体。文化创意产业对于提升城市文化软实力的各构成要素均具有重大作用，四大世界城市（伦敦、纽约、东京和巴黎）无不通过文化创意产业打造其文化软实力。北京要建设世界城市，也需要通过发展文化创意产业提升其城市文化软实力。

目前理论界对世界城市的研究，更多侧重于经济视角，对世界城市的文化特质研究不足。从四大世界城市的发展历程和经验看，在经济高速发展后，文化将成为城市发展的动力。

无论是从北京的现状还是从世界城市的发展历程和经验看，从提高北京文化软实力角度研究世界城市的发展历程，总结四大世界城市通过文化创意产业提升文化软实力的经验，对于探索北京建设世界城市的方法和途径都是十分必要的。

本书是北京服装学院2011年学术创新团队项目“世界城市背景下北京文化创意产业发展研究”（项目编号：2011T-05）的阶段性研究成果。本书首先对世界城市、文化创意产业、城市文化软实力进行了理论研究，指出世界城市必须拥有强大的文化软实力，城市要通过发展文化创意产业提升文化软实力。之后，本书对四大世界城市发展轨迹，文化创意产业的发展历程，文化创意产业对城市文化软实力的贡献，以及城市未来的发展规划进行了梳理和探讨。最后，本书对北京市的文化创意产业和城市文化软实力进行了研究，对北京市通过发展文化创意产业提升北京城市文化软实力提出了初步建议。

本书共8章，第1章由赵洪珊撰写，第2章由陈桂玲撰写，第3、5章由牛继舜撰写，第4章由周易军撰写，第6章由陈遊芳撰写，第7章由席阳撰写，第8章由郭燕撰写。全书由牛继舜负责统稿，周易军为本书的选题和框架做出了突出的贡献。

本书参考借鉴了国内外学者的大量研究成果，对这些学者表示感谢。

由于篇幅有限，本书仅收入了团队研究的阶段性成果，对于四大世界城市发展历程的深入分析，对于四大世界城市可供北京借鉴的经验，对于北京市通过发展文化创意产业提升北京城市文化软实力、促进北京世界城市建设的具体建议将发表在后续出版的著作中。

作　者

2012年8月于北京

目录
CONTENTS

世界城市 文化力量
World City Cultural Power

理论篇

第一章　世界城市理论体系及评估指标

第一节　世界城市的基本内涵

北京市“十二五”规划纲要提出，要努力打造国际活动聚集之都、世界高端企业总部聚集之都、世界高端人才聚集之都、中国特色社会主义先进文化之都、和谐宜居之都，推动北京向中国特色世界城市迈出坚实步伐。早在2005年国务院批准的《北京城市总体规划（2004年~2020年）》中就明确提出，必须以建设世界城市为努力目标，不断提高北京在世界城市体系中的地位和作用。

一、世界城市的内涵

（一）世界城市的定义

世界城市是指在全球政治、经济和文化等领域具有国际影响力和控制力的城市，是具有全球意义的战略资源或生产要素的集聚中心和配置中心，也是从全球角度俯视各国主要城市所构成的国际城市体系的高端形态。一般而论，在国际城市体系中不仅可以有多个世界城市，而且可以依据一定的评判标准对不同类型的世界城市划分等级。通常人们将美国的纽约、英国的伦敦、日本的东京和法国的巴黎看做是等级最高的世界城市。

据北京市《政府工作报告及计划报告、财政报告名词解释》中对世界城市的解释，世界城市是国际大都市的高端形态，对全球的经济、政治、文化等方面具有重要影响力。

（二）世界城市的内涵

世界城市的研究肇始于1915年苏格兰城市规划师帕特里克·格迪斯所著《进化的城市》一书。该书明确提出了“世界城市”这一概念，并从经济和商业两方面将“世界城市”描述为在世界商务活动中具有最重要地位的城市。20世纪60年代以后，关于世界城市的研究开始进入比较深入系统的阶段。尽管对世界城市的研究已有数十年的历史，但学术界关于世界城市的概念还没有一个为各方面所接受的标准和定义，下面几种是较有影响力的界定。

1. 霍尔的界定

1966 年，霍尔最先对世界城市做出了较全面的解释，即专指那些已对全世界或大多数国家发生经济、政治、文化影响的国际第一流大都市，具体包括以下几个方面的内涵：主要的政治权力中心；国家的贸易中心；主要银行所在地和国家金融中心；各类专业人才聚集的中心；信息汇集和传播的地方；大的人口中心，而且集中了相当比例的富裕阶层人口；娱乐业已成为重要的产业部门。

2. 弗里德曼的界定

1986 年，弗里德曼在《世界城市假说》一文中阐述了有关世界城市的几个基本观点：（1）一个城市与世界经济的融合形式和程度以及它在新国际劳动地域分工中所担当的职能，将决定该城市的任何结构转型；（2）世界范围内的主要城市均是全球资本用来组织和协调其生产和市场的基点，由此导致的各种联系使世界城市成为一个复杂的空间等级体系；（3）世界城市的全球控制功能直接反映在其生产和就业结构及活力上；（4）世界城市是国际资本汇集的主要地点；（5）世界城市是大量国内和国际移民的目的地；（6）世界城市集中体现产业资本主义的主要矛盾，即空间与阶级的两极分化；（7）世界城市的增长所产生的社会成本可能超越政府财政负担能力。

弗里德曼指出，现代意义上的世界城市是全球经济系统的中枢或组织节点，它集中了控制和指挥世界经济的各种战略性的功能。

3. 萨森的界定

研究世界城市的另一著名学者萨森（1995）认为，全球城市就是那些能为跨国公司全球经济运作和管理提供良好服务和通讯设施的地点，是跨国公司总部的聚集地。全球城市具有以下 4 个基本特征：（1）高度集中化的世界经济控制中心；（2）金融和特殊服务业的主要所在地；（3）包括创新生产在内的主导产业的生产场所；（4）作为产品和创新的市场。

4. 卡斯特尔的界定

卡斯特尔针对那些少数国家中能吸引和集中高层管理活动的特定区域而创造了节点城市概念，节点城市是全球经济下的点，电信港的发展使得这些城市能够跨越传统的边缘界线而进行交流和贸易。世界城市则是“那些在全球网络中将高等级服务业的生产和消费中心与它们的辅助性社会联结起来的地方”，“世界城市产生于公司网络活动的关系以及以知识综合体和经济反射为基础的城市之间的联系之中”，“城市不是依靠它所拥有的东西而是通过流经它的东西来获得和积累财富、控制和权力”。与以前的静止的世界城市概念不同，卡斯特尔赋予世界城市动态的和联系的内涵，从而将世界城市理论向前推进一步。

二、世界城市的特征

世界城市的本质特性，是由多因素构成的集合体，即世界城市有多个本质特性，共同组合，形成综合国际竞争力，以集中展现世界城市的总体风貌。而世界城市的每一特性，并不一定是在国际城市体系中最突出的，但多个特性的集合，则在国际城市体系中肯定是最耀眼的“明星”。从归纳角度分析，世界城市主要有以下本质特性。

（一）世界政治中心

世界城市是全球重大国际政治事务的决策中心，也是全球战略活动的信息汇集中心和国际事务协调中心。世界城市的这一本质特性，集中表现在两个方面：

（1）世界城市一般是一国的首都，是世界主要大国的政治决策部门所在地，政治决策影响力可以辐射全球。伦敦的国际政治影响力，不仅依托本土的国家力量，而且可以通过“白金汉宫”辐射到英联邦国家；巴黎依托国家力量及其在欧盟中的大国地位，可以形成巨大的国际政治影响力；东京凭借国家力量及其与美国的同盟关系，可以发挥国际政治影响力；纽约虽然不是美国的政治中心，但纽约是联合国总部所在地，拥有联合国6个主要机构中的5个，享有“万国之都”的美誉。

（2）世界城市是国际组织的集聚地，通过众多的国际机构总部和举办大量的国际会议而形成国际政治影响力。目前纽约、伦敦、东京和巴黎拥有的国际机构总部，分别为208个、57个、21个和16个；每年在巴黎举办的国际会议就超过500个，平均每天有1.5个国际会议在巴黎开幕。

（二）世界服务经济中心

世界城市是一个经济范畴，具有为全球经济服务的本质特性。但这种特性，不是指工业经济或制造业，而是指服务业特别是现代服务业。也就是说，世界城市对全球经济的影响力，集中体现在现代服务业方面。世界城市通过高度发达的现代服务业，可以成为世界金融中心，世界大宗商品和金属交易中心，世界商务服务中心，世界知识创新中心，世界文化中心，世界信息服务中心，使之最终可以成为世界经济管理的控制中心。世界城市作为全球服务经济中心，主要表现在几个方面：

（1）跨国公司总部云集，是国际资本决策与调控中心，也是全球重要商品交易所集聚地，可以在24小时内不间断地进行全球金融交易和大宗商品的交易，可以凭借发达的股票、期货、外汇、黄金和大宗商品的市场，控制全球经济的话语权和定价权，对全球生产及其要素流动产生支配性影响力。

（2）商务服务业和信息服务业高度发达，是国际知名会计师事务所、律师事务所和市场调研机构的集聚地，也是国际会展中心和广告展示中心，可以保障信息流和专业商务服务活动在全球范围内顺畅展开，以满足全球经济发展对各种信息资源的集中、分析、筛选、处置、存储、复制、创新、发布、扩散的需要。

（3）科技服务业和教育培训业高度发达，知识型和创新型人才云集，可以对全球金融、技术、研发、生产、营销、文化、组织、管理等领域的创新活动提供强有力的支持。

（4）物流业和商贸业高度发达，能够通过完备的交通物流设施和运营网络，为国内外的商贸活动提供便利；也能够通过举世闻名的商业街或商贸区，吸引国内外的消费者和生产者云集，引领世界生产与消费的潮流。

（三）世界消费中心

世界城市不是以物资产品生产为主导的城市，而是以消费特别是服务消费为主导的城市。作为消费城市，世界城市之所以可以成为世界消费中心，对全球消费产生影响力，主要源于4个方面：

（1）世界城市的人口规模巨大，并且能够容纳大量外来人口，特别是外国人口。例如，2008年纽约常住人口为836万，其中外籍常住人口占20%；东京常住人口为1290万，其中外籍常住人口占3.1%。如此规模巨大的本地人口和外籍人口，不仅可以产生巨大的消费力，而且可以形成多元化和全球化的消费结构，引领世界消费潮流。

（2）世界城市都建有都市圈，其人口规模更为巨大，消费力更强。如纽约都市圈北起缅因州，南至弗吉尼亚，跨越了10个州，包括纽约、波士顿、华盛顿、费城、巴尔的摩等5个大城市和40个小城市，人口为6500万。东京都市圈从东京湾的鹿岛开始，经千叶、东京、横滨、名古屋、大阪、神户直达北九州的长崎，形成日本东海道都市带，人口7000万。

（3）世界城市通过服务经济特别是现代服务业的发展，为全球提供了丰富多彩的服务产品，用于满足本地居民以及世界各地居民的需求。例如，通过教育、文化和旅游资源的开发与利用，世界城市成为全球教育、文化和旅游消费的中心。特别应当强调指出的是，世界城市提供的服务消费，包括高端的、生产性的、专业知识性强的、有品牌和有创意的服务产品，主要不是用于满足个人消费者的需求，而是用于满足国内外各类机构的消费需求，这是拉动世界城市服务经济特别是现代服务业可持续发展的主导力量，从而决定了世界城市作为全球消费中心的本质特性。例如，纽约的华尔街、伦敦的金融城、东京的新宿和巴黎的拉德芳斯，作为世界著名的金融业集聚区，其提供的金融产品和相关知识服务，是世界各国大型金融机构和大公司总部服务消费的主要方面。

（4）世界城市不仅能够提供高端的、创新型的服务消费品，引领世界服务消费的潮流，而且可以提供高端的、时尚的、个性化的、知名品牌的物质产品和奢侈品，引领世界物质产品消费的潮流。纽约的第五大道商业街、伦敦的新邦德商业街、东京的银座商业街和巴黎的香榭丽舍商业街，作为全球著名的商贸区，就可以起到这种作用。

（四）世界文化中心

从前述有关世界城市的内涵界定可以看出，学界主要从经济和政治地位来界定世界城市，而世界城市的最初提出者德国学者 Goethe 在 1889 年使用有“世界城市”之义的德语“Welstadt”来描述当时的罗马和巴黎，其目的是从文化的优势上突显这两个城市。

无独有偶，一些国家的政府部门也更加重视文化对世界城市建设的重要作用。1991 年，伦敦规划委员会（London Planning Committee）提出了一套关于世界城市发展的综合指标。其中包括：（1）基础设施；（2）国际贸易与投资带来的财富创造力；（3）服务于国际劳动力市场的就业与收入；（4）满足国际文化与社会环境需求的生活质量。

1996 年，英国环境部与伦敦政府办公室组织重点对伦敦、巴黎、纽约、东京 4 个城市的金融与商业服务、旅游、文化创意产业、权力与控制力、交通运输、信息技术和教育 7 个方面进行比较研究。

2000 年，伦敦金融城当局（Corporation of London）围绕纽约和伦敦两个城市的经济驱动力量以及未来面对的主要挑战，重点研究了衡量世界城市的 7 个指标：金融服务业、商业与职业服务业、媒体、旅游、交通运输、政府管理、经济发展政策。

此外，《香港 2030》规划中，将自身未来定位为世界主要城市、亚洲国际都市以及中国的主要城市。其具体角色包括：全球及亚太金融商业中心、跨国公司地区中心、华南地区贸易转口港、国际及亚太海运空运中心、主要旅游目的地、华南科技创新中心、亚太广播、电讯及互联网枢纽、亚洲艺术、文化、娱乐以及体育赛事中心。

考察四大世界城市不难发现，它们都拥有雄厚的文化资源和媒体资源，是全球文化高地和国际旅游城市。纽约是美国的文化之都，拥有百老汇、林肯艺术中心、美国大都会博物馆等世界著名文化设施。伦敦不仅拥有白金汉宫和大英博物馆等世界著名文化设施，而且被喻为“创意产业之都”，依靠完备的文化产业发展政策，形成了独具特色的文化创意品牌和创意产业。巴黎拥有世界艺术之都和时尚之都的美誉。不仅如此，世界城市还控制着国际舆论话语权。纽约拥有以《纽约时报》为代表的2000多种报刊和美国三大广播电视网，伦敦拥有英国广播公司和路透社等传媒总部。这些世界著名的媒体，足以引领全球的舆论导向。

（五）世界标杆城市

世界城市在城市规划、建设、管理、产业布局、产业发展、规制创新等方面都处于全球领先地位，是其他国际城市建设与发展的标杆。例如，在城市规划方面，伦敦和巴黎的卫星城规划，东京的绿化隔离带和“多核多圈”的规划模式，都为不同国家的大城市所借鉴；在产业发展方面，纽约曼哈顿的建设经验，伦敦金融城的建设经验，都成为全球各大城市学习的榜样。

第二节　世界城市的类型

一、世界城市的分级

世界城市在世界城市体系中相互关联、互为依存。但由于各个世界城市自身制度、文化结构的差异，以及在全球化经济格局中职能分工的差异，世界城市在类型上也表现出多样性或差异性。在不同层次上各个城市的内涵和职能也不尽相同，有些城市是综合型中心，如：纽约、伦敦、东京、巴黎；有些城市是金融中心，如：阿姆斯特丹、香港；有些城市是物流信息中心，如：芝加哥、米兰、法兰克福；也有些城市是历史文化中心，如：马德里、罗马、柏林。

全球化与世界级城市研究小组GaWC（Globalization and World Cities）将世界城市划分为α、β、γ、high sufficiency以及sufficiency级别，最高级别为α++级。以下是2010年α、β、γ级城市名录。

α++：纽约，伦敦

α+：东京，巴黎，香港，新加坡，悉尼，米兰，上海，北京

α：马德里，莫斯科，首尔，曼谷，多伦多，布鲁塞尔，芝加哥，吉隆坡，孟买

α-：华沙，圣保罗，苏黎世，阿姆斯特丹，墨西哥城，雅加达，都柏林，曼谷，台北，伊斯坦布尔，里斯本，罗马，法兰克福，斯德哥尔摩，布拉格，维也纳，布达佩斯，雅典，加拉加斯，洛杉矶，奥克兰（新西兰），圣地亚哥，布宜诺斯艾利斯

β+：华盛顿，墨尔本，约翰内斯堡，亚特兰大，巴塞罗那，旧金山，马尼拉，波哥大，特拉维夫，新德里，迪拜，布加勒斯特

β：奥斯陆，柏林，赫尔辛基，日内瓦，利雅得，哥本哈根，汉堡，开罗，卢森堡，班加罗尔，达拉斯，科威特城，波士顿

β-：慕尼黑，迈阿密，利马，基辅，休斯顿，广州，贝鲁特，卡拉奇，索菲亚，蒙得维的亚，里约热内卢，胡志明市

γ+：蒙特利尔，内罗毕，巴拿马城，金奈，布里斯班，卡萨布兰卡，丹佛，基多，斯图加特，温哥华，麦纳麦，危地马拉市，开普敦，圣何塞，西雅图

γ：深圳，珀斯，加尔各答，安特卫普，费城，鹿特丹，拉各斯，波特兰

γ-：底特律，曼彻斯特，惠灵顿，里加，爱丁堡，圣彼得堡，圣迭戈，伊斯兰堡，伯明翰，多哈，阿拉木图，卡尔加里

而据2010年的最新动态，中国共有12个城市上榜：

α+：香港，上海，北京；α-：台北；β-：广州；γ：深圳；sufficiency：成都，澳门，天津，南京，高雄，大连。

二、资本吸收型和资本供给型

还有一种分类，就是把世界城市分为资本吸收型和资本供给型。资本吸收型也称为资本管理型，是国际金融和高端服务业的世界中心，也被称为金融中心型世界城市，最典型的就是纽约和伦敦。纽约是现代世界城市的先驱，在20世纪70年代提出构建世界城市的战略时，正值经济危机制造业衰退，因此，选择了向国际金融和高端服务业倾斜的策略，而不是跨国公司的世界中心。这种类型的世界城市由于缺乏广泛的产业基础，对外界经济的依赖度过高。

资本供给型也称为产业中心型，资本供给型世界城市集聚了大量的来自世界各地的制造业和产业咨询类跨国公司总部，除了具有国际金融中心的功能之外，也是世界产业的中心，最典型的就是东京。东京提出强化世界城市功能的战略是在20世纪80年代中期，是在“第四次全国综合开发规划”（1987年）和“东京都第二次长期规划”（1986年）中提出的，比纽约晚七八年。因此，东京与纽约不同，聚集了大量来自世界各地的制造业和产业咨询类跨国公司总部，除了具有国际金融中心的功能之外，也是世界产业的中心，具有很强的生产型服务业。

三、全能型、有侧重的全能型和单一功能型

世界城市还可以根据功能担当上的完整性与侧重点不同，分为全能型、有侧重的全能型和单一功能型三种类型。全能型世界城市的共同特点是，其均为所在

国的绝对全能中心，既是所在国的经济、社会、文化首位城市，又是首都。有侧重的相对全能型城市不多，因为经济、社会、文化、政治功能之间有着重要的协同集成效应，功能的侧重意味着这种协同效应不能最大程度地达成，使得城市的崛起更为艰难。以单一功能见长的城市更适合称为国际大都市，而往往无法达到世界城市所需要具备的全球活动战略性控制节点的水平。

四、市场主导型与政府主导型

尽管在市场经济条件下，市场因素决定城市的形态和结构，形成了世界城市所经历的相似的社会——经济空间重构过程，但城市不是孤立存在的，城市所在国家和地方政府的政权体制的差异，城市历史轨迹的不同走势，使世界城市的发展模式大不相同。世界城市的发展模式一般分为市场主导型和政府主导型。

市场主导型世界城市是世界城市的原发模式。世界城市的全球控制和协调能力是全球资本在市场运行过程中自然形成的，以市场为主要动力。公司在市场机制条件下运行发展，国家在经济管治中为市场运行设立最小限制，仅在定义财产权、强迫执行合同、检查竞争法规和保护国有财产时才行使国家权力。纽约、伦敦是这种模式的代表。

政府主导型世界城市是世界城市的后发模式。虽然世界城市思想来源于北美和欧洲的学者，但却引起世界其他地区政府的高度关注，尤其是引起了亚太地区国家的关注。政府关心的不是世界城市的概念及其构成，而是世界城市对国家经济和社会发展的引领和带动作用，并把构建世界城市作为国家经济和政治成功的标志。在亚太地区国家中，重大工程项目如世界级机场、高速铁路、网络建设、城市改造，重大文体项目如奥运会、世博会的举办等，政府是项目的主要投资方，也是项目影响力评价的主导力量，因此，政府在推动大都市向世界城市发展的过程中，其目标是国家战略利益的最大化，注重的是市场份额和影响力。该模式的优势是具有项目实施的计划性和稳定性，东京就是这种模式的代表。

第三节 世界城市的指标评价体系

北京市委市政府明确提出，要按照世界城市的最高标准来谋划、推动北京的社会经济建设。准确把握世界城市评价标准，建立一套科学、完整的反映城市国际化水平的指标体系，将对北京未来中长期发展中落实世界城市建设目标、进行战略部署和路径设计具有重要的理论指导意义和实践运用价值。

一、国外世界城市指标体系研究

（一）一般性特征的识别导向类指标

识别导向类指标是基于对已有世界城市共性特征归纳形成的，具有识别特质的指标。霍尔在1966年对世界城市的归纳更接近于首位城市的描述，提到了涉及政治、经济、文化中心和交通枢纽的7项指标，但并不突出国际性功能。1986年，弗里德曼在世界城市假说当中，特别强调了以企业总部、国际组织及大银行的区位作为判定的主要考虑因素。城市群概念的提出者戈特曼也于1989年对世界城市的识别特征提出了自己的看法，他认为判断标准主要为三大方面：（1）人口因素；（2）脑力密集型产业；（3）政治权力中心。1995年。弗里德曼从流量和同全球化的吻合视角将世界城市的判断标准进一步发展为：（1）与世界经济融合的职能；（2）空间组织与协调基点；（3）全球经济控制能力；（4）国际资本积累之地；（5）国际与国内移民的终点。在学界研究的基础上，1991年，伦敦规划委员会提出了一套关于世界城市发展的综合指标。其中包括：（1）基础设施；（2）国际贸易与投资带来的财富创造力；（3）服务于国际劳动力市场的就业与收入；（4）满足国际文化与社会环境需求的生活质量。

尽管学者们对世界城市的判定指标有着不同的侧重，但有一些关键环节殊途同归，成为较为一致的评判标准。其中包括：跨国公司总部集聚、贸易中心地位、人口规模及流量、国际政治控制力等。应当说，这些要素或指标基本反映了世界城市自身的识别性特点。

（二）引导世界城市发展的规划导向类指标

规划导向类指标系用于指导如何建设世界城市的指标。从当前世界城市的发展路径来看，越来越多的城市具有明显的公共政策指导下的规划发展痕迹，可见城市规划对于世界城市发展具有的战略引导意义。

《东京构想2000》提出，到2015年，东京城市发展的目标包括：舒适的东京；人员、物品、信息顺畅流动；丰富的自然和文化资源，富有个性和能力的人才；多彩社会；产业活跃发展；安全；环境与健康；可持续发展；社会基础设施；自立发展；下一代培育；就业充足；信息化；交通运输；提升城市控制力和地位，并围绕规划制定了城市发展步骤和措施。

1995年，伦敦荣耀计划公布，该计划设定了城市重点战略发展框架，包括：实现世界级生产力；更强的社会凝聚力；提供高质量的基础设施、服务设施和生活设施。其目的在于确保伦敦的世界城市地位。

2006年，纽约市提出《纽约2030》规划，刻画了未来25年纽约将要建设成为一个更大、更加绿色的纽约。为达成此目标，该市的规划中设定了土地、水、交通、能源、空气质量、气候等6个方面的目标，并根据具体情况设定了每个子项目的未来目标。

悉尼于2006年制定了2031年远景规划，明确提出悉尼的城市定位即为全球城市，其中包含了经济与就业、国际走廊、住房、交通、环境与能源、公共空间以及政府执行力等7项主要方面。

二、北京建设世界城市的指标体系构建

（一）北京社会科学研究院“北京世界城市指标体系”的指标体系

北京世界城市研究基地在北京社科院挂牌成立。目前，根据北京市社会科学院城市问题研究所齐心等人的研究，北京建设世界城市的目标已被细化为36项具体指标（见表1－1）。北京世界城市指标体系共包括三个评价维度：总体实力、网络地位和支撑条件。

1. 总体实力指标构成

一个城市的总体实力主要由三个方面构成：反映其经济规模和结构的硬实力，反映其科技、文化和品牌实力的软实力，以及反映城市服务功能完善程度的基础设施水平。主要使用各种总量指标来反映城市总体实力的大小。

硬实力是一个城市总体实力的核心，是发挥城市对外服务功能和影响力的基础。选择了GDP总量、生产性服务业占GDP比重、金融业增加值、现代制造业增加值等四项指标来反映城市的硬实力。GDP总量反映一个城市经济规模的大小，生产性服务业占GDP比重反映一个城市的生产性服务业的发达程度和产业结构高度化的程度，金融业增加值和现代制造业增加值则反映了这两个重要的产业部门的发达程度。

软实力主要反映一个城市科技、文化、人力资本、社会资本的积累情况，由专利授权量、世界排名500强的大学数量、城市品牌指数三项指标组成。专利授权量反映科技研发能力的高低，世界排名500强的大学数量反映一个城市高素质人才和科技力量的培育和聚集能力，城市品牌指数则是反映城市全球品牌形象的一个指标。

基础设施是一个城市发挥生产功能、服务城市运行的物质载体。完善的基础设施是世界城市的重要特征，是世界城市吸引力的重要来源。用轨道交通运营里程、五星级酒店数量、宽带用户比例三项指标反映城市的基础设施水平。轨道交通运营里程反映大容量交通工具的发达程度，五星级酒店数量反映城市的高水平接待设施的数量和服务水平，宽带用户比例反映城市互联网发展水平和信息化程度。

2. 网络地位

城市的网络地位是个多向度的复合体。世界上城市与城市之间的联系包括经济联系、政治联系、文化联系以及知识与信息联系等，相应的，城市的网络地位也包括经济地位、政治地位、文化地位、信息（知识）地位以及在此基础上的综合地位等。表现城市之间网络联系的指标主要有三种类型：一种是人流、物流、信息流，以及承载这些“流”的物质载体，包括铁路网、公路网、航空网、通讯网等各种基础设施网络的流量指标；一种是跨国公司、国际组织及其分支机构的分布指标，这类指标之所以也能反映城市之间的联系，是因为城市之间的互动很大一部分正是通过这些组织机构内部的互动而发生的；此外，城市中发生的国际活动及事件指标也能表征城市与外部世界联系的紧密程度。

3. 支撑条件

世界城市支撑条件是指保障城市长期、持续高效率运行的要素，可以从三个方面加以概括：活力、创新和宜居。主要使用各种结构和比例指标来反映世界城市的支撑条件。

表 1－1　北京世界城市指标体系（北京市社会科学院城市问题研究所）

	二级指标	36 项指标
总体实力	硬实力	GDP 总量
		生产性服务业占 GDP 比重
		金融业增加值
		现代制造业增加值
	硬实力	专利授权量
		世界排名 500 强大学数量
		城市品牌指数
	硬实力	轨道交通运移里程
		五星级酒店数量
		宽带用户比例
网络地位	综合地位	大型国际展会数量
		国际航空客运吞吐量
		姐妹或友好城市数量
		出入境人次

续表

	二级指标	36 项指标
网络地位	经济地位	全球百强生产者服务业企业机构数
		外国金融机构数量
		进出口总额
		对外投资及吸引外资总额
	政治地位	联合国机构及国际组织总部数
		国际 NGO 组织的数量
		使领馆数量
	文化地位	全球传媒集团总部及分支机构数量
		出入境旅游人数
		版权引进与版权出口数量
	信息地位	互联网国际出口带宽
		国际期刊发表的论文数量
		留学生数量
支撑条件	活力之都	外籍人口占常住人口比重
		基尼系数
		劳动年龄人口比例
	创新之都	居民平均受教育年限
		企业 R&D 投入强度
		高新技术产业就业人口比例
	宜居之都	交通事故率
		每万人医生数量
		一年内的好天率

活力是指容纳多样的人和事物，促进城市协调并且持续发展的文化氛围和社会结构。包容多样性的文化氛围是城市充满活力的首要条件，收入分配和人口年轻结构合理也是城市能否避免社会矛盾激化、实现可持续发展的重要保障，为此选择了外籍人口占常住人口比重、基尼系数和劳动年龄人口比例三个指标来反映城市的活力。

创新既包括科技创新也包括文化、管理等领域的各种创新。创新可以保障城市管理及其内部的企业等各类机构提升效率，并从知识产权获取竞争优势，是控制全球经济、文化、政治和建设世界城市的关键之一。我们选择居民平均受教育年限、企业 R&D 投入强度和高新技术产业就业人口占全部就业人口比例三个指标，分别从创新主体、创新投入和创新产出等方面反映城市的创新能力。

宜居是指能够满足居民物质和精神生活需求，提供适宜人类工作、生活和居住的城市环境。宜居的环境是吸引全球人才的关键，而人才是当今世界最稀缺的资源。故选择交通事故率、每万人医生数量、一年好天率三个指标，从安全性、健康性、舒适性等侧面反映城市的宜居程度。

4. 测评结果

目前，获得公认的世界城市是纽约、东京和伦敦三个城市，这三个城市也是顶级的世界城市，因此，以这三个城市的数据计算各个指标的平均值作为比较的基准值。在某个指标上将北京与这个基准值相比得到一个比值，这个比值反映了在该指标上北京对世界城市的实现程度。逐层计算多个指标的平均实现程度，能得到北京在各个领域乃至整体上对于建设世界城市目标的实现程度。

经过测算，从构成世界城市地位的总体实力、网络地位和支撑条件三个方面来讲，北京市在总体实力上的实现程度最低，只有51%。在网络地位上的实现程度稍高，为69%。在支撑条件上的实现程度最高，为73%。这表明，虽然北京的总体实力与主要世界城市相比仍有较大差距，但随着中国国力的快速提高和世界经济中心的东移，北京在世界城市网络中的枢纽作用已经更为明显地表现出来。同时，北京在社会和谐、科技发展、劳动力资源等方面的优势，为北京进一步提升在世界城市网络中的地位打下了良好的基础条件。将所有指标综合在一起，得到了北京在建设世界城市目标上的综合实现程度64%（见图1－1）。可以看到，北京目前的发展水平接近于世界城市的门槛值或“及格分”。

（二）首都经济贸易大学首都国际化进程研究基地“基于全景观察的世界城市指标体系”

首都经济贸易大学首都国际化进程研究基地“世界城市指标体系和努力方向研究课题组”构建的“基于全景观察的世界城市指标体系”，由5大要素和26个分项指标构成可持续评价体系（见表1－2）。世界城市指标体系包括功能指标、规模指标、基础指标、禀赋指标、品质指标5个方面的内容。

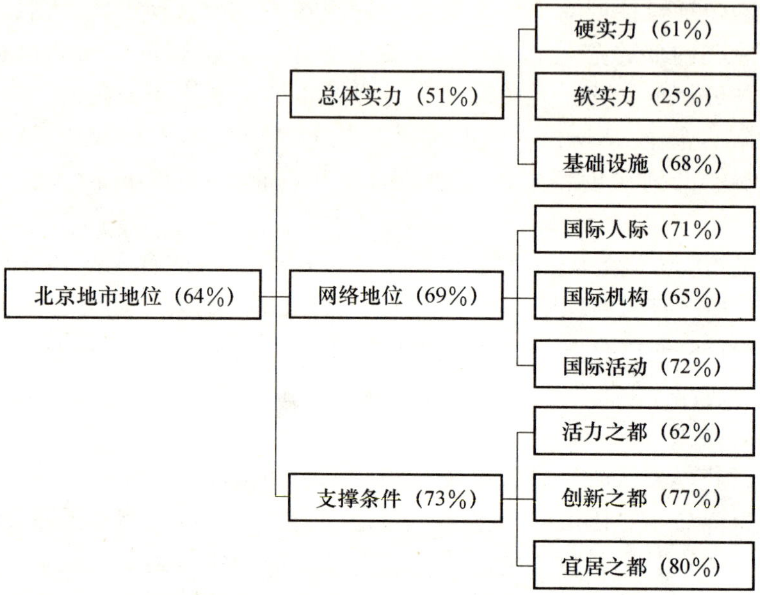

图 1－1　北京建设世界城市指标体系综合评价结果

（图中括号中的数字为该领域的平均实现程度）

表 1－2　基于全景观察的世界城市指标体系

类别	指标
功能指标（30 分）	全球金融指数
	航空港货邮吞吐量
	航空港旅客吞吐量
	入境旅游人数
	全球 500 强企业总部数
	举办国际会议数量
规模指标（30 分）	GDP 总量
	政府财政支出
	外贸进出口总额
	金融业产值占 GDP 比重
	创意产业从业人员比重
	全球商业枢纽研究指数

续表

类别	指标
基础指标（20分）	城市基础设施指数
	轨道交通里程
	每10万人拥有医生数
	空气中总悬浮颗粒物（逆向指标）
禀赋指标（20分）	自然区位便利度
	人口密集度
	世界文化遗产
	专利申请数量
品质指标（30分）	人均GDP
	生活质量指数
	25岁以上接受高等教育人数占比
	万人刑事案件发案率（逆向指标）
	通勤时间（逆向指标）
	常住人口中外国人占比

1. 指标体系构成

（1）功能指标（流量）

即反映世界城市共性特征的指标，既要包含一般城市的基本功能性内涵，更要标明世界城市区别于其他类型城市的国际性功能特质，即实现服务世界、影响全球的城市功能。现代城市，正是商品流、资金流、人流、技术流、信息流的节点。各种流量中，经济流是基础，经济流速度、规模、范围上的差异，形成国际化进程中的不同层级类别的城市等。从这一点来看，世界城市的经济流量应该是全球范围的，其特质就是服务世界、影响全球。

（2）规模指标（体量）

即为完成服务世界、影响全球的城市功能必须具备的经济规模、经济流量和城市承载力。流量的形成，发生于城市的体量，即城市的经济规模。一般来说，城市的体量越大，流量也就越大；而流量越大、越广、越快，城市体量也必然随之膨胀。一座城市要完成服务世界、影响全球的城市功能，必须具备与经济流量相适应的经济体量。

（3）基础指标（容量）

即为由于服务世界、影响全球的特大经济流量而出现的巨大经济体量，提供发达的城市基础设施、高效的城市运行能力和先进的城市管理水平。要承载经济流量所需的经济体量，就要具备相应的城市承载能力，也可以称为城市容量。

（4）禀赋指标（储量）

即承载世界城市所必须具备的资源禀赋，包括地理位置、气候条件、地形地貌、水资源、土地和能源供给等。承载城市国际化功能的资源禀赋，包括地理位置、气候条件、地形地貌、水资源、土地和能源供给等有形资源，也包括文化、传统、教育、智力资源等历史积淀下来的城市发展可以依赖的无形力量。

（5）品质指标（能量）

即对世界产生吸引力和影响力的城市能量，表现为城市的内在品质和个性特征，包括人文、科技、绿色以及民生、安全等方面的深刻内涵。品质指标是一座城市区别于其他同类型城市的个性指标。品质指标分析往往反映不同城市的价值追求和深刻的魅力所在。

2. 评价方法与测评结果

根据指标体系5类26项指标评价分析，单个样本城市总计为130分，得分大于95分，符合全球性国际化城市标准；得分在65分（含65分）与95分之间，符合洲际性国际化城市标准；得分低于65分，则表明该城市总体国际影响力仅限于相邻区域。

“世界城市指标体系和努力方向研究课题组”此世界城市指标体系对全球城市体系中GDP排名前31位城市进行总体比较。

第一层级世界城市。总体得分在95分以上，全球体系中处于核心位置的枢纽，在全球经济、政治、文化、社会生活中具有重要影响力。只有纽约、东京和伦敦三大都市，这与目前国际社会所公认的结果一致。

第二层级洲际性国际城市。得分在65分（含65分）至95分之间，拥有洲际影响力，在国际经济、政治、文化、社会生活中具有重要影响力。新加坡、巴黎、香港、马德里、芝加哥、首尔、洛杉矶、悉尼等8个城市处于第二层级，可以被称为洲际性国际城市。

第三层级区域性国际化城市。从总体发展水平判断，属于能够在相邻区域有一定的国际影响力的区域性国际化城市。得分30分（含30分）至65分之间。多伦多、华盛顿、旧金山、波士顿、费城、大阪、北京、上海、西雅图、亚特兰大、迈阿密、休斯敦、达拉斯、莫斯科、孟买、底特律、里约热内卢、布宜诺斯艾利斯、墨西哥城、圣保罗等20个城市处于国际化进程的第三层级。

第四节　世界城市的发展模式

一、世界城市形成与发展的规律

（一）优良的自然条件和逐步完善的经济结构是世界城市发展的第一要素

从地缘政治和地缘经济学的角度出发，世界某一地域是否可能成为世界级经济增长极具有一定的必然性。从世界城市形成的初期条件看，纽约、伦敦和东京都具有优良的自然条件，它们都是内陆大城市的出海口，是海轮通航的终点，是本国最大的海港以及内陆交通中心和交通枢纽；它们从航运中心起步，充分利用自身的优势，扩建城市基础设施，建设为交易服务的配套市场服务体系，扩大商品交易量，逐步发展成为地区性商品贸易中心。同时，在世界城市的形成发展过程中，都有相应的产业作为支撑。伴随着技术革命的到来和国际形势的变化，世界城市都能审时度势，发展科技创新产业，形成当时具有国际优势的产品。如伦敦以蒸汽机为动力，生产出优质轻工业产品，占领世界市场；纽约以电动机为动力，将电灯、电话、电报相关产品、技术销售、推介到世界各地；东京优先发展重化工业，并以电视、电冰箱、洗衣机等产品赢得国际市场，城市依托产业的发展成为工业生产中心。同时，随着进出口贸易发展，信贷规模扩大，结算方式多样化，分担风险的保险业产生，金融业随之发展壮大，城市成为国际金融中心。从航运中心起步，依托现代工业技术的发展和贸易、资本的支撑是世界城市典型的发展路径。

（二）金融业是世界城市共同拥有的支柱产业

在世界城市的发展过程中，各城市的支柱产业不同，但是都有一个共同的支柱产业——金融业。19 世纪的工业革命使英国的经济实力快速增强，英国工业品迅速销往世界各地，贸易结算是通过英镑来完成的，伦敦从此成为世界上最大的国际金融中心。同时，伦敦还是世界最大的保险市场、最大的黄金现货交易市场、船贷市场和重要非贵重金属交易中心。20 世纪以来，美国凭借在第二次世界大战期间急剧提高的经济实力，建立了以美元为中心的资本主义货币体系。目前，全球 90% 以上的美元交易都通过纽约的银行间交易系统进行，纽约证券交易所的道琼斯指数、标准普尔指数和纳斯达克指数已经成为全球资本市场和经济周期的晴雨表。现代经济发展的实践证明，经济运行、世界贸易、国际交往都依赖于金融业的支撑，金融业影响着世界财富的生产和分配。

（三）多元文化共融和人才聚集是世界城市发展的基础

世界城市是人才的聚集高地，也是人才生产基地。世界城市以其高效的生产活动、繁荣的商业贸易创造出多于其他城市的就业机会，造就出高素质的人才队伍。同时，人口的聚集、人才的流入反过来推动了世界城市的快速发展。伦敦是全球性的知识和技术创新中心，世界最负盛名的牛津大学、剑桥大学就在伦敦大都市圈范围内，它们曾经是工业社会各种思潮的发源地，也是信息社会各种新知识和新技术的策源地。纽约有三分之一的人口在海外出生，民族的多样性与文化的包容性推动了纽约城市人口结构的优化。尊重科学技术、倡导和弘扬创新精神使纽约吸引了世界各国各行业的精英，造就了一大批发明家和技术成果。纽约发展为世界城市，使美国从一个依附于英国的殖民地成长为世界第一强国，使其从一个依靠欧洲科学技术的国家成长为世界上最大的技术输出国，在这方面，多元文化共融和人才聚集起到了不可忽视的作用。

（四）科技创新是世界城市发展的原动力

世界城市的发展不约而同地选择了科技创新的道路，并且都是以生产实力的增长来获得国际地位的提升。在第一次工业革命的推动下，伦敦的生产者将蒸汽机、珍妮纺织机等一系列发明应用到生产当中，生产出大量高质量的工业品，伦敦的棉布随着“大英帝国”的“自由贸易”迅速走向世界；美国脱离英国殖民统治后，选择自主发展的道路，注重发明，鼓励创新，纽约以电的应用为标志开启了第二次工业革命，并且引领了以电子技术为标志的第三次工业革命；第二次世界大战之后，东京通过引进发达国家的先进技术和资金，创新设计，提高了产品制造水平，使得汽车、家用电器迅速地走进千家万户，同时树立了国际品牌，赢得了自主知识产权，成为顶级的世界城市。实践表明，世界城市的发展必须高度重视科技创新对经济的引领作用，科技创新是世界城市发展的原动力。

二、北京建设世界城市的战略规划和努力方向

（一）北京建设世界城市的战略规划

经国务院批复的北京城市发展总体规划中提出的城市发展目标：按照国家实现现代化建设战略目标的总体部署，第一阶段，全面推进首都各项工作，努力在全国率先基本实现现代化，构建现代国际城市的基本构架；第二阶段，到2020年左右，力争全面实现现代化，确立具有鲜明特色的现代国际城市的地位；第三阶段，到2050年左右，建设成为经济、社会、生态全面协调可持续发展的城市，进入世界城市行列。

（二）北京建设世界城市优势与不足

建设世界城市，北京已经具备了良好的发展基础。2009年，北京市人均国

内生产总值已突破 1 万美元。按照世界银行划定的最新标准，人均 GDP 突破 1 万美元，标志着北京开始步入中等富裕城市行列，也标志着北京跨入国际城市门槛。这意味着，北京进入了城市发展新的战略转型期，服务经济和总部经济将主导城市发展。北京第三产业的比重达到 75% 左右，已接近国际公认世界城市标准的底线；北京国际航空港年旅客吞吐量 2011 年名列世界第四；2015 年轨道交通将有 561 公里，达到世界城市前几名的水平；其他如城市化水平、第三产业就业人口比重等，都接近或达到了世界城市的标准。

北京在经济实力、国际化功能、创新能力、生态环境等方面，与国际发达城市相比，差距还相当明显。北京人均 GDP 超过 1 万美元，发展速度很快，但距离世界城市公认的 15000 ~ 25000 美元的标准尚有不小差距；目前北京的国际组织总部只有国际竹藤组织、联合国亚太农业工程与机械中心、上海合作组织等少数几个，并且，在京国际组织总部的国际影响力也偏小，缺少具有全球影响力的国际组织；北京作为历史文化古都以及全国文化中心，虽然有着资源上的优势，但目前文化影响力还主要集中在传统领域，缺少有世界影响力的文化团体和文化活动；北京虽然科技研发能力在国内处于领先水平，但与国际先进性城市比，具有独立知识产权的研发创新仍然较弱；北京人口、资源、环境协调发展的压力很大，改善生态环境和提升资源环境综合承载能力任务艰巨；环渤海和京津冀地区发展水平还有很多不足，这些都是北京建设世界城市的瓶颈。

（三）北京建设世界城市的努力方向

1. 建立现代产业体系，形成全球经济控制力

要建设有中国特色世界城市，就必须按照北京城市发展的阶段性特点，加快转变经济发展方式，不断扩大城市经济规模，提升经济质量，发展结构优化、技术先进、清洁安全、附加值高、吸纳就业能力强的现代产业体系。

一是要加快发展现代服务业。实践证明，经济发展水平和城市化水平越高，发展服务业的条件就越好。发展现代服务业有助于增强城市的集聚和辐射能力。应充分发挥科技、教育、人才、物流、信息、资金等相对集中的优势，尽快形成以信息经济、创意经济、体验经济、总部经济等为主体的现代服务经济产业。二是要发展战略性新兴产业。后国际金融危机时期，世界经济发展格局正在发生深刻变革，培育发展战略性新兴产业已经成为世界各国抢占新一轮经济科技竞争制高点的战略选择。毋庸置疑，未来经济成长的动力转换，将主要依靠战略性新兴产业的发展来实现。三是要积极有序承接国际产业转移。应抓住国际金融危机后全球经济加速调整的契机，按照市场经济的原则，消除体制机制障碍，引进、消化、吸收、再创新国际先进的产业技术，形成产品和品牌优势，形成规模经济效益，带动相关产业整体水平的提高，并在此基础上，吸引国际一流的产业及跨国公司地区总部、研发中心、设计中心、采购中心落户北京。

2. 大力发展文化创意产业，建设有魅力的世界文化之都

发展北京创意设计产业，是北京建设世界城市进程中不可缺少的一环，这对于提升首都文化软实力，牵引北京产业升级与转型，提高北京城市形象与文化品质，都将起到关键性的作用。创意设计产业的基本概念，即是以艺术创意为核心、围绕文化艺术领域与制造业、服务业为服务对象、提供文化服务贸易增值与产品附加值服务的文化创意产业类型。

由于文化创意产业是指运用创造性智慧进行研究、开发、生产、交易的各种文化创意和环节的总和，因而，作为创造性的文化产业链与制造业、服务产业链前端的创意设计产业，必然是文化创意产业的核心产业之一。而创意设计产业涵盖着从产品与服务的文化定位、功能研发、形态设计延伸到市场销售推广的全过程，包括工业产品设计、视觉传达设计、环境艺术设计、展示设计、服装设计、现代手工艺设计等学科领域，同时逐步跨界延伸至时尚设计、品牌形象设计、城市形象设计、新媒体设计、公共服务设计以及文化艺术作品的衍生产品创意设计等相关领域。可以说，创意设计产业是知识经济时代最有活力的文化创意产业门类之一，涉及几乎所有产业和文化艺术领域，具有极大的发展空间和极强的增长潜力。

3. 建设智慧型城市，打造全球信息聚集地

在确保国家和城市信息安全的前提下，积极建设智慧型城市，实现全球范围内信息流动无障碍化，建设世界信息通路型城市，为建设国际金融、国际商贸、国际文化、科技、人才中心提供数字化条件。

成为国际事务协商中心。成为亚太地区乃至全球性问题解决的聚会地、协商地，为外交机构、国际组织和国际事务活动提供一流的国际服务。

成为人性化与服务性城市。率先成为能够满足休闲消费型和老龄化社会要求的新型世界城市，解决工业社会遗留问题的全球样板城市，保持福利惠及所有阶层的城市生机与活力。

成为发达都市圈的首位城市。凭借其中国首善之区的政治地位，深厚的历史文化底蕴，雄厚的科技、智力、人才资源，强大的文化集聚和扩散能力，发达的经济发展水平等，北京应该成为我国城市进军世界城市行列的龙头。只不过，北京不宜“孤军奋战”，一定要联合发展环渤海、京津冀地区，依托天津、唐山等周边城市分散世界城市所要求的各项功能，以京津唐城市群或城市圈的形式共同迈入世界城市之列。

北京建设世界城市必须强调时代特征、中国特色和首都特点。时代特征就是抓住世界经济政治格局变化，特别是世界经济重心东移的历史机遇，解放思想，扩大开放，最大限度地吸收世界文明成果，最大限度地整合和配置全球资源要素，形成具有国际竞争力和国际影响力的政治中心、文化中心、科技中心、金融中心和航运中心；所谓中国特色，就是构建与中国国情相适应的世界城市区域体系，以京津为核心，推动环渤海都市圈的加速崛起；所谓首都特点，就是深化“三个北京”发展战略，把“人文、科技、绿色”真正变成为建设世界城市的独特优势和强大动力。

第二章　文化创意产业理论体系

第一节　文化创意产业的基本理论概述

20世纪90年代以来，在世界经济进入知识经济时代背景下，文化创意产业在全球迅速崛起。作为一个新型产业，文化创意产业是文化、科技和经济深度融合的产物，是当代社会经济发展的重要趋势。文化创意产业的发展程度和规模，已经成为一个国家或城市综合竞争力高低的重要标志之一。

一、文化、创意、产业的概念界定

（一）文化的概念界定

文化是一个使用频繁的词汇，其涵盖的范围可大可小，切入的程度亦深亦浅。从汉语言研究相对权威的工具书籍《辞海》来看，“文化”一词主要有以下几种含义：

一是指人类在历史发展过程中所创造的物质财富和精神财富的总和，特指精神财富，如文学、艺术、教育、科学等。

二是考古学用词，指同一历史时期的不以分布地点为转移的遗迹、遗物的综合体。同样的工具、用具，同样的制造技术等，是同一文化的特征，如大汉文化、红山文化。

三是指人们运用文字的能力及其一般的知识水平。从《辞海》的解释来看，“文化”的概念具有广义和狭义之分，广义的文化具有全局性的意味，代表人类“痕迹”的总和，即：人化或人文化，即经过人或社会加工改造过的一切都是文化，认为文化包括人类通过后天学习所掌握的各种思想、技术和物质文明；既有精神产物，也有物质产物；既有包括经济基础的部分，也有由此决定的上层建筑部分。

按照这种广义的理解，文化概念的含义比较宽泛，它包括了人类追求生存和发展所创造的一切物质成果、社会成果和精神成果，以及这些成果的创造过程。它不仅包括精神层面的精神文化、社会层面的制度文化，而且还包括物质层面的物质文化。

对文化概念的狭义理解则偏重于精神层面，狭义的文化就是指人类的精神或精神文化，它包括精神领域里的一切东西，不仅包括思想、感情、意志、知识、信仰、能力等人的主观活动，而且还包括这些活动的观念性成果，如理论、学说、文学、艺术、哲学、宗教、道德、风俗、习惯、爱好等。

本书研究的对象为文化创意产业，其中涉及的文化产业概念，这里的文化可以看做是人与自然之间的衔接纽带，人对自然施加的一切作用一定都是通过文化的形式来达成的。文化可以被理解为人类协调人与自然关系的方法和途径。

文化的主体是人类，人类创造了文化，但一旦文化为人类所创造出来，便会按照自身的规律性发展，受到这种自律性的约束，而并不会按照人的主观意识而改变。文化会在一代社会历史的传播中成为一种超越社会有机体、超越个体心理而客观存在的有意味的世界了。这个世界具有客观现实属性，即人类生存的有意义的社会历史环境。人正是从这个有意味的现实世界中，从这个客观、现实的社会文化环境中获得价值意识的。

（二）创意的概念界定

从不同的学科角度对创意这一概念进行理解，也会得到不同的结论，将这些结论综合在一起，便能较为全面地帮助我们理解创意的定义。

（1）从心理学的角度来界定，创意属于人脑的一种生理机能，也是一种思维过程；

（2）从艺术设计学的角度来界定，创意是一种系统的策划与设计过程，它具有一套完整的过程与步骤；

（3）从经济学的角度来界定，创意是一种围绕新产品的开发与设计展开市场开拓的经济行为；

（4）从哲学的角度来界定，创意是人的意识能动性的具体体现，是有创造力和创新性的主意、想法。创意人人都有，自古就有，是人类认识世界、改造世界的一种特殊精神力量。

美国创意大师罗伯特·弗兰兹认为，“创意必须是最新的，具有独特性，具有震撼力和强大的吸引力”。“创意之父”约翰·霍金斯认为，可以把创意简单地定义为“有新思想”，并认为这种新思想必须符合个人、原创、有意义、有用处等 4 项标准。

通过对创意的词语解释、多角度界定、学者剖析，我们对创意的概念是这样定义的：人类在实践中产生的、人人都拥有的、具有想象力和创新价值的观点、概念、思维与主张。

需要说明的是，创意不同于创造，创造意味着创新与制造出新的物质对象，而创意只是对旧的元素进行全新的组合与改造。创意往往以科学技术联系紧密。创意可以被理解为是科技与艺术合力的结果，科学与艺术在创意这一过程中完美的结合，创意使科学中融入了感性，使科学具有了艺术气质和美学的意味。同时，创意也使艺术插上了科学技术的翅膀。创意既是一种新思维成果，又是一种产生新的思维成果的能力；既是创造性解决问题的方案，又是创造性解决问题的能力。

.总之，创意就是将个体所拥有的特殊天分、能力及观点转换成新颖而有价值的想法，是一种面对现实生活的问题或挑战而激发出的具有创新性的主意或者解决问题的能力。

（三）产业的概念界定

产业是一个被广泛使用但定位较为模糊的词汇，在中国的古汉语中很早便出现了产业这个词汇，例如，《世说新语·俭啬·晋诸公赞》：“戎性简要，不治仪望，自遇甚薄，而产业过丰，论者以为台辅之望不重。”这句话中产业的意思是“占有的财产”。在古汉语中，还有一种解释是“积聚财产的事业”，这个意思和现在的产业有点相近。

时至今日，产业的概念也产生了一些内涵与外延。有时指生产物质产品的集合体，包括农业、工业、交通运输业等部门，一般不包括商业。有时专指工业，如产业革命。有时泛指一切生产物质产品和提供劳务活动的集合体，包括农业、工业、交通运输业、邮电通讯业、商业饮食服务业、文教卫生业等部门。

20世纪20年代，国际劳工局最早对产业作了比较系统的划分，即把一个国家的所有产业分为初级生产部门、次级生产部门和服务部门。后来，许多国家在划分产业时都参照了国际劳工局的分类。第二次世界大战以后，西方国家大多采用了三类产业分类法。在中国，产业的划分是：第一产业为农业，包括农、林、牧、渔各业；第二产业为工业，包括采掘、制造、自来水、电力、蒸汽、热水、煤气和建筑各业；第三产业分流通和服务两部分，共4个层次：（1）流通部门，包括交通运输、邮电通讯、商业、饮食、物资供销和仓储等业。（2）为生产和生活服务的部门，包括金融、保险、地质普查、房地产、公用事业、居民服务、旅游、咨询信息服务和各类技术服务等业。（3）为提高科学文化水平和居民素质服务的部门，包括教育、文化、广播、电视、科学研究、卫生、体育和社会福利等业。（4）为社会公共需要服务的部门，包括国家机关、政党机关、社会团体以及军队和警察等。

通过对“产业”本身的内涵分析，可以看出产业的原始含义是指从事物质产品生产的行业，即生产同一类型产品的若干相互联系的企业的集合。后来，随着人类生产力的增强和经济领域的拓展，人类经济活动的范围也日益扩大，人们对产业的理解和产业所包括的内容也随之改变，特别是在20世纪中叶以后，各种服务业和非生产行业的迅速崛起，使这种转变趋势愈发清晰明朗。产业活动作为人类物质生产的实践活动，与人类的生存和发展同步发展。随着人类社会文明程度的提升，生产能力的不断提高，可供生产的对象也不断增加，极大地丰富了生产的内容，生产空间也随之不断拓展。从一个静止的时间点观察，生产活动是局限于某一个固定的地理坐标中进行的，但置入一段历史时期来审视，则不仅生产的内容处于动态之中，生产在空间上也不断呈现集中和扩散、分解和聚合的变化。因此，产业的内涵也在不断进化和演变。

人们专注于特定的研究目标，可以赋予其特殊的意义。当下已经达成共识的观点是，“产业”的内涵已变为所有从事盈利性经营活动并提供同一类型产品或服务的企业集合，而不仅仅专指物质产品生产部门了。由此，产业的概念已经突破了传统的局限，在内容上产生了扩散与拓展，更加符合产业实践的现实需要。

二、文化产业和创意产业的内涵

（一）文化产业的内涵

文化产业作为一种特殊的文化形态和特殊的经济形态，影响了人们对文化产业的本质把握，不同国家从不同角度看文化产业有不同的理解。联合国教科文组织关于文化产业的定义如下：文化产业就是按照工业标准，生产、再生产、储存以及分配文化产品和服务的一系列活动。从文化产品的工业标准化生产、流通、分配、消费的角度进行界定。联合国教科文组织对文化产业的这一定义，只包括可以由工业化生产并符合4个特征（即系列化、标准化、生产过程分工精细化和消费的大众化）的产品（如书籍报刊等印刷品和电子出版物有声制品、视听制品等）及其相关服务，而不包括舞台演出和造型艺术的生产与服务。

美国没有文化产业的提法，他们一般只说版权产业，主要是从文化产品具有知识产权的角度进行界定的。日本政府则认为，凡是与文化相关联的产业都属于文化产业。除传统的演出、展览、新闻出版外，还包括休闲娱乐、广播影视、体育、旅游等，他们称之为内容产业，更强调内容的精神属性。

2003 年 9 月，中国文化部制定下发的《关于支持和促进文化产业发展的若干意见》，将文化产业界定为："从事文化产品生产和提供文化服务的经营性行业。文化产业是与文化事业相对应的概念，两者都是社会主义文化建设的重要组成部分。文化产业是社会生产力发展的必然产物，是随着我国社会主义市场经济的逐步完善和现代生产方式的不断进步而发展起来的新兴产业。"2004 年，国家统计局对"文化及相关产业"的界定是：为社会公众提供文化娱乐产品和服务的活动，以及与这些活动有关联的活动的集合。所以，我国对文化产业的界定是文化娱乐的集合，区别与国家具有意识形态性的文化事业。

尽管世界各国对文化产业从不同角度进行了不同的定义，但文化产品的精神性、娱乐性等基本特征不变，因此，文化产业是具有精神性娱乐性的文化产品的生产、流通、消费活动。

根据这一概念，文化产业的范围为：

（1）为社会公众提供的实物形态文化产品和娱乐产品的活动，如书籍、报纸的出版、制作、发行等。

（2）为社会公众提供可参与和选择的文化服务和娱乐服务，如广播电视服务、电影服务、文艺表演服务等。

（3）提供文化管理和研究等服务，如文物和文化遗产保护、图书馆服务、文化社会团体活动等。

（4）提供文化、娱乐产品所必需的设备、材料的生产和销售活动，如印刷设备、文具等生产经营活动。

（5）提供文化、娱乐服务所必需的设备、用品的生产和销售活动，如广播电视设备、电影设备等生产经营活动。

（6）与文化、娱乐相关的其他活动，如工艺美术、设计等活动。

（二）创意产业的内涵

创意产业，又叫创造性产业，指那些从个人的创造力、技能和天分中获取发展动力的企业，以及那些通过对知识产权的开发可创造潜在财富和就业机会的活动。

发达国家创意产业可以定义为具有自主知识产权的创意性内容密集型产业，它有以下三方面含义：

（1）创意产业来自创造力和智力财产，因此又称作智力财产产业；

（2）创意产业来自技术、经济和文化的交融，因此，创意产业又称为内容密集型产业；

(3) 创意产业为创意人群发展创造力提供了根本的文化环境，因此又往往与文化产业概念交互使用。

国际上首次正式使用创意产业一词的是英国政府。1997 年 5 月，为振兴英国经济，英国成立了创意产业特别工作组，并于 1998 年在《创意产业专题报》中首次对创意产业进行了定义。它把广告、建筑、艺术古董市场、手工艺、设计、时尚设计、电影、互动休闲软件、音乐、电视和广播表演艺术、出版和软件等行业都划入创意产业部门。在北美产业分类标准（1996）中，文化产业包括信息文化产业与艺术、娱乐和消遣两大类，信息文化产业的范围基本上与创意产业接近，但它还包含了电信业和互联网服务。这也是对传统创意产业的一种补充和附加。

经济学家对创意产业的定义也有很大差异。引人注意的是，约翰·霍金斯在 2001 年《创意经济：如何从创意中盈利》中提出，创意产业实际上包括四大类：所有版权、所有专利、所有商标及设计行业。在这个定义下的创意产业，甚至已经超越了文化产业的范畴，几乎包含了所有的创新活动。国内学者金元浦认为，创意产业是全球化条件下，以消费时代人们的精神文化娱乐需求为基础，以高科技技术手段为支撑、以网络等新传播方式为主导的、以文化艺术与经济的全面结合为自身特征的跨国跨行业跨部门跨领域重组或创建的新型产业集群。它是以创意为核心，向大众提供文化、艺术、精神、心理、娱乐产品的新兴产业。

从经济学角度进行研究，凯夫斯在其《创意产业》中为创意产业归纳了 7 个特点：(1) 创意产品具有需求的不确定性；(2) 创意产业的创意者十分关注自己的产品；(3) 创意产品不是单一要素的产品，其完成需要多种技能；(4) 创意产品特别关注自身的独特性和差异性；(5) 创意产品注重纵向区分的技巧；(6) 时间因素对于一个创意产品的传播销售具有重大意义；(7) 创意产品的存续具有持久性与营利的长期性。凯夫斯的观点抓住了创意产业的重要特点，是颇有见地的。

(三) 文化产业与创意产业的关系

文化产业与创意产业在覆盖的具体产业领域上存在着交叉和重复，但是文化产业与创意产业又不是同一概念。从提出的时间上看，文化产业的提出远早于创意产业；从逻辑上看，文化产业与创意产业属于不同的范畴，只是二者存在一个交集，创意产业不只局限在文化产业，也与其他产业相关联。因此，相对于文化产业，创意产业是一个后起之秀，是文化产业发展到一定阶段的产物。

文化产业与创意产业的关系如图 2－1 所示：

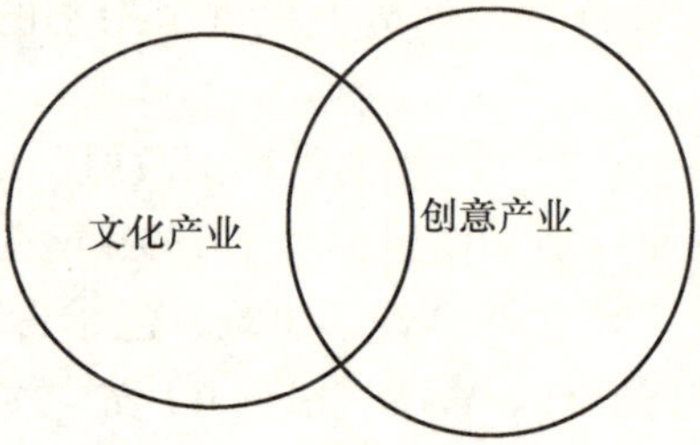

图 2－1 文化产业与创意产业的区别和联系

文化产业把文化变成商品，但创意产业不仅包括把文化变成商品这一单向过程，还在商品中融入创意的元素，并使之成为该商品的主导和标志性元素，以提高该商品的附加值，即融入创意的商品比原有商品大幅度增值。因此，创意产业是文化产业的发展的新阶段，创意产业成为了文化产业的源头和原动力，也是基础与主干。

文化产业在内涵上更强调文化的工业化复制和商品化推广，强调的是文化与经济的双向互融。而创意产业不是对文化产品的简单复制，更强调创造性，强调文化艺术创造性的推动经济的新兴理念和经济实践，注重生产领域提升产品的附加值和经济发展提升产业结构的要求。

三、文化创意产业的内涵

文化创意产业是在知识经济的社会背景中发展起来的一门新兴产业，被公认为是 21 世纪的“朝阳产业”。为了促进经济持续健康的发展，占领产业的制高点，必须对传统产业进行升级改造，发展以知识和创新为特征的新型经济形态。而文化创意产业正是代表这一产业发展的方向。首先，文化创意产业位于产业链的上游，是具有智能化、知识化的高附加值产业，它以几十倍，甚至上百倍地增幅提高其产品价值，通过发展文化创意产业可以大幅度提高传统制造业产品的文化和知识含量，促进产业的升级转化，因而文化创意产业是产业升级的方向。其次，文化创意产业具有引信效应。引信是引起炸弹爆炸的装置，如果把创意相关产业比喻为炸弹，那么创意就是引信。创意萌发，可借助资本等要素的帮助进入产业化运作，衍生出产业链或产业丛，最终形成了一个上下游完备的产业，产生巨大的经济效益。

文化创意产业的概念最早由英国明确提出，其后许多国家和地区也纷纷提出了相关的概念。截至 2007 年，世界主要国家和地区关于文化创意产业内涵和外延的提法，依据名称可以划分为三种类型：一是以英国政府定义为基础的“创意型”；二是以美国为代表的“版权型”；三是中、韩等国的“文化型”。

文化创意产业就其名称本身包含文化、创意、产业三个内容，分别代表文化创意产业既有区别又相互关联的三个阶段，三位一体，共同构成了文化创意产业的内涵。因此文化创意产业可以理解为将创意融合于文化元素，通过科技和智力创造生产的高附加值产品，进而形成的满足市场需求的产业。

文化创意产业 Cultural and Creative Industries，是一种在经济全球化背景下产生的以创造力为核心的新兴产业，强调一种主体文化或文化因素依靠个人（团队）通过技术、创意和产业化的方式开发、营销知识产权的行业。文化创意产业主要包括广播影视、动漫、音像、传媒、视觉艺术、表演艺术、工艺与设计、雕塑、环境艺术、广告装潢、服装设计、软件和计算机服务等方面的创意群体。《国家“十一五”时期文化发展规划纲要》明确提出了国家发展文化创意产业的主要任务，全国各大城市也都推出相关政策支持和推动文化创意产业的发展。

四、文化创意产业的特征

任何一种文化创意活动，都要在一定的文化背景下进行，但创意不是对传统文化的简单复制，而是依靠人的灵感和想象力，借助科技对传统文化资源的再提升。文化创意产业属于知识密集型新兴产业，它主要具备以下特征：

首先，文化创意产业具有高知识性特征。文化创意产品一般是以文化、创意理念为核心，是人的知识、智慧和灵感在特定行业的物化表现。文化创意产业与信息技术、传播技术和自动化技术等的广泛应用密切相关，呈现出高知识性、智能化的特征。

其次，文化创意产业具有高附加值特征。文化创意产业处于技术创新和研发等产业价值链的高端环节，是一种高附加值的产业。文化创意产品价值中，科技和文化的附加值比例明显高于普通的产品和服务。

第三，文化创意产业具有强融合性特征。文化创意产业作为一种新兴的产业，它是经济、文化、技术等相互融合的产物，具有高度的融合性、较强的渗透性和辐射力，为发展新兴产业及其关联产业提供了良好条件。文化创意产业在带动相关产业的发展、推动区域经济发展的同时，还可以辐射到社会的各个方面，全面提升人民群众的文化素质。

五、文化创意产业发展简况

上个世纪，世界上还没有几个国家能够清醒地意识到，在当代信息社会里，一个国家的经济和社会的命运会这样紧密地联系甚至取决于文化资源和文化产品形式的创意能力。但是在今天，这已成为一个基本的事实和发展趋势：文化创意理念的隆重而强有力的推出；文化创意产业实践的全球蜂起和文化创意阶层的茁壮成长。因此，深入了解文化创意产业的概念、特质，密切关注和研究文化创意产业的发展，准确把握世界文化创意产业发展的动向，对于作为世界制造业大国从制造型向创意型发展的中国来说，具有重要意义。可以预期，未来文化创意产业对中国经济的全面协调发展和产业结构的进一步调整将具有越来越重要的作用。

（一）世界主要国家文化创意产业发展简况

根据联合国教科文组织网站上所公布的资料，从1980年开始，全世界的文化产品交易值在近20年来从953亿美元迅速到成长到3900亿美元。20世纪的文化创意产业伴随着科技的进步，逐渐成为社会生活中重要的产业项目。从经济层面来看，文化创意产业的经济产值已是展现各个国家和地区经济实力的重要指标。

美国Americans for the Arts组织所发布的全美文化经济研究结果显示，当前美国的“非营利”艺术产业，在2000～2001年间共创造1340亿美元的经济效益，同时照顾了485万个全职就业人口。1996年，文化产品在美国已成为最大宗的输出品，有史以来首度超过所有其他传统产业（包括汽车、农业或是航天与军火等）产品的输出。韩国政府倾力构建系统性文化内容产业，包括电影、韩剧、音乐、网络游戏等娱乐产业，成效有目共睹，这几年对日本、中国大陆、台湾地区以及东南亚地区强力输出韩式文化。韩国文化产业的规模在1999年为171亿美元，2003年为310亿美元。国际社会普遍认为，韩国经济是一种政府强烈干预型的模式，政府在产业引导、市场保护、扶持大企业集团、对外贸易和投资的支持等方面发挥了巨大的作用。韩国政府属下的文化产业支持部明确指出：文化内容产业是作为文化产品的开发、制作、生产、销售、消费等有关的服务产业，是与音乐、动画、游戏、电影、卡通、漫画、广播有关的产业。韩国的文化产业在进入21世纪后，已进入良性循环的状态，不仅大量的投资能够得到回报，同时在扩大就业、增加税收、平衡地区发展等方面起了积极的作用。除了透过文化产业在国内增强社会凝聚力外，韩国在文化投资领域的成功还提高了韩国人在国际场合上的自豪感。

纵观全球，发达国家的众多创意产品、营销和服务吸引了全世界的眼球，形成了一股巨大的创意经济浪潮。

（二）我国文化创意产业发展的现状

作为一个历史悠久的文明古国，中国的文化资源非常丰富，但文化产业的发展不仅大大落后于世界平均水平，也大大落后于中国的经济增长。据统计，文化产业总值占 GDP 总量的比重，美国是 25% 左右，日本是 20% 左右，欧洲平均在 10% ~ 15% 之间，韩国高于 15%，而我国仅仅在 3% 上下。特别是在我国经济持续高速增长、出口持续顺差的背景下，文化产业的进出口比例，逆差幅度却惊人。

尽管我国的文化产业发展总体还处于初级阶段，但近两年来，由于各方面的重视，文化产业特别是其中的创意产业有了较快的发展。一些地方，如北京、上海、深圳、杭州、广州等正在迅速形成规模不等、风格各异的创意产业基地。以北京为例，目前已经形成了海淀区中关村文化创意产业先导基地、石景山数字娱乐产业基地、雍和宫文化园、电子城 798 文化基地等多个文化创意产业集聚区。

文化创意产业近年发展较快的原因，一是基础比较好。动漫和网络游戏研发制作、文化会展、广告策划、文化演出等众多领域，他们适应市场，战略灵活，是我国发展文化创意产业的主力军。北京、上海等城市都有丰富的文化资源，人文积淀厚实，这是发展文化创意产业的优势所在。二是政府扶持文化产业的许多政策，包括财政支持等手段的效应已开始显现。从门类来看，在比较传统的文化产业门类中，由于文化体制改革的推进，这部分存量资产开始出现了迅速增长的势头，出现了一批发展较快，甚至上市融资的市场主体。在新兴文化产业等增量部分，特别是与高科技有关的新兴产业门类，其发展势头和速度更值得我们关注。有学者估计，按照目前的发展势头，文化产业极有可能在未来的 3 ~5 年内成为我国国民经济的重要产业。

（三）北京文化创意产业发展特点

作为一个新型产业，文化创意产业是文化、科技和经济深度融合的产物，是当代社会经济发展的重要趋势。文化创意产业的发展对于北京市调整产业结构、转变增长方式、巩固全国文化中心地位和全面落实科学发展观具有重要意义。

按照北京市文化创意产业领导小组的要求，北京市统计局和国家统计局北京调查总队认真研究国内外相关产业标准，广泛征求各有关部门和专家学者的意见，正式制定了《北京市文化创意产业分类标准》，将《国民经济行业分类》中的 82 个行业小类和 6 个行业中类纳入文化创意产业统计范围；并根据文化创意活动的特点，将文化创意产业分为 9 个大类，即文化艺术，新闻出版，广播、电视、电影，软件、网络及计算机服务，广告会展，艺术品交易，设计服务，旅游、休闲娱乐，其他辅助服务。2006 年初步统计结果显示，文化创意产业作为首都经济的重要领域，具有良好的发展基础和较大的发展潜力，在一系列政策措施的引导和作用下，正带动首都经济又快又好地发展。

据北京市发展和改革委员会介绍，“十一五”时期，北京文化创意产业发展迅速，已成为仅次于金融业的第二大支柱产业。2006 年至 2009 年，北京市文化创意产业增加值年均增长 21.9%。2009 年，北京市文化创意产业实现增加值 1489.9 亿元，占全市地区生产总值的 12.3%，从业人员 114.9 万。2010 年前三个季度，北京市文化创意产业实现增加值 1245.9 亿元，占全市 GDP 比重提高到 12.8%。

北京市文化创意产业整体实力雄厚。“十一五”期间，北京市各类文物艺术品拍卖总成交额达 394 亿元，居全国首位。2010 年，北京地区电影票房达 11.8 亿元，连续 4 年获全国票房冠军。“十一五”期间，北京市出版业增加值年均增长保持在 10% 左右，年出版图书、期刊、报纸、音像制品、电子出版物的品种均居全国首位。

第二节　文化创意产业的类型

分类是人们认识事物和管理事务的一种基本方法。对“文化产业”、“创意产业”和“文化创意”这些概念的确切界定，都是以相关产业分类为基础的。世界各国在发展“文化产业”、“创意产业”和“文化创意”的过程中，各自在产业分类方面做了积极尝试，积累了宝贵的经验。表 2－1 所示为世界发达国家和地区的文化创意产业分类。

表 2－1　各国和地区创意产业分类表

定义	国家或地区	归类标准	分类
文化产业	联合国教科文组织	创意是人类文化定位的一个重要部分，可被不同形式表现。文化产业可被视为“创意产业”；以经济术语来说，“朝阳或者未来取向产业”；以科技术语来说，“内容产业”	印刷、出版与多媒体、视听、录音与录影制作、工艺与设计、建筑、视觉与表演艺术、运动、音乐器材制作、广告和文化旅游
内容产业	澳大利亚	以媒体为主的创造性内容产业	影片前后制作、广播服务、音像出版、书籍与报刊出版、游戏出版、付费电视、在线广播、新媒体通讯在线服务、信息目录电子商务、广告、建筑与设计服务、健康与教育、视觉艺术、表演艺术

续表

定义	国家或地区	归类标准	分类
创意产业	英国	起源于个体创意、技巧及才能，透过智慧财产权的生成与利用，而有潜力创造财富和就业机会的产业	广告、建筑、艺术及古董市场、工艺、设计、流行设计与时尚、电影与录像带、休闲软件游戏、音乐、表演艺术、出版、软件与计算机服务业、电视与广播
版权产业	美国	生产和分销知识产权的产业	核心版权产业、交叉产业、部分版权产业、边缘支撑产业
感性产业	日本	创造一种文化符号，然后销售这种文化和文化符号的产业	立体文化产业、大众文化娱乐产业、艺术服务产业、文化信息传播产业、大文化范畴的文化产业
文化产业	韩国	与文化商品的生产、流通、消费有关的产业	影视、广播、音像、游戏、动画、卡通形象、演出、文物市场、美术、广告、出版印刷、创意性设计、传统工艺品、传统服装、传统食品、多媒体影像软件、网络
创意产业	中国上海	知识和智力密集型要素为核心，通过一系列创造活动，引起生产和消费环节的价值增值，为社会创造财富和广泛的就业机会的产业	研发设计、音乐及表演艺术、工艺、设计产业、出版、电视与广播、电影、广告、文化展演设施、数字休闲娱乐、设计品牌时尚产业、建筑设计产业和创意生活产业
文化创意产业	中国北京	源自个人创意、技巧及才华，通过运用知识产权，创造财富和就业潜力的行业	文化艺术，新闻出版，广播、电视、电影，软件、网络及计算机服务，广告会展，艺术品交易，设计服务，旅游、休闲娱乐，其他辅助服务

资料来源：北京文化创意产业发展模式探讨［D］. 北京交通大学，2009

可见，创意产业关键是创意和创新，它是无边界产业，可以融合到任何产业里，可以涉及任何具有丰富创新度、高文化附加值、高科技含量的产业。关于创意产业的分类没有统一的体系，不同国家和地区对创意产业的内容有着不同的理解和分类。本节将对英国、美国、中国北京的文化创意产业分类做重点介绍。

一、英国创意产业的类型

英国是最早提出“创意产业”的国家。1998 年出台的《英国创意工业路径文件》中更明确地提出了“创意工业”（Creative Industries）的概念。要求政府“为支持文化创意产业而在从业人员的技能培训、企业财政扶持、知识产权保护、文化产品出口等方面”做出积极努力。英国政府采取的主要措施包括：在组织管理、人才培养、资金支持、生产经营等有关方面逐步加强机制建设；对文化产品的研发、制作、经销、出口实施系统性扶持；逐步建立完整的创意工业财务支持系统，包括以奖励投资、成立风险基金、提供贷款及区域财务论坛等作为对文化创意产业的财务支持。英国政府的创意工业政策，是目前国际上产业架构最完整的文化产业政策。

英国人认为，真正能够振兴英国经济的最具有竞争性的因素不是笼统的“文化”，而是富有时代感的“创意”。因此，在产业化问题上，英国人不是说文化产业，而是说创意产业。这样更能够反映英国社会发展的趋势、创新性和创造力。

创意产业的具体行业包括：广告、建筑、艺术品和古董交易市场、手工艺品、（工业）设计、时尚设计、电影和录像、互动性娱乐软件、音乐、表演艺术、出版、电脑软件及电脑游戏、广播电视，共 13 类。英国的创意产业分类详见表 2－2。

表 2－2　英国创意产业分类

创意产业类别	产业活动描述
广告	广告
建筑	建筑与工程活动及有关技术咨询
艺术品和古董交易市场	其他专门店内新品零售（部分）、含古书籍在内的古玩等店铺零售（部分）、其他非店铺零售
手工艺品	其他未分类的专门店铺零售（部分）
（工业）设计	工程设计及设计活动（部分）
时尚设计	－
电影和录像	录影带复制、摄影活动（部分）、电影及录影带制作、电影及录影带发行、电影放映

续表

创意产业类别	产业活动描述
互动性娱乐软件	–
音乐	录音出版、录影复制（部分）
表演艺术	艺术、文学创作及口译、其他娱乐活动（部分）、其他休闲活动（部分）
出版	书籍出版、报纸出版、期刊出版、声音录制出版、其他出版（部分）
电脑软件及电脑游戏	电脑媒体复制（部分）、软件咨询与供应
广播电视	电台及电视活动

注：“–”原文中没有描述

二、美国文化创意产业的分类

在美国，与文化创意产业相关的产业称为“版权产业”。早在1990年，美国国际知识产权联盟（简称IIPA）已利用“版权产业”的概念来计算这一特定产业对美国整体经济的贡献。同年，IIPA第一次调查与版权保护有关的产业对经济的影响和在贸易中的地位，第一次将美国版权产业的不同组成部分归到了一起。2004年，IIPA将版权产业分为4个部分：核心、部分、发行、版权关系。但为了与国际标准相一致，IIPA采用由世界知识产业组织（WIPO）界定的4种版权产业分类：核心版权产业、交叉产业、部分版权产业、边缘支撑产业。美国的版权产业分类详见表2–3。

表2–3 美国版权产业分类

分类项目	定义	主要产业群
核心版权产业	受版权保护的作品或其他物品的创造、生产与制造表演、宣传、传播与展示或分销和销售的产业	出版与文学：音乐、剧场制作、歌剧、电影与录影；广播电视；摄影；软件与数据库、视觉艺术与绘画艺术；广告服务；版权集中学会
交叉版权产业	从事生产、制造和销售受版权保护产品的产业，其功能主要是为了促进版权作品制造、生产或使用其设备的产业	电视机、收音机、录音机、CD机、DVD机、答录机、电子游戏设备及其他相关设备、包括这些设备的制造与批发零售

续表

分类项目	定义	主要产业群
部分版权产业	指部分产品为版权产品的产业	服装、纺织品与鞋类；珠宝与钱币；其他工艺品；家具；家用物品、瓷器及玻璃；墙纸与地毯；玩具与游戏；建筑、工程、测量；室内设计；博物馆
边缘版权产业	其他受版权保护的作品或其他物品的宣传、传播、分销或销售而又没有被归为核心版权产业的产业	发行版权产品的一般批发与零售；大众运输服务；电信与网络服务

以上 4 个部分合称为“全部版权产业”。

三、北京文化创意产业的分类

当前，在文化创意产业的具体发展中，政府管理、行业协会管理面临问题较多，对于产业的统计口径不一致，行业自身发展不规范，业界对有关分类的界定不清晰。本章在北京市分类标准的基础上，对文化创意产业的分类进行了细化，一方面，可以丰富其分类内容，为产业管理提供一定借鉴，；另一方面，为此后选择代表性企业，进而评价未来可能增长及发展潜力奠定基础。

《北京市文化创意产业分类标准》（以下简称《标准》）是国内第一份文化创意产业行业分类标准，在体系安排上兼顾了文化创意活动自身的特点和北京产业发展的现实需要，是从产业链角度研究制定的分类标准；在范围上包含了从上游到下游的产业链全过程，跨越了二、三产业的传统分类，为北京市文化创意产业的统计工作奠定了重要基础。通过比较 4 个代表性国家或地区的行业分类情况，结合文化创意产业的文化属性和北京发展实际，我们将《标准》中 9 个大类进行了一定程度的细化，从而得到了北京市文化创意产业的细分行业。

2006 年 12 月，《北京市文化创意产业分类标准》公布，将《国民经济行业分类》（GB/T 4754—2002）中的 82 个行业小类和 6 个行业中类纳入北京市文化创意产业范围，并建立了由 3 个层次组成的分类体系。根据文化创意活动的特点，北京市文化创意产业分为：文化艺术，新闻出版，广播、电视、电影，软件、网络及计算机服务，广告会展，艺术品交易，设计服务，旅游、休闲娱乐和其他辅助服务：9 个大类，如表 2-4。

表 2-4　《北京市文化创意产业分类标准》中行业大类

北京市文化创意产业	文化艺术
	新闻出版
	广播、电视、电影
	软件、网络及计算机服务
	广告会展
	艺术品交易
	设计服务
	旅游、休闲娱乐
	其他辅助服务

第三节　文化创意产业的评估体系

近年来，我国的文化创意产业发展十分迅猛，带来了很大的评估市场需求。据北京市统计局发布的数据，经初步核算，2009 年北京市文化创意产业实现增加值 1497.7 亿元，按现价计算，比上年同期增长 11.2%，高于全市 GDP 现价增速 4.4 个百分点，占全市 GDP 比重的 12.6%，比上年提高 0.5 个百分点。通过这组统计数据，可以看出文化创意产业已经成为北京市经济发展的一个支柱。

文化创意产业的蓬勃发展必然带来知识产权消费的蓬勃发展，而知识产权评估关系到交易、融资等多种消费活动，因此，对文化创意产业的蓬勃发展势必要进行科学的评估。

一、国外文化创意产业的评估指标

近年来，有不少学者致力于文化创意体系的研究。目前为止，以卡内基·梅隆大学教授研究区域经济发展专家查理·佛罗里达在 2004 年与人合作完成的《创意时代的欧洲》报告中所采用的“欧洲创意指数”最为典型。“欧洲创意指数”主要有三方面指标构成：“欧洲人才指数”、“欧洲技术指数”、“欧洲包容性指数”。

“欧洲人才指数”包括：文化创意阶层指数，即文化创意从业人数占整个从业人数的百分比。比较而言，美国拥有最高比例的创意职员，接近 30%；比利时、荷兰、芬兰紧随其后，均超过 28%。除上述各国外，还有英国、爱尔兰和丹麦，这些国家的创意产业从业人数均超过蓝领工人数。人力资本指数，即

25～64岁人群中拥有学士或以上学位的人数比例；科技人才指数，即每千名工人所拥有的从事研究性工作的科学家与工程师的数目。一般而言，创意阶层指数最高的国家，人力资本指数和科技人才指数这两项也相应地比较高。

“欧洲技术指数”包括：研发指数，即研发支出占GDP比重；创新指数，即每百万人拥有的专利申请量；高科技创新指数，即每百万人拥有的在生物技术、信息技术、制药以及航空等高科技领域的专利数。“欧洲技术指数”评选结果表明，瑞典和芬兰在这些欧洲国家中最高，仅次于美国。其次是德国、丹麦、荷兰、比利时、法国和英国。

“欧洲包容性指数”包括：态度指数，即主动或被动宽容的人数占总人数的比例；价值指数，即一个国家将传统视为反现代的或世俗价值观的程度。这类指数通过一系列的提问得出，其中包括对上帝、宗教、民族、权威、家庭、妇女地位、离婚、堕胎等的态度。自我体现指数，即代表一个民族对待个人权利和自我体现的重视程度，该指数也是通过一系列的提问得出，包括对自我体现、生活质量、科技、休闲、环境、信任、政治异议、移民、同性恋等的态度。“欧洲包容性指数”评选结果表明，最宽容的是西班牙人和瑞典人；自我体现指数最高的分别是瑞典、荷兰和丹麦，均高于美国。价值指数最高的分别是瑞典、挪威、德国和丹麦，美国、葡萄牙和爱尔兰甚至被评为负值。

综合“三T”指数得出评选结果为：瑞典是最有创意的一个国家，其次为美国。

表2－5 欧洲创意指数

欧洲创意指数	人才指数	创意阶层指数	文化创意从业人数占整个从业人数的百分比
		人力资本指数	25～64岁人群中拥有学士或以上学位的人数比例
		科技人才指数	每千名工人所拥有的从事研究性工作的科学家与工程师的数目
	技术指数	研发指数	研发支出占GDP比重
		创新指数	每百万人拥有的专利申请量
		高科技创新指数	每百万人拥有的在生物技术、信息技术、制药以及航空等高科技领域的专利数
	包容性指数	态度指数	主动或被动宽容的人数占总人数的比例
		价值指数	一个国家将传统视为反现代的或世俗价值观的程度
		自我体现指数	代表一个民族对待个人权利和自我体现的重视程度

固然“欧洲创意指数”是理查德·佛罗里达对城市创意评估指标的改进，但关于“欧洲创意指数”的评选还是基于静态的比较。假如放到一定的时间段内看各个指数的增长情况，则可以得到“欧洲创意趋势指数”。

二、我国建立文化创意产业评估指标体系的必要性

指标对决策者而言是相当重要的，由于指标是简洁有力的信息，让决策者获得以往检测与评估其政策以及该政策实施所带来的影响，而且，指标的建构有助于政策的参与者达成共识，确定政策的目标，进一步则可以了解到政策推动之后的优缺点所在。以研究“创意城市”著名的英国学者 Charles Landry 强调，创意产业的推动少不了评量指标，由于指标让人必须重视题目，要求反思与不断思考，激发创意。

当前，我国正处在经济体制转轨、产业结构升级、城市功能转换时期，自主创新已成为国家发展战略之一。很多大城市也纷纷提出要建立“创意城市”、“创新城市”。创意产业是传统的制造业、服务业相互融合再加之“创意”而发展起来的新型产业，在全球的发展势头十分强劲，以致成为所有产业中增长最快的产业，为国家、城市的经济发展带来了巨大的财富和就业潜力。而在我国，国家既没有出台一套宏观的、系统的规划政策为之护航，也没有相应的专门机构为之领航。正是由于我国没有权威的行业分类界定和相应的评估指标体系，所以对于创意产业的现状还无法进行客观正确的把握，对其未来的趋势无法作出科学的预测，从而影响了政府的科学决策以及对产业发展的支撑力度。因此，尽快建立全国统一的创意产业分类指标和相应的评估指标体系并与现行的指标分类对接，针对创意产业的产值贡献、产业布局、增长速度、发展焦点等方面进行统计分析，全面把握创意产业在我国的发展态势，是我们迫切需要解决的问题。

三、指标体系的基本原则

（一）全面性原则

文化创意产业评估面向的对象具有复杂性的特点，这一特点决定了评估指标的多方面、多层次。因而，评估指标的选取必须考虑到生产部门、消费者群体、政府、文化环境甚至机遇等因素。如果选择的指标不够全面，会使统计结果产生较大误差，不利于现状评估，也就无法提出正确的政策建议。为了做到全面选取评估指标，首先，应该尽可能保证指标的客观性，服从文化创意产业的客观特点，尽可能减少主观因素的影响；其次，应该尽可能保证选取的指标能覆盖到文化创意产业的各个方面，从而避免因为遗漏而使最终的评价结果出现偏差。

（二）可操作性原则

全面客观的评估指标为文化创意产业的评估打下坚实的基础。在此基础上，指标还必须具有可操作性。可操作性有两个方面要求：一是必须考虑数据采集工作的可行性与指标值的可测量性，如果不能满足这个要求，评价体系就没有意义；二是必须考虑评价指标的可靠性与灵活性，应该尽可能运用现有的统计指标，减少主观指标以及不规范的统计指标，以达到可操作并且全方位反映评价结果的要求。

（三）可比性原则

产业的指标应尽可能地考虑到其可比性，评价的实质就是比较，只有具有可比性的指标，才能提供准确的比较信息资料，这样的评价指标体系才有意义。在进行选择指标时，既要求可以横向比较，又要可以纵向与以往的历史资料相衔接，进行纵向的比较。同时，由于文化创意产业的指标选取方式方法很多，要尽可能地选取那些具备统一规范的指标，或者采用统一的法则对基础指标进行改造，这样就可以根据一个固定的参照数值进行与其他地区或行业的横向对比，或者与自身的纵向比较。

（四）科学性原则

科学性是评价工作得以进行的前提和基础。有关产业评估的指标涉及的因素很多，所以，在设计指标体系的时候，需要从这些纷繁复杂的指标中对其进行高度的抽象、概括，在抽象中抓住最重要、最本质、最具有代表性的东西。在筛选的过程当中，应该尽可能不受主观因素的影响，依据客观事实分析所选指标的经济含义，并根据经济含义做出选择。

（五）动态与静态相结合原则

文化产业竞争力是不断发展的动态过程，其评估指标体系也应随着产业的发展而不断更新，但一定时期内具有相对稳定性。因此，文化创意产业评估指标体系是动态与静态相结合的体系。

四、我国创意产业评估指标体系的建立

针对指标体系的建立，建议指标体系应包含下列 7 项：产业规模指标、科技研究与发展指标、人力资源指标、文化环境指标、社会环境指标、政府投进指标以及竞争力指标。

产业规模指标包括：总产值、年增加值、从业职员总数、文化事业规模、年增长率、从业职员占全国劳动人口的比例、创意产业值占 GDP 的比例、创意产业人均 GDP 的比例。

科技研究与发展指标包括：研发投资金额的总数/增长率，政府对研发部分的投资，民间对研发部分的投资，高技术产业拥有自主知识产权实现产值占 GDP 比重，研发经费支出占 GDP 比值。

人力资源指标包括：高级专业职员的总人数/比率/增长率，新增劳动力人均受教育年限，教育/练习经费的金额/比重/增长率，文教类组织的总数/增长率。

文化环境指标包括：民众文化消费占总支出中的比重，民众文艺活动参与次数/均匀人数，家庭文化消费占全部消费的比重。

社会环境指标包括：全社会劳动生产率，增加值率，资金利税率，百元固定资产实现增加值，社会安全指数，人均城市基础设施建设投资额，民间创意事业单位的经营自给率，民间创意事业单位在基础设施建设方面的投资额。

政府投进指标包括：创意事业财政补助占全部财政支出的比重，人均文化事业财政补助，创意事业基建投资额，年末固定资产原值，奖励资金/金额总数/比重。

竞争力指标包括：国际贸易进出口指标，华人市场的营收总值/占有率/增长率，亚洲市场的营收总值/占有率/增长率，（亚洲以外）全球市场的营收总值/占有率/增长率。

第四节　文化创意产业的发展模式

辞海中对于模式的解释是：一般指可以作为范本、模本的式样。各个学科和行业均有自己的模式，但任何模式都是在不断发展和创新的。任何一个国家的产业发展，都离不开模式的选择，合适的产业发展模式和发展路径，直接决定一个国家产业发展水平的高低。以下是世界上比较有代表性的几个国家和地区的创意产业发展模式。

表 2－6　创意产业发展模式的类型

产业发展模式分类	主要模式	典型国家或地区
资源配置方式	市场主导型	美国、瑞典、广州
	政府主导型	英国、日本、韩国
	市场与政府混合主导型	北京
产业发展突破口	全面推进型	美国、英国
	重点突破型	韩国、日本

续表

产业发展模式分类	主要模式	典型国家或地区
产业发展资金来源	以外资为主	中国台湾及香港、美国
	以内资为主	英国、韩国
企业规模结构	以大企业为主	美国、韩国、上海
	以中小企业为主	英国、香港、台北、广州、北京
目标市场定位	以出口为主	美国、日本、韩国、英国
	以国内市场为主	上海、北京

资料来源：武汉文化创意产业发展模式研究［D］．武汉理工大学，2008

20世纪末，在发达市场经济国家推动知识经济的过程中，不少国家和地区开始把文化创意产业作为战略产业和支柱产业，把发展创意产业提高到战略高度，并采取相应的政策措施和手段来扶持其发展，最大限度地挖掘知识经济的潜力，发展文化创意产业。下面以英国、美国、日本、法国、中国等国家为例，简析这些国家的文化创意产业发展模式。

一、英国——政府主导型发展模式

英国是世界上最早重视文化创意产业的国家，也是第一个官方明确定义创意产业的国家。英国有着较为悠久的历史文化传统，浓厚的艺术气息与积淀。英国的创意产业发展模式为政府主导型发展模式，政府广泛参与到创意产业发展的各个环节，对创意产业的发展起到积极的推动作用，具体表现在：

（一）政府重视宏观导向和政策支持

英国政府为促进文化创意产业的发展，在政策上为其提供了广阔的发展空间，政策要点包括：第一，支持文化艺术类的产业发展，特别是对那些优秀的、具有创造性的文化艺术门类提供帮助。经费主要拨向与公众文化生活密切相关的重点文化单位和艺术品种，并且提高对文化艺术经济价值的认识，积极鼓励文化创意产业的发展。第二，规划创意产业发展方向，培养公民创意生活与创意环境，鼓励公民参与各种文化活动，发掘大众文化对经济层面的影响力，为文化艺术产品培养潜在的消费市场。第三，政府加强制度建设，对创意文化产品在企业管理、人才培养、生产经营、产品销售、对外输出等有关方面进行引导扶持。第四，艺术教育是启发人的思维的教育，是提高个人素质和创造力的教育，政府强调必须保证文化艺术成为教育服务体系的组成部分。

（二）运用财政手段提供资金支持

英国政府采取直接财政拨款的方式，对非营利公共文化艺术给予资助，具体运营方式则主要依靠非政府中介机构来加以实施。1998～1999 年，英国对公共性文化艺术的拨款和赞助总额达 54.85 亿英镑，而到了 2005～2006 年，英国政府的文化投入预算比 1998～1999 财年增加了 114%。对按照市场运作的营利性文化产业，如影像业、音乐业、出版业、电影业等，英国政府则主要采取税收上的优惠来促进其发展。例如，英国政府从未对图书、期刊、报纸征收过任何增值税，从而使图书与其他出版物始终处于零税状态，这种税收激励政策使英国跻身于世界出版大国之列；从 1950 年开始，英国政府开始对电影门票根据其价格向影院征收伊迪税，该税成为英国电影制作的主要资金来源；英国政府对文化产业实行差别税率；对游戏产业实施出口退税，以支持游戏企业的海外发展。

（三）重视创意产业园区建设

英国政府还特别重视创意文化产业园区的建设，通过这种文化组织与发展平台，为相关创意文化企业提供一系列的支持和服务，帮助处于萌芽期的公司或者一些中小企业渡过难关，直到其独立运作并快速成长。例如伦敦西区、曼彻斯特北部园区、伍尔夫汉普顿文化园区、谢菲尔德文化产业园区、布里斯托尔电视与数字媒体产业园区等。

（四）积极参与国际交流与合作

英国政府认为，在平等互利的基础之上开展国与国之间的交流合作，有利于本国创意产业的发展。英国政府注重加强与他国在创意产业领域的合作，促进不同国家创意产业从业者之间的交流，消除国家之间的贸易壁垒，创造共赢效益。

二、美国——市场主导型发展模式

美国在经过市场经济的“自由放任”、“全面干预”等阶段之后，进入了成熟的自由市场经济发展阶段。与此相适应，美国实行的是市场主导型文化创意产业发展模式。

（一）实行自由企业制度

文化企业是创意经济的主体，美国文化创意产业运行的一个核心就是实行自由企业制度。企业生产什么、生产多少、如何生产，完全由其自行决策，创意产品和服务的价格也由企业根据市场的供求关系来决定。尤其在经济全球化的发展进程中，美国众多的跨国文化企业采取了全球化经营战略，从资金、技术、信息的全球自由流动中不断获得高额垄断利润，同时，按照市场规则扩张海外销售市场，占据了国际竞争的有利地位，其影响力日益增大。美国的影视、图书出版业以及音乐唱片业，已建成庞大的全球销售网络，并控制了许多国家的销售网和众多电影院、出版机构及连锁店。美国的自由企业制度还表现在政府不对文化企业的内部事务进行干预，而是为微观生产主体的正常生产经营创造外部条件，即政府对企业的管理以法律为依据，不存在行政性的直接干预。

（二）限制垄断，保护自由竞争

在美国文化创意产业的发展过程中，竞争和垄断是并存的，但垄断并不排除竞争。为了维护市场经济的基本原则，美国采取了一系列措施，通过反托拉斯法和保护中小企业法来限制文化产业垄断，保护竞争。这使得美国核心版权产业中尽管垄断程度比较高，但竞争依然是文化创意市场的基本特征，也是美国版权经济活力的主要来源。

（三）减少国家行政干预，加强宏观指导和公共服务

政策上最大限度地减少国家行政干预，是美国市场主导型文化创意产业发展模式最突出的特点之一。之所以如此，不仅因为美国长期以来一直保持着自由主义的传统，而且更重要的是，自第二次世界大战以来，新自由主义经济学派的理论指导。

三、日本——政府主导型发展模式

日本之所以能在比较短的时间内成为世界上文化创意产业的强国，除特殊的历史传统和文化氛围外，实行政府主导型文化创意产业发展模式无疑是最主要的原因之一。日本政府主导型文化创意产业发展模式的特点是在政府强有力的干预和主导作用下，大力发挥市场机制配置文化资源的基础性作用，而政府干预的重要手段就是比较成功地运用宏观经济计划与产业政策。

（一）富有活力的文化创意市场组织结构

日本的创意企业结构有自己的特殊性。第一是企业经营集团化。自20世纪50年代中期以来，随着社会财富向文化产业的逐步集中，许多大企业互相结合组建起文化企业集团。第二是企业股权分散与法人相互持股。第三是经理决策与工人参与制。企业的经营者在企业中居于核心地位，成为企业事实上的决策者。第四是活跃的中小企业与系列化生产。大企业与中小企业和平共处是日本企业结构的典型特征之一，创意产业内亦是如此。中小企业一般都被纳入大企业的系列化生产体系，就是以大企业为顶点，以中坚企业为骨干，以广大中小企业为基础组成的“垂直型”协作方式。第五是中介机构活跃，充当文化和市场高度融合的桥梁。

（二）比较严密的宏观经济计划

日本政府在宏观经济政策上发挥了巨大作用，从而形成了政府主导型的文化

创意产业模式。日本政府宏观经济政策的主要功能是制定发展战略和经济计划，经济计划对企业起着“指导”、“引导”和“预测”的作用。同时，多种渠道的资金支持是日本文化创意产业迅速发展的有效营养剂，大多数大型活动背后都有大型企业、公司的投资和赞助。

（三）卓有成效的政府调控措施

日本的政府调控措施主要就是法律与产业政策，其创意产业的相关政策主要由通商产业省负责制定和实施，主要是以促进产业发展为目的，以产业和企业为对象，由政府推行的干预产业的一系列发展政策。这其中最具影响就是2001年通过的《振兴文化艺术基本法》。后于2002年根据该法制定了《有关振兴文化艺术的基本方针》，确定了2003～2008年振兴文化艺术的基本方向和国家应当承担的责任，为日本文化创意产业指明了方向。

日本的文化产业政策是针对整个产业，以产业而不是具体的某个公司为国家重点扶植对象，目的是为了提供创意产业发展的政策基础，鼓励行业内竞争，帮助企业积极对外输出并取得国际竞争的胜利，最终达到产业扶持的目的。

（四）重视海外输出

日本政府同时非常注重创意文化产品的海外输出，政府一方面积极帮助企业走出国门，开拓海外市场；另一方面建立专门的机构——内容产品海外流通促进机构，开展海外市场的反盗版打击，参加海外市场的相关诉讼活动，进行对外交流，以此来促进日本文化产品的出口。这其中比较有影响力的有《千与千寻》、《龙珠》等一系列动画产品。

四、法国——政府主导型发展模式

法国以艺术大国自居，因此，发展重点基本上是以文化和艺术为主轴。长期以来，法国政府非常重视文化创意产业的发展，鼓励艺术创作，采取“公共投入为主、国家扶持、多方合作”的政策，强调文化与国家形象互相结合，使得文化创意产业发展具有鲜明的特色，在席卷全球的金融危机面前仍呈现勃勃生机。

（一）政府涉入较深，制定较为完整的管理体系

法国文化、历史、国家形象与创意产业联系非常紧密。由于法国不太信任市场机制，为了有效规避市场本身存在的弊端，法国政府对创意产业的发展有较多的干预。1959年，法国政府成立文化部，改变了对文化事业单一而零散的扶持，开始构建系统的公共文化政策体系。经过50多年的发展，法国公共文化政策形成了以中央和各级地方政府的公共投入为主导的发展模式，这和以市场为主导的美国模式截然不同。与政府主导的管理形成互补的是各行业协会和民间团体，如

法国服装工业协会。行业协会发挥制定行业标准、规范行业行为等协助政府进行行业管理的作用。

（二）强大的财税政策支持

财税政策支持在文化产业的发展过程中发挥了举足轻重的作用，尤其是财政支持更是影响巨大。法国政府对文化产业的财政拨款主要表现在以下几个方面：法国政府通过财政拨款，投入大量资金维护和修复建筑遗址、城堡等，同时加强博物馆、档案馆建设；积极地对各项促进文化产业发展的活动给予资金支持；为了加强法国文学与国际的交流，法国政府对书籍翻译进行资金支持。

法国的文化产业税收扶持政策是目前国际上产业架构最完整的文化产业税收扶持政策。从中央政府到地方政府，从图书出版业到艺术品产业，法国大力发展文化产业，使其成为法国经济中举足轻重的一部分。值得注意的是：法国国家图书中心的资金主要来自于政府对图书销售和图书复制的税收收入；艺术品产业的增值税可享受特殊的减税待遇；法国国家电影中心（CNC）规定，电影院卖出的每张票都要缴纳 5.5% 的增值税、11% 的特殊附加税，每一部在电视上播放的电影还要上缴 10% 的播放权税。

（三）创意产业注重宣传法国传统文化和历史

文化创意产业的发展离不开传统文化的历史积淀，离不开对传统文化的继承。法国文化创意产业即是如此。法国有着丰富的历史底蕴和文化内涵，贵族文化和市民文化是法国最重要的文化形态，是法国创意产业借鉴和吸取的主要内核。法国创意产业十分注重对本民族优秀文化的发掘，积极利用本国传统文化发展创意产业。

名为 Baccarat（百乐水晶）的世界著名水晶就非常强调品牌自身的法国文化和悠久历史。百乐水晶于 1764 年受路易十五特许创建，其华丽的光芒赢得了世界各国王侯贵族们的青睐，被誉为“王侯们的水晶”。经过岁月陶冶孕育而出的 Baccarat 精品，成为法国文化具有代表性的名牌产品，并在法国巴黎的万国博览会以及很多其他博览会上获奖。而 Baccarat 的成就从未停止，其设计理念与时俱进，并且永无止境。

（四）产业联系紧密，开拓多元化发展

法国文化产业覆盖面广、涉及行业众多，形成了三个同心圆组成的产业链：外圈为相关产业，由文化遗产、通讯信息产业、画廊、博物馆和旅游业组成；内圈是创意产业，由表演艺术、创意设计、建筑、广告、摄影、服装等行业组成；内核是文化产业，由广播电视、出版印刷和音乐组成。

随着全球化发展，数字化程度越来越高，法国文化部近年工作重心之一就是资助并推动文化行业的数字化（电影院、电视）。此外，文化部还通过加大资金投入，扶持中小企业对年轻艺术家创作的帮助。

五、中国——市场与政府混合主导型

中国的文化产业在上世纪末起步时，世界传统文化产业的发展已趋于成熟。起步滞缓的现实，让我们丧失了部分市场和产品的优势，这在一定程度上影响了我国文化创意产业的发展速度。但如果辩证地看待这个问题，中国文化创意产业也因此受益，因为我们得以直接使用业已成熟的理论来指导产业的发展。当前，基于我国文化创意产业的发展现状，提出我国应采取如下措施：以市场为主体，政府宏观政策为引导；大力发展文化创意产业园区；注重引进和培养人才；加强文化创意产业的品牌建设；大力发展高科技产业。

（一）以市场为主体，政府宏观政策为引导

我国政府应把文化创意产业提升到国家战略产业的高度，从宏观上对文化创意产业的发展战略、区域竞争优势、综合效益和可持续发展等做出总体规划，营造适宜产业公平竞争的宽松的发展环境；政府应加快科技、文化、教育及相关领域体制机制的改革步伐，尽早打破行政壁垒，促进社会资源自由流动，鼓励有条件发展文化创意产业的省市建立各部门联席会议制度，统一行使文化创意产业的管理权，以解决条件分割、体制不顺的问题；政府应对文化创意产业的发展给予持续支持，放宽市场准入制度，支持创意研发，促进内外贸易，推动产业升级，完善统筹体制；应对各地区产业资源进行全盘性调查，优化配置创意产业的社会资源。

（二）大力发展文化创意产业园区

文化创意产业具有较强的产业融合性，因此，在发展过程中，集群化建设是很重要的一项内容。我们目前在园区建设方面，初具规模但缺少特色，着手打造特色鲜明、优势突出、产业链条完备的创意园区，是未来发展的关键。通过文化创意产业园区的建设，发挥其带动、示范、集聚、辐射和推动的作用。

（三）注重引进和培养人才

优秀的人才是创意生成的根本。知识经济条件下，真正财富源于由思想、知识、文化、技能和创造力所构成的创意，这是文化创意产业存在和发展的根本理念。这种可以带来财富的创意，只能来源于人的头脑。所以，创意产业的起点是人的文化与创意。于是，人才便构成了创意的产生根本。加快发展文化创意产业，首要的任务就是加快培养、吸引一批富有创新精神、饱含创意理念的文化创意人才。政府应加大投入，对文化创意产业的优秀人才给予奖励和提供资金支

持。重点吸引一批具有较高文化素质的、既懂艺术又懂经济和经营运作的复合型的管理人才。同时，通过在相关高等院校设立相关专业，大力培养文化创意产业的设计、策划和制作人才。通过加强职业培训，增加与国外人才的合作交流，加快文化创意产业的发展。

（四）加强文化创意产业的品牌建设

我国传统文化博大精深，近年来，我国政府在保护传统文化资源方面投入了巨大的精力。但是，如果只强调保护而不进行合理的开发利用，不与文化创意相结合，那么，这些文化资源将失去自身存在的价值和生命力。文化品牌体现了一种文化的精神影响力，也是文化创意产业的核心竞争力。品牌内涵的人文基础是文化创意，实现品牌与文化创意的完美结合是文化创意产业发展的一个重要规律。因此，如何在保护的基础上，形成我国民族特色的文化创意品牌，是我国发展文化创意产业的重要手段，也是我国需要迫切解决的问题。

（五）大力发展高科技产业

文化创意产业虽然有不同于高科技产业的特点，但其发展离不开高科技。文化创意产业就是人类社会经济发展水平和科技水平发展到一定阶段的产物。文化创意产业最大的特点之一，是借助高科技手段使文化创意产品迅速流通，只有快捷的传播速度才能保证其巨额利润，所以，建立适合新技术特别是信息技术的产业化发展模式，把文化创意产业看成一个完整的、环环相扣的体系，建立一套明确的整体产业分类系统，使体系内各个产业部门能够互相支撑、互为供给、构成一条完整的产业链。

总之，在今天，文化创意产业已不再是一种理念或发展模型，而是最具发展前景且已具有巨大的经济效益和社会效益的现实产业。体制、人才和科技是文化创意产业得以快速发展的有力保障，要想改变中国文化产业在国际文化产业发展中的不利地位，只有大力发展文化创意产业。

第三章　城市文化软实力理论体系

第一节　软实力相关概念

一、软实力

所谓“实力”，是实现所期望目标的能力。在分析一个国家综合国力的构成要素时，通常将之分为有形力量、无形力量或硬实力、软实力。

硬实力（Hard Power），是指支配性实力，包括基本资源（如土地面积、人口、自然资源）、军事力量、经济力量和科技力量等一些有形的物质力量。

软实力（Soft Power），又译作“软力量”或“软权力”，最初是一个政治学领域的概念，由哈佛大学肯尼迪学院院长、美国国防部前助理部长约瑟夫·奈（Joseph S. Nye，Jr.）提出，用来概括性地描述综合国力中的无形要素和非物质要素。

约瑟夫·奈是在20世纪80年代于美国学术界围绕美国国力是否衰败及未来发展的大辩论中提出“软实力”概念的。在那场辩论中，以历史学家保罗·肯尼迪（Paul Kennedy）为代表的“衰落论”占据主流地位，但约瑟夫·奈认为，美国的力量并没有衰落，而是其本质和构成正在发生变化。1990年，约瑟夫·奈在《政治学季刊》发表了论文 *The Changing Nature of World Power*（中译名《变化中的世界力量的本质》），在《外交政策》发表了论文 *Soft Power*（中译名《软实力》），并在此基础上，先后出版了 *Bound to Lead: The Changing Nature of American Power*（中译本《美国定能领导世界吗?》）、*The Paradox of American Power*（中译本《美国霸权的困惑》）、*Soft Power: the Means to Success in World Politics*（中译本《软力量：世界政坛成功之道》）等著作，提出并阐述了“软实力”概念，对软实力问题进行了开创性研究。

约瑟夫·奈认为，软实力就是依赖塑造与影响他人偏好的能力来吸引或说服别人相信和同意某些行为准则、价值观念和制度安排，即按照吸引而非强迫或收买手段达到己方意愿的能力。

约瑟夫·奈认为，“软实力”与“硬实力”首先是相辅相成的，因为两者都是以影响他人行为达到自身目的的能力；其次，两者又存在区别，“软实力”资源倾向于与同化性或者吸纳性力量（Cooperative power）联系在一起，而“硬实力”资源则与命令性或者支配性力量（Command power）联系在一起，其中，支配力是“改变他人行为的能力——依赖于通过强迫或引诱的方式发挥作用”，而吸纳力则是“左右他人愿望的能力——依赖于文化和价值的吸引力，或者依赖于通过操纵政治议程的选择，让别人感到自身的目标不切实际而放弃表达个人愿望的能力”。

二、文化软实力

约瑟夫·奈认为，随着两个超级大国全球军事对抗的消失，技术、教育和经济、文化因素在国际关系中的作用越来越突出，实力的界定正在变得“强制力更少，有形因素更少”。针对这一变化，约瑟夫·奈提出文化、意识形态和社会制度等这些无形力量资源属于“软实力”，由此引申出3种相应的软实力，即文化软实力、意识形态软实力、社会制度软实力。

在诸多软实力中，文化软实力是最具代表性的，并与意识形态、社会制度构成软实力的三足鼎立。而意识形态与社会制度，又恰恰是凭文化来打造的，因此，文化软实力可以说具有核心地位。

三、城市软实力

“软实力”概念的提出，在世界范围内引起广泛关注，这也反映了冷战后军事权力等硬实力地位的下降，软实力地位的不断上升。正如我国古代思想家孙子所言，“不战而屈人之兵，此乃上策也”，软实力相比硬实力而言，更具有影响的深入性、持久性。软实力概念也逐渐从国家层面延伸到区域、城市和企业层面，形成了“区域软实力”、“城市软实力”和“企业软实力”等概念。

城市软实力是在国家软实力基础上衍生的概念。因此，对城市软实力的界定，最好的办法是将国家软实力的诸要素投射到城市层面，然后删除不适合城市层面的要素，再增加有关城市特色的要素。根据“投射法”，国内学者陶建杰将“城市软实力”定义为：城市软实力是反映城市在参与竞争中，建立在城市文化、城市环境、人口素质、社会和谐等非物质要素之上的，包含文化号召力、教育发展力、政府执政力、城市凝聚力、社会和谐力、形象传播力、区域影响力、环境舒适力等在内所形成的合力。这种“软”的力量，最终通过内部公众（市民）对城市的认可和城市对外部公众（其他地区居民）的吸引产生作用，尤其表现为外部公众的吸引力、感召力、说服力、影响力。软实力的概念模型见图3－1。

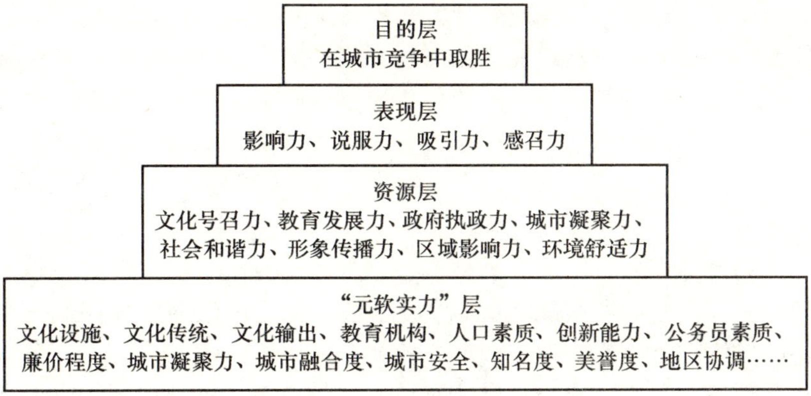

图3－1　城市软实力概念模型

“城市软实力”是现代城市竞争力的决定要素。一个“城市软实力”的构建是一座城市文化理念及文明素质的体现。

四、城市文化软实力

城市文化软实力是城市软实力的核心要素，是一个城市软实力的文化表现。这种文化软实力对城市的发展起着积极的促进作用，为城市的持续发展提供精神动力、文化氛围和智力支撑，它能扩大城市的外在影响，传播城市的形象，增强城市的吸引力。

党的十七大明确提出要“提高国家文化软实力”后，我国城市竞争将进入以文化软实力为标志的新阶段。城市文化软实力是一个城市建立起独特的竞争优势并保持可持续发展的内在动力，正成为城市综合实力和竞争力建设的一个重要指标和路径。从一定意义上讲，未来的城市发展就是以文化论输赢，城市文化软实力最终必将转化为城市强大的综合实力和现实的竞争力。

第二节　城市文化软实力构成要素

济南大学徐艳芳等提出，在分析城市文化软实力内涵的时候，既要考察软实力的来源，也要强调软实力的表现形式，更要关注软实力的运动和发展路径，要从静态的现象和动态的形成发展去全面考察城市文化软实力的内涵。同时，文化软实力的来源是基于文化，而文化本身是一个综合的庞大体系，所以，在理解文化软实力的内涵的时候，系统的观念也非常重要。

根据上述研究成果，在综合国内外学者的研究成果基础上，我们提出城市文化软实力构成要素包括：以文化资源为基础的文化资源力；以文化产品生产部门为依托的文化生产力；以传媒业为载体的文化传播力；以城市精神为核心的文化凝聚力；以创意、原创为根本的文化创意力；以吸引企业、人才、游客等为特征的文化吸引力；以话语权、时尚引领力量等为表现形式的文化影响力。

一、文化资源力

文化资源力指文化资源的存量规模、结构和质量水平。文化资源是人们从事文化生活和生产所必需的前提准备。文化资源的丰富程度和质量高低直接对城市文化经济的发展产生多重作用。

文化资源包含的内容相当丰富，有物质文化资源，也有精神文化资源。

物质文化资源主要包括文化基础设施和物质文化遗产。文化基础设施主要有影剧院、图书馆、博物馆、文化馆、美术馆、体育馆、展览馆、俱乐部、少年宫、学校及公共娱乐设施等。物质文化遗产包括世界文化遗产、国家重点文物、名胜古迹、园林民居等。

精神文化资源包括城市的著名人物、语言、传统礼仪、历史变迁与历史遗存、神话传说、民间故事、民间艺术、民间工艺、能工巧匠、竞技游艺、民俗风情、节庆活动、宗教祭祀、风味餐饮、生活智慧等。

文化资源可以丰富居民生活，提高居住的舒适度。要让城市实力得到提升，必须充分挖掘丰厚的文化资源价值，在创意与创新化利用的基础上增强文化软实力，以期抢占发展的制高点，实现城市与区域的可持续发展。

二、文化生产力

文化生产力有广义和狭义两种理解。广义的文化生产力指人们进行精神生产的能力，狭义的文化生产力指人们生产文化产品、提供文化服务的能力。文化生产力的外在形式是创造文化创意产品的企业和工作者。

文化生产力是文化软实力的基础构成，也是推进文化软实力提升的根本动力。城市文化软实力的提升，主要是通过文化生产和文化服务来实现，即依靠特定的方式，对文化的各种要素进行配置，从而实现文化资源的内外部效益最大化。只有进行高效的文化生产和服务（严格地讲，文化服务是文化生产的一种特殊形式)，才能将城市文化进行最大可能的扩展与推广，才能把文化的凝聚力、影响力和辐射力最大限度地显现出来。例如，对特定的文化遗存进行旅游开发，就是文化生产和文化服务的过程。

在现代社会化大生产中，文化生产力是整体的社会生产力的一部分，文化以一定方式体现在生产过程之中，形成不同特性的文化创意产业，生产出各种满足市场需要的文化产品，它内在地蕴涵着生产者的思想和观念，文化产品的流通输出同时也就是文化观念的传播辐射，能够极大地提高一个国家或城市的影响力。美国之所以能成为文化强势国家，正是因为它拥有纽约、洛杉矶等城市的诸如电影、流行音乐、表演艺术、动漫、出版、游戏等彰显其文化特性的文化创意产业，通过电影、电视新闻等来输出国家的意识形态和政治文化理念。美国文化创意产业出口的强劲以及对生活方式和价值观念带来的巨大冲击，我们在许多方面都可以强烈地感受到。

三、文化传播力

文化传播力是指文化通过传播方式的组合而得到彰显的能力，简单说，就是文化的对外传播能力。从宏观层面看，一个城市的文化在全世界范围内的广为传播与盛行，将给一个城市带来文化软实力的整体提升。

城市的形象需要大众传媒，需要更多的途径去宣传它。一道亮丽的城市景观，一座流连忘返的旅游胜地，都需要传媒去进行宣传。无论多么优秀、多么引人的文化，如果不为人知，也就不可能产生任何作用。

传播深度决定着城市文化影响的广度。一个城市文化的影响力，不仅取决于其内容是否具有独特魅力，而且取决于是否具有先进的传播手段和强大的传播能力。特别是在当今信息社会，凡是传播手段先进、传播能力强大的城市，其文化理念和价值观念就能广为流传，就能掌握影响世界、影响人心的话语权。而没有文化传播力的城市就被这种浪潮携卷而被同化，丧失了基本的个性和被识别能力。

一个城市的文化必须通过各种可以利用的途径，进行广泛地传播，被他人接触、熟知、喜爱、接受，直至内化为其思维方式，只有这样，一个城市的文化才可能产生吸引力。“一个城市的文化传播得越广，其潜在的‘软权力’就可能越大。”文化的传播能力已经成为城市文化软实力的决定性因素。

大众传媒在文化传播，特别是在大众文化的传播方面，具有独特的优势，它已成为当前世界最主要的文化传播工具，是一个城市文化传播力大小的重要标志。

四、文化凝聚力

文化凝聚力是在文化认同的基础上，城市文化对市民所形成的统摄力、吸引力、感召力，这种力量促使市民紧密地团结起来，自觉维护其城市的利益。文化凝聚力表现为两个方向的力量：一方面是文化对个体的统摄、吸引和关怀，另一方面是人们对文化的自觉皈依和奉行遵守。文化凝聚力的主要作用是维持市民的团结，增强市民的协调性、整合性，从而保持城市的稳定，促进城市的发展。

接受一定的文化，往往就会引起心理和感情的向往、理性的认同。文化凝聚力，使一个城市的居民把对城市的认同和对自身的认同连接在一起，城市的发展、进步和城市形象被城市居民内化为自我认同的一分子。文化凝聚力体现了一个城市的居民对所在城市的认同程度和热爱程度，最终体现为全体市民对该城市文化的强烈认同和对城市的强烈归属感。

文化凝聚力主要表现为城市的精神。城市文化精神是一个城市历史文化实践的积淀，是一个城市在历史行程中，由城市市民在实践文化交流中所形成的价值规范和行为操守。这不仅是一个城市的精神体现，是一个城市的文化名片，更是一个城市的核心竞争力的体现。

文化作为一种精神力量，从来都是凝聚和激励全国各族人民的重要力量。中华民族五千年生生不息，都可以从文化上找到渊源，那就是中华民族文化具有强大生命力，所以才使中华民族历经磨难，经久不衰，继续繁荣。文化凝聚力是实现文化功能、提高国家文化软实力的内在驱动力。从国家层面来说，这种内在驱动力源自于民族精神状态、意志品格和国民对社会核心价值的认同。对于一个城市来说，这种内在驱动力主要来自于人们对城市精神的认同，是积淀、凝结在广大市民群众身上的“人文力”，激励、引导他们热爱自己的城市，关心自己城市的发展，维护自己城市的声誉，为自己城市的进步贡献智慧和汗水。城市精神的特质隐含在它源远流长的历史文脉和地域性文化底蕴中，它凝聚着一座城市的历史、文化与民风民俗，体现着城市共同的价值取向、文化底蕴、行为准则的观念体系和群体意识。这种精神一旦形成，就会成为一种黏合剂，使广大市民团结起来，树立起共同的理想追求、价值观念，从而对本地区的社会经济发展提供强大的精神动力，影响着城市发展的方方面面。

城市文化凝聚力正是通过城市精神的塑造和弘扬逐步形成的。一方面，城市精神中深厚的文化传统和积淀必将转化为全体市民深层次的群体意识，这种群体意识有助于人们达成共识，并激发自觉性来规范行动，以期形成一种风尚、一种追求、一种动力，形成群体行动的指南，发挥着城市文化凝聚市民、引导市民的作用。它就像一条纽带，可以把全市不同职业、不同年龄甚至不同地域的人凝聚在一起，形成一种向心力和凝聚力，引导市民心系城市命运，以振兴城市为己任，将自己的聪明才智贡献于城市。另一方面，城市精神蕴涵着城市的发展理念和价值追求，既可以增添城市的内在气质，更好地展示城市的形象，又对外产生极大的辐射力和影响力，成为别具特色的城市名片，提升城市的知名度，产生强大的吸引力。改革开放初期，深圳敢为天下先，提出了“开拓、创新、团结、奉献”的城市精神；上海的“海纳百川，追求卓越”，使上海实现了从封闭到开放、从守成到创新、从精明到高明的大转换。

五、文化创新力

文化创新力是指一国在文化方面对要素进行内在变革，获得与其他国家的差异化的能力，是推动文化软实力发展的不竭动力。

进入经济全球化时代后，国家之间乃至城市之间的竞争日趋激烈，任何一种技术、工艺、商业模式的创新都可能在很短的时间内为竞争对手所知晓和模仿，要想始终领先对手，唯一的办法是不断创新。

文化是最需要创新的领域，创新是文化的本质特征，也是文化富有生机与活力的源泉。创新是一个民族进步的灵魂，也是一座城市走向兴旺发达的不竭动力。只有大力发展文化创新，才能不断丰富和拓展先进文化，才能提高文化生产的能力，才能提高城市文化软实力。城市文化除了必须完成文化传承以外，还必须完成创新性建构。文化的创新能力是城市文化建设的核心力量，也是增强城市文化发展活力的关键。文化的原创力是文化创新发展的基本动力，失去原创力的文化就没了生机与活力。只有大力推进以原创力为核心的文化内容创新，才能创作和推出大批内容生动健康、形式新颖多样、具有强烈吸引力和感染力的优秀作品，更好地满足人民群众日益增长的精神文化需求。文化原创力是文化创新的重要支撑，决定着文化创意产业“内容”的优劣高下，如果没有大量优秀的原创作品作支撑，城市文化就没有吸引力。拥有大量原创作品，是城市文化真正有实力的表现。

《福布斯》杂志公布的2009年“全球消费之都”排名，是根据世界最好的商店及世界名片在该城市的集中度来确定的，集中度越高，意味着这座城市越喜欢追求时尚。排名第一是伦敦，第二是巴黎，第三是纽约。纽约集中了世界最好商店的46.91%。流行时尚是最富有创新精神的领域，任何一款时尚新产品一经面世，既意味着其流行的开始，也意味着创意产品的结束，意味着必须进行新的创造才能生产出新的产品，才能引领新的潮流。三大世界城市对于时尚的追求，说明求异的创新思维已经渗入市民的思维当中，也表明三大世界城市在时尚产品生产方面所拥有强大的创新能力，也验证了文化创意产业对于城市文化软实力的重要作用。

六、文化吸引力

城市文化软实力的根本落脚点是约瑟夫·奈所强调的“吸引力”，而这种吸引力源于城市所独具的文化因素而非其他因素。

文化是城市的灵魂和城市吸引力的重要源泉，具有不可估量的社会价值和人文价值，构成了一座城市生存的精神支柱。积极向上的文化，不仅能够增强城市各群体、各阶层对城市的归属感和认同感，还能大大提升城市的吸引力。当今社会，人口流动日益频繁，人才流动日益自主，城市的文化吸引力成为一个城市能否源源不断获得高素质人才的关键。

文化吸引力还表现为对于各种文化的包容。从国家层面看，美国几乎吸引了6倍于德国的全球移民，居世界第一，而德国为世界上第二大移民国。在全球160万留学生中，在美国留学的外国学生占28%，英国以14%居第二。2002年，有86000名外国学者在美国的教育机构工作。再以城市为例，柏林是公认的欧洲文化中心，原因在于柏林抱持着一种自由宽容的态度，吸引了世界各地充满创造力的人。20世纪90年代，德国出现了一代“德国青年艺术家”，他们掀起了“先锋艺术”运动。而这一运动中涌现出的最具艺术成就的成果，造就了柏林欧洲文化中心的地位。

文化吸引不仅吸引人才，而且吸引企业和游客。当今世界已由“区位吸引人”发展为“有创造力的人吸引公司”，可以这样说，城市的文化吸引着人才，人才吸引着相应的公司，公司为城市创造着物质和精神产品和财富，提升和保证了城市的竞争力。

优秀的文化产品也吸引着游客。纽约所拥有的闻名于世的建筑物、娱乐场所、表演中心、歌剧院、博物馆、美术馆、公园和大学，每年吸引了超过1700万人来这里访问、办事和游玩，他们在这里花费达10.8亿美元。2007年欧睿信息咨询公司（Euromonitor International）公布的全球旅游目的地排名中，伦敦以接待1564万国际游客排名榜首，纽约排名第六。

七、文化影响力

文化影响力是指城市通过城市间文化互动对城市环境施加的实际影响，是城市文化软实力状况产生的客观效应和发展水平的外部显现。

文化影响力是文化软实力最直接的表现，是一个城市的影响力在文化领域的一种表现形式，它与文化互动的强度和城市参与程度有关。传统意义上认为，文化影响力与城市历史是否悠久相关，文化历史越丰富的城市，其文化影响力越大，如北京、巴黎等。北京有数千年的文物古迹，巴黎的卢浮宫里有举世称羡的文化遗产。但按照当今的定义，城市的影响力更在于其当代文化的影响力，千年文化古迹和卢浮宫里的艺术珍品对当今世界的影响已经在减弱。

纽约仅有300年历史，没有千年的古迹和引以为自豪的文物，但按文化影响力的定义，纽约却是一个文化影响力极强的城市，是当今从文化角度上对世界影响最大的城市之一。纽约是创造时髦风尚的中心，决定着全球时尚、美术、音乐的发展方向。如果哪位创意家能够成功地把握纽约的文化经济发展脉络，就能在世界其他地方站稳脚跟。

第三节　发展文化创意产业，提升世界城市文化软实力

世界城市是文化软实力极强、文化创意产业发达的城市。世界城市必然是文化之都，没有具有全球影响力的文化软实力的城市，难以成为世界城市；不能以先进文化影响世界的城市，也是名不副实的世界城市。一个富有魅力的世界城市，不仅拥有繁荣的经济，也有令人向往的文化创意产业。

一、世界城市必须拥有强大的文化软实力

伦敦规划咨询委员会曾对世界著名城市的各项文化功能进行评分，结果纽约的平均分居第一位，超过了伦敦、巴黎等城市。评分的标准最高为10分，最低为1分。结果纽约在电视、戏剧、音乐、广告4项中居一位，在电影、设计、时装3项中居第二位。平均为9分，高居榜首。在这次评分中，伦敦居第二位，东京则落在巴黎之后。事实上，东京在设计中居第一位，在时装、广告中居第二位，但由于语言问题，在电视、电影、戏剧、音乐中得分较低，致使平均分较低。由此可见，世界城市必须拥有强大的以文化创意产业为代表的城市文化软实力。

（一）文化软实力是世界城市的核心要素

当今的城市发展，是以文化软实力为核心要素，以眼球经济和内容经济为城市实力关键。虽然城市首先是作为一个经济实体和社会实体而存在，但是从本质上说，城市是以文化的整体风貌和文化软实力功能确定着自身的品格和质量，是

以文化软实力的方式参与地区、国家和世界的发展竞争的。因此，世界城市的发展要更加注重以文化为发展的核心动力，以文化的理念和方式经营城市，以文化凝聚人心、浸润人心，进而构成城市的内在精神与外在气质。

一般而言，生产力发展水平越低，一个国家的硬实力越重要；生产力水平越高，软实力越重要。文化软实力正是通过文化的吸引、渗透来达到“不战而屈人之兵”的目的。因此，文化软实力是建设世界城市的核心要素，文化软实力作为现代社会发展的精神动力、智力支持和思想保证，越来越成为综合竞争力的重要驱动因素。

（二）文化软实力是世界城市的基本特征

在世界城市的特征中，世界城市的经济实力和水平、巨大的国际高端资源流量与交易，这些外在的表象特征固然重要，但更重要的则是城市的软实力，软实力是城市能够产生引领、影响和控制力的主要源泉和动力。

文化软实力是软实力的重要组成部分，其外在形式是文化产品、文化交流活动、文化教育和文化传播媒介。文化软实力是一种关系性权力，一个城市在国际交往中因其所崇奉的思想、知识和价值得到普遍认同而获得了影响其他城市和地区行为的能力。体现和维护本市利益的思想、观念和原则得到国际社会的普遍认同和广泛接受，可以影响其他城市和地区甚至国家在国际事务中的行为，减少自己在政策实施中遇到的抵制和阻力，从而有助于实现自己的战略目标，增进自己的利益。正因为文化软实力的强弱直接关系到一个城市的竞争力，关系到维护自身利益实现自己战略目标的能力，国际社会普遍重视提高文化软实力并把拥有强大的文化软实力作为世界城市的一个基本特征。

在提升文化软实力、建设世界城市方面，东京做得颇为出色。东京早早看到了自己硬件与“世界城市”相比已毫不逊色，但“软件”上无形差距明显。为使东京成为名副其实的国际大都市，必须重建“文化东京”；由于认识到文化是城市的灵魂，是城市保持活力与魅力的关键，东京都生活文化局1999年便提出“迈向21世纪——文化都市的前景”议案，东京都政府2000年推出面向50年的发展规划“东京构想2000”，将城市发展目标定为“文化重建”，其重要一环为“东京心灵革命行动计划”：“东京人心理得以改善的话，将带动整个日本民族心灵的改善”，它是日本“文化立国”方针的重要部分，是东京文化、东京人的阶段性素质目标；作为一场涉及社会每个成员的运动，这个计划在“东京心灵革命推进协议会”统筹领导下，有声有色地步步深入。

（三）文化软实力是世界城市的重要指标

世界城市的定义和等级划分，固然是有一些经济上的硬指标，但在越来越重视文化软实力的今天，一个城市的文化在世界上的影响力无疑应作为与经济等量齐观的最重要的指标之一，并且也是一个城市区别于其他城市的唯一标志。

从文化软实力的角度来理解世界城市的目标和内涵，这是文化软实力的当代价值所在。文化是城市和国家的精神灵魂，与经济指标一样，是体现城市和国家世界影响力的主要显性指标，是发达国家城市成功迈向国际化的标志，也是其巩固和提升世界城市地位的利器。文化作为城市基本要素，融合了经济、政治、科技、生活方式、生态环境等各种要素，是城市的综合性指标。它整合了各种要素优势，弥补了经济实力等所谓硬实力指标要素的不足，“文化”是一个非常复杂的、多层次的概念，文化的辐射力和渗透性使得文化体现在社会生活的方方面面，没有文化的城市将是荒芜的，文化是衡量城市现代化程度的重要指标。在世界城市中，有较大影响力的城市都有自己独特的文化。

二、城市要通过发展文化创意产业来提升文化软实力

城市文化的展示，关键是靠文化的魅力来显现，没有文化，城市文化软实力就缺少了根基。文化创意产业构建世界城市的软环境，或者说是城市的软性基础设施，反映一座城市的精神风貌，传播一座城市居民的生存样法，决定着一座城市能否吸引世界各地的目光，能否吸引到最有才华的人才来居住，同时，它也决定着城市硬件环境基础设施的感情色彩和对人的精神影响，是一个关乎生活在这些硬件设施中的人是否舒服、是否幸福、是否具有创造性、是否能够发挥出人之为人的最大潜力的问题。发展文化创意产业，使城市文化软实力能够得到更直观、更具体的彰显，从而使城市产生吸引力、凝聚力、影响力和知名度，使城市更具活力。

纵观全球，那些国际上有影响的大城市几乎无一例外都是创意产业最集中和最发达的地区，也以富有特色的创意产业而闻名遐迩。世界城市的地位之所以与创意产业的繁荣联系如此紧密，主要基于以下几点原因。

（一）文化创意产业是表现城市文化软实力的主要形式

文化软实力的提升和表现是通过一系列的文化商品或服务所体现出来的，文化创意产业是表现文化软实力的一种主要的形式。发展文化创意产业，可以通过文化创意生产把文化资源转化为市场流通的文化产品，把城市的文化底蕴以公众最容易和乐于接受的形式展现出来，使城市的文化价值观和城市精神等非物质的文化形态用文化产品和文化服务进行表达。在这个意义上，文化创意产业是文化软实力的物化和有效表现形式。

发达的文化创意产业可以很好地传播和表现一个城市的文化，从而可以使得

这种文化能很好地在世界获得传播，而这是城市文化软实力获得提升的前提条件，文化只有先得到传播才能获得认同。因此，文化创意产业作为文化传播的载体，对于城市的文化软实力有很大的提升作用。

（二）文化创意产业是增强城市文化软实力的重要砝码

文化创意产业实现了一个国家精神文化与物质经济的紧密结合，代表着一个社会的发达程度和一个国家的综合国力。一个强大繁荣的文化创意产业，必然要依托一个发达的社会系统，反过来说，文化创意产业的强大繁荣也是一个社会发达的时代标志。从全球发展的趋势来看，文化创意产业正在形成日益强大的规模，成为整个国民经济重要的支柱性产业。可见，在现实中，经济的发达繁荣会为文化的竞争力和吸引力提供更高的势能，成为影响文化认同感和凝聚力的重要因素。文化势能是文化借助于它相应的经济政治水平及其所在社会环境，“在人们的心目中衍生的放大了的主观效果，是人们进行文化比较和评价中的客观的现象”。在这样的逻辑中，文化创意产业的规模大小、实力强弱，就直接影响到人们对于一个国家文化水平和影响力的评价。随着网络化和信息化的不断发展，动漫游戏、数字电影、网络视频、移动多媒体、广播电视、公共视听载体、数字出版、手机出版等新的文化业态不断出现，文化创意产业的具体种类日益丰富，涵盖的领域也不断扩大。

实践证明，新兴文化创意产业已成为全球经济文化一体化进程中新的增长点，成为推动经济结构调整、转变经济发展方式的重要力量，成为推动一个国家实现社会繁荣和文化繁荣，进而增进人们的理解、认同和向往，增强国家文化软实力认同的重要砝码。

（三）文化创意产业是提升城市文化软实力的有效手段

如果说约瑟夫·奈在理论层面建构起软实力的命题，那么，英国前首相托尼·布莱尔则在实践中探索了一条提升软实力的路径——发展创意产业，并且大获成功。1997 年，布莱尔就任英国首相伊始，就提出旨在改变英国老工业帝国陈旧落后形象的“新英国”计划，创意产业是该计划的重要组成部分。英国政府专门成立文化媒体体育部，布莱尔亲自担任“创意产业特别工作组”主席。随后的十几年里，创意产业给英国带来了惊人的发展动力，成为英国经济的重要支柱。用布莱尔自己的话说：“我已经永久改变了英国。”

这里的改变，绝不仅指创意产业对经济硬实力的改变，更是对软实力的改变。在发展经济的同时提升、壮大软实力，是文化创意产业与金融和高端制造等纯经济产业的显著区别和特质。遍观如下领域，我们不难发现文化创意产业的“软”性特质：广告、艺术及古董市场、工艺、设计、流行设计与时尚、电影与录像带、休闲软件游戏、音乐、表演艺术、出版、软件与计算机服务业、电视与广播，无一不充盈着文化艺术的内容。在推动这些行业发展的生产要素中，传统的资本、土地和体力劳动被边缘化，精神生产领域的创意在人类经济发展中首次位居核心要素。

文化创意产业和软实力的理念之所以在资本主义高度发达的英国和美国最先产生并付诸实践，绝非偶然。软实力的理论刚刚提出，创意产业的实践便紧随其后，反映的正是目标确立与实现手段的逻辑关系，只有把握住这一点，我们才能因势利导地引导文化创意产业的发展方向，制定适合文化创意产业特质的发展政策，超越利用文化创意产业发展经济功能的单纯目的，使之成为提升城市文化软实力的有效手段。文化软实力要素，凭借着产业化的力量和经济行为的形式，广泛而高效地传播、渗透，真正做到了“随风潜入夜，润物细无声”。

综上所述，文化创意产业是文化软实力的源泉。文化创意产业的强大，不仅可以维护国家的文化安全，还可以传播和塑造良好的城市形象和国家形象，有效地提升城市文化软实力。

第四节　文化创意产业提升世界城市文化软实力

文化创意产业以文化为基础，其产品无不打上深深的传统文化、地域文化、历史特色的烙印，是传统文化与现代元素有机结合的产物，能产生巨大的影响力、生产力和竞争力。

文化创意产业对于城市文化软实力的各构成要素均有提升作用，本章从理论层面加以论述，在后续章节中将给出具体实例。

一、文化资源力

文化具有极强的传导性和扩张性，能够超越时空、超越民族、超载国界地扩大城市影响力。从全球城市发展的经验来看，一个具有较强文化影响力的城市，要拥有充足的文化资源，并通过建立发达的文化创意产业体系开发这些文化资源，并将其转化为独具价值的城市品牌，显著提升城市的知名度和美誉度，形成有别于其他城市的标识。

文化创意产业的发展又会提升城市的文化资源力。一方面，发展文化创意产业必然会加大对文化基础设施的建设投入，提高文化基础设施的数量与质量。另一方面，文化创意产业可将新的创意注入传统精神文化资源之中，让传统文化得以保存继承和发扬光大，使传统精神文化资源以当代人易接受的形式得以传播，实现了文化内容的创新。新创造的文化作品又为精神文化资源增添新的内容，使其得以不断地丰富，充满新意。

二、文化生产力

文化创意产业的发展表现为文化创意产业园区、文化创意产品研发与生产机构、文化创意产业市场、文化创意产业从业人员数量的增加，这些机构和人员所创造的文化氛围和职业机会，会吸引更多的企业和专业人才，使文化创意产业与文化生产力之间形成良性循环。

关联性强是文化经济的一个重要特征。文化创意产业还通过产品、劳务、技术、就业、文化、价格、投资等要素同相关产业关联，从而增强文化生产力。在文化创意产业内部，在资源、产品以及存在于资源与产品之间的各种中间环节进行关联。文化创意产业内外部的种种关联，导致文化创意产业具有极强的波及效果和整合效应。城市文化创意产业能够有效整合城市的文化资源、技术、人才等各种产业要素，增强城市文化的生产能力和服务能力。

以纽约百老汇为例。众所周知，百老汇是演出音乐剧的场所，由于其影响巨大，百老汇甚至成为了音乐剧的代名词。百老汇的表演形式融舞蹈、音乐、戏剧于一体，有些剧目更是融艺术与大众品位于一体，具有很强的观赏性和娱乐性。作为纽约市文化创意产业中的支柱之一，百老汇不仅在艺术上、经济上贡献卓著，也是重要的旅游目的地，对同属文化创意产业的旅行业产生了重要影响，体现了文化创意产业的波及效应和整合效应。百老汇吸引了来自世界各国的游客，观赏百老汇歌剧成为每一个来纽约市参观、访问、旅游的人不可或缺的节目。从目前观众的比例来看，慕名前来的外国人要超过美国人。现在，观众人数以每年3%的比例上涨，观众当中，60%的人来自纽约以外地区；许多来纽约的人的目的之一就是来欣赏百老汇歌剧，否则就是“无功而返”。这些专门冲着戏剧演出而来的游客，仅在2006年就为纽约市带来4.15亿美元的消费额，带动了纽约的旅游产业。

百老汇的案例生动地说明了文化创意产业的关联性特点，以及其对增强文化生产力的作用。

三、文化传播力

信息的传播能力影响着一国文化、价值理念与国家形象在世界范围内传播的广度、深度和效果。

在信息时代，文化软实力不仅依赖于文化和理念的普适性，还依赖于所拥有的传播渠道，因为它能够对如何解释问题拥有影响力。作为文化创意产业重要组成部分的传媒业，其数量与质量决定了一个城市的国际新闻议程设置能力和在全球传播体系中的话语权。纽约和伦敦等世界城市都拥有发达的传媒与影视业，这不仅可以全方位地推广塑造城市的正面形象，更使得它们在全球城市中具有了超一流的话语权。

发达的文化创意产业显示着城市的文化传播力，发达的网络媒体是有力传达文化的工具和手段，当今世界各种文化在全球范围内相互影响、相互交融或者相互矛盾和冲击，城市文化传播力的强弱关系到该城市能否以平等的地位、主动的姿态融入世界文化潮流。一个没有优势的文化将会逐渐衰弱以至于消失，伴随的也是城市的没落。

任何文化精神的传播都必须要找到相应的媒介形式才能够真正实现——不论这种媒介是书报刊、是网络影像还是舞台表演，总而言之，文化软实力必须借助于特定的媒体形式才能够进行有效的传播，单纯的文化理念并不能直接地转变成文化的软实力。而大力发展包括大力发展媒体业在内的文化创意产业，就是要通过“生产”出丰富、高质量的文化产品，将城市的文化精神传播到世界，将城市的文化魅力展现于世界。

四、文化凝聚力

发展文化创意产业，创造优秀的文化创意产品，能够激发出巨大的文化认同感和民族自信心，有利于增强文化凝聚力。因为创意产品的内容价值可以供人们多次消费、反复享用，不会因为千千万万人观赏而磨损、贬值，这就使得文化消费、艺术消费变得全球化、无国界，越是民族的就越是世界的。一个民族的文化，积淀着这个民族最深层的精神追求和行为准则，既是凝聚人心的精神纽带，又直接关系民生幸福；既是推动社会发展的重要手段，又是社会文明的重要目标。发展文化创意产业能通过各种各样的艺术形式和传播手段，使民族的优秀传统文化得到最大限度的保护、发展、创新和利用，达到传播弘扬的目的，有效抵御外来不良文化观念的渗透和侵袭，极大地增强民族自信心和民族自豪感，增强文化凝聚力。

五、文化创新力

在知识经济时代，创新成为城市发展的核心动力，文化创意产业则以其强大的创造性强化了创新意识。对于文化创意产业来说，先有创意，后有创新；创意是创新的源泉，而创新是创意的实践；没有创意，创新将无以驱动，也将迷失方向。创新力来源于人们的创意活力，缺乏创意活力意味着创新力的衰竭。文化创意产业能够强化城市的创新氛围，丰富多彩的会展、文化艺术等活动的举办，能够深化大众对文化创意的认识，激发大众潜在的创新意识。

创新意识带来了文化内容、文化形式、文化载体、传播媒介和技术层面的不断创新，带动求异思维，消费者对个性化、多样化产品的追求又会促进企业创新，城市的创新力得到激发和释放，这种释放创造了新的产品和新的市场需求，冲破了传统资源的硬约束，通过创意将各种资源转化为资本经营，为经济发展打开新的通道和空间。文化创意产业推动着各个领域的文化创新，促进体制创新，提高了人民群众的文化素质和创造力，从而为提升文化软实力、建设创新型城市和国家奠定了良好的基础。

六、文化吸引力

文化创意产业能够吸引人才和企业。在发达国家，随着工业化的发展和后工业化社会的进步，包括教育和研发、文化、金融等众多领域的创意人群在人口中所占的比重正在增加。这些人喜欢到什么地方去工作，就成为城市和区域发展所要考虑的首要问题。美国卡耐基梅隆大学的佛罗里达教授在2002年对美国有创造力的人对区位选择进行了研究，结果表明，过去是公司区位吸引人，现在是有创造力的人吸引公司。公司将会搬到有创造力的人乐意居住的地方。他的研究表明，在美国，有创造力的人喜欢住在技术（technology）、人的才能（talent）和宽松愉悦的环境（tolerance）三因素（即所谓“3T”）排名很高的城市。

3T因素中的第三个T（宽松愉悦的环境）离不开创意的文化创意产业。根据理查德·佛罗里达的创意阶层理论，一座文化创意产业发达的城市能够吸引更多高素质人才。文化艺术在增添城市经济发展活力中具有重要作用。文化艺术造就了城市与城市之间发展的差距，是决定一个城市是否伟大、是否充满活力、是否能吸引人们去那里生活的重要因素。伟大的城市即使人口密集、喧嚣、物价高涨也会吸引人们前来，因为人们渴望与程度相当的人在一起工作和居住。

文化创意产业能够吸引人才和公司，不仅因为商业原因，更因为它的能量和创意。文化不仅是一种设施，它还吸引其他领域的专业人士和工人来到这里，因为人们希望在一个充满文化与活力的城市中生活和工作。

文化创意产业本身就需要大量的员工，它形成了一种气氛，吸引着那些寻找生机勃勃的、具有创造力的群体，吸引那些有创意的人和行业来到这座充满其他区域所不具备的机遇的城市。

七、文化影响力

文化创意产业能够增强城市文化的认同感。文化创意产业是文化产品生产和消费的过程。文化企业根据市场的需求生产文化产品，通过营销，销售给消费者。从价值链的角度看，这个过程完成的是一个价值的增值过程，从文化本身的角度看，这个过程完成的是一个文化及其附加在文化上的价值观的转移过程。文化创意产业链的终点就是文化价值的转移结束。所以，文化创意产业的作用不仅仅是产生经济效益，同时还伴随着文化的传播和对外的辐射。随着文化创意产业规模化生产的加剧，文化产品消费的持续增长，消费者会潜移默化地对输出文化产品的国家和地区的文化产生认同感，从而接受附着在文化产品上的价值观和意识形态。不论是站在国家层面还是城市或区域层面，文化输出和文化被认同就是文化软实力的体现，文化创意产业正是承担了文化输出的重任。

文化创意产业传承着一个国家的价值观念和审美标准，具有意识形态的特殊使命，是更加充分和生动地传播文化诉求和政治诉求的有效载体。文化创意产业尽管受到市场逻辑的引导，但由于其生产的是文化性质的产品，附加着思想性、观念性的内容，因而也具有浓厚的意识形态色彩。文化创意产业可以通过文化产品推进交流、沟通和理解，肩负着表达城市立场、价值主张、民族声音的重要使命，是开展文明对话、推动国家文化软实力得到更广泛认同的重要途径。

约瑟夫·奈也认识到文化创意产业在实现国家意识形态方面的独特影响，他说："流行文化中当然不无琐屑与凑热闹的成分，但一个占据着流行文化传播通道的国家有更多的机会传达自己的声音并影响他国的选择则是千真万确的。"他曾建议美国，要充分利用其发达的传播媒体、文化产品、大量出口的影视节目等大众文化形成无形且强大的软实力，来增强美国对世界的控制力。加拿大的弗雷泽则认为，在走向帝国、称霸全球的进程中，美国一直在依赖着自己的软实力即流行文化进行潜移默化式的渗透，从而达到向全球推广美国生活方式和价值观的目的。因而，美国、日本、欧洲等发达国家高度重视文化创意产业在实现国家话语和国家利益方面的独特功能，并把发展文化创意产业作为增强国家文化软实力的重要战略，充分用来推广自己的意识形态和价值体系。

在全球文化竞争中，西方的文化创意产业和大众文化处于主导性的优势地位。风行天下的西方大众文化不但利用其高科技、高品牌、高效应在世界各地捞取了大量的利益，而且在消费的过程中必然附加文化的创造者所体现的主导观念、生活风格、文化标准。好莱坞电影就是向全世界解释美国社会模式、宣扬美国意识形态的一把教鞭。20 世纪 60 年代以来，美国凭借纽约、洛杉矶的流行文化在全球扩张，成功地在全世界移植了关于"个人英雄主义、基督教精神、自由民主平等、消费主义价值观"等一系列美国梦神话。

西方发达国家正是借助强大的文化创意产业，把自己国家的价值观念、生活方式用一种引人入胜的方式，推广给经济、政治处于弱势的国家，通过受众的消费、欣赏和爱好，重塑这些国家民众的文化价值观念，达到控制他国意识观念和推进国家对外战略的目的，实现约瑟夫·奈所说的“吸引而非强制”的效果。这由此也印证了一个道理，那就是“文化创意产业的消费过程，就是一种建构性的认同实践，文化创意产业的发展繁荣能使国际社会越来越多的人对一个国家产生精神层面上的认同感”。

韩国影视剧热播在中国引发的“哈韩”现象，同样可以作为这方面的一个典型案例，韩国饮食、韩版服装、韩国美容、韩国旅游等为主体的商品一度引领了国内的消费先锋。在2010年上海世博会上，融汇“现代”与“传统”文化于一体的韩国展馆成为世博园中人气最高的展馆之一，由韩国偶像团体“Super Junior”所引发的万人混乱争门票，从一个侧面印证了韩国流行文化的影响力。这股“韩流”同样波及日本，根据相关数据，韩国影视剧《冬日恋曲》在日本的热播使得其拍摄外景成为日本民众热衷的旅游景点。《冬日恋曲》在日本播出后的2004年1~9月期间，参加《冬日恋曲》主体旅游活动的日本游客人数达到20万，相关经济收益达到240亿日元。韩国则通过首尔等城市的流行影像作品，成功了塑造了一个洋溢着儒家伦理亲情、重视礼教的现代国家。韩国在20世纪90年代后期，从“文化弱国”到“文化强国”、从“文化输入国”到“文化输出国”的转变，是大力发展文化创意产业提升文化软实力的生动实例。

实践篇

第四章　英国伦敦

英国首都伦敦（London）位于英国东南部，横跨泰晤士河（the River Thames）两岸，是欧洲第一大港、欧洲最大的都会区，四大世界城市之一。伦敦共分为33个区（自治市），伦敦城是这个城市的传统中心。伦敦城外的12个市区称为内伦敦，伦敦城和内伦敦也被称作中伦敦（Central London），主要位于泰晤士河北岸。其他20个市区称为外伦敦，主要位于泰晤士河南岸。伦敦城、内伦敦、外伦敦构成大伦敦市。大伦敦市又可分为伦敦城、西伦敦、东伦敦、南区和港口区。根据2010年7月的统计，伦敦总人口约782.52万，占全英总人口的12.5%。伦敦作为人类居住地已经有两千多年的历史，最早可以追溯到罗马人建城之初，当时名字叫做Londinium。从17世纪以来，就一直是欧洲第一大城市。伦敦因其在政治、经济、人文、娱乐、科技发明等领域上的卓越成就，而成为全世界最大的都市。从1801年到20世纪初，伦敦作为世界性帝国——大英帝国的首都，是全球最大的城市，也是最有影响力的城市。二战以后，伦敦地位式微，但它依然是世界上最主要的金融中心和文化中心之一，也是许多国际组织总部的所在地。由于伦敦是一个非常多元化的大都市，其居民来自世界各地，具有多元化的种族、宗教和文化，城市中使用的语言超过300种。伦敦亦是世界闻名的旅游胜地，拥有数量众多的名胜景点与博物馆等。随着1998年布莱尔的工党政府将经济发展的重心集中于创意产业，伦敦充分利用自己的文化积淀、人力资本、金融中心、国际交通枢纽等优势，使得创意产业成为伦敦最为核心的产业，为英国的经济发展做出了突出贡献，也为伦敦作为一流的世界城市提供了深厚的历史底蕴、多元的文化环境、丰富的人文色彩和可持续发展的不竭动力。

第一节　伦敦世界城市成长史

一、伦敦的城市发展历史

（一）伦敦的诞生——罗马和萨克森时期（公元 43 ~ 1066 年）

伦敦作为一个交通枢纽和重要城市已有近两千年的历史。考古研究显示，在罗马人到来之前，这片区域已经有人类耕作、生活、埋葬死者等活动的痕迹。公元 43 年，罗马皇帝克劳狄（Claudius）带领罗马人正式征服了这个后来成为英国的地方。他们在泰晤士河畔建筑聚居点，取名为“伦底纽姆”（Londinium）。据说，此字源于生活在此地的凯尔特人（Celts）所用的语言，意思可能是“荒野之地”或者“河流流经的地方”。将其作为通往罗马位于东英格兰的省会 Colchester 的交通重镇。公元 50 年前后，罗马商人又在桥边兴建了一个城镇，伦敦由此而诞生。公元 61 年，布迪卡女王（Boudicca）带领民众反抗罗马人的统治，伦敦在战火中被毁。战后，伦敦又被布迪卡女王重建。城中的富人们用石头和砖瓦来建造房屋，而大多数的穷人们只能住木屋。在接下来的数十年中，伦敦城荣辱沉浮，几度更替。到公元 100 年，伦敦开始作为罗马不列颠省的首府而存在。2 世纪后叶，6 米高的环伦敦石城墙被修建，成为英国当时最大的城镇。但是公元 407 年，随着最后一批罗马军队撤离英国，伦敦城镇开始衰落。到公元 7 世纪时，盎格鲁撒克逊人在罗马人修建的城市上游 1 英里处修建了新的居住点，名字叫做 Lundenwic，这就是现在的伦敦市中心花园——柯文特花园（Covent Garden）。842 年和 851 年，丹麦人两次入侵英国，抢劫和烧毁了大多数的城镇。侵略军占领了包括伦敦在内的英国北部和东部领土。878 年，丹麦人被阿尔弗烈德大帝所击败，英国的国土被分为两部分，丹麦人拿走了英格兰的东部领土，包括伦敦。而阿尔弗烈德大帝则保持住了南部和西部地区的土地。通过和平谈判，阿尔弗烈德大帝于 886 年重新收复伦敦，他重新修整了破败的旧罗马城的城墙。为了得到保护，居住在罗马城以外的伦敦人在阿尔弗烈德大帝统治时期又重新搬回城里居住。994 年，伦敦人击退了丹麦人并迫使他们撤离此地。继盎格鲁撒克逊人之后，在英国历史上留下深深印记的是来自法国西北部的诺曼人（Normans）。他们的领袖威廉声称，因血缘关系，有权继承盎格鲁撒克逊人皇帝“忏悔者爱德华（Edward the Confessor）”的王位而大举发动进攻。

（二）英格兰政治中心——中世纪的伦敦（1066 ~ 1485 年）

公元 1066 年，威廉军事行动成功，成为英格兰的君主威廉一世，号称“征服者威廉”。虽然此时英格兰首都设于伦敦西南部的温彻斯特（Winchester），但是威廉为了巩固自己的地位，在伦敦东部修筑了坚固的伦敦塔以防御反抗者的进犯。塔高27米（90英尺），圆形的拱门使其呈现罗马风格，被粉刷成白色以加强其戏剧性的外观，传达了坚固性和力量感。这里既是皇家住所，也是政治犯的监狱。威廉保证将保留城市在撒克逊人统治时期获得的权利和特权，如当地由长老运行的法院系统。这既是作为宣示自己权威的一种手段，也突出了伦敦的军事地位之重要，为伦敦的基础建设打下来较好的基础。正是在这一时期，伦敦慢慢成长为英格兰的首都和北欧贸易系统边缘的、活跃的商业城市。伦敦在羊毛贸易中的特殊地位，使得大量的外国贸易商定居于伦敦，包括丹麦人、德国人、弗莱明修士等，尤其是自视为银行家的北意大利人。在东部，大量人口涌入高墙林立的罗马时代的伦敦旧城，在古罗马人的古伦敦城的基础上建立起伦敦市（City of London）。这个地方后来发展成为现在的伦敦金融城。在西面，威斯敏斯特市（City of Westminster）成为了王室和政府的所在地。两个城市通过Strand街相连。本地贸易主要有两个市场：戚普塞市场（cheapside），一般产品交易市场；东戚普市场（Eastcheap），鲜鱼和猪肉交易市场。这些在当前的伦敦街道名称中依然可以找到蛛丝马迹，比如牛奶街（Milk Street）、面包街（Bread Street）、家禽巷（Poultry Lane）等。这一时期，手艺人们开始组织行会并制定标准来保护他们自己的特殊技艺。行会开始慢慢地有效地管理起伦敦市来，首任市长可以追溯到1189年。从14世纪开始，市民团体组织共同委员会同城市长老开始共同管理城市一般事务。公民政府于15世纪开始，就位于当前的伦敦市政厅（The Guildhall）位置。

伦敦此时还是活跃的宗教中心。罗马风格的威斯敏斯特寺被当时流行的法国哥特式风格所取代，旧的圣保罗大教堂也被不断扩建，带着一个伸入云端的140多米高的尖顶。几乎每条街道都有社区小教堂，众多的僧侣们占有大量的土地，控制了城市的许多地方。不同级别的修道院和医院分布在城市近郊。中世纪的伦敦如迷宫一般，其特点是：狭窄而拥挤的街道，旁边分布着干净整洁的小店和住宅，住宅二层伸出低檐，房屋材料以木头和石灰墙为主。这种倾向也反映在当时修筑的伦敦桥上，1176年一座新的石伦敦桥被修建以取代原来的木桥。这座新桥挤满了房屋和商店，甚至还有一个小教堂。在1300年左右，伦敦总人口大约有3.5万，还没有巴黎——当时的欧洲第一城市的一半人口多。在1340年代，伦敦大约有三分之一人口死于“黑死病”，但是到1500年左右，人口又很快恢复到4万人左右。

（三）欧洲第一大城市——都铎和斯图亚特王朝时期的伦敦（1485~1714年）

大约在1485~1600年期间，伦敦的人口增长到了20万；到17世纪末期时，激增到57.5万，超越巴黎，成为欧洲第一大城市。这一时期，伦敦是贸易、殖民运动和金融业的中心。伦敦的这一快速成长以下述事件作为标志：1560年代金融家Sir Thomas Gresham建立了皇家交易所，1600年英国东印度公司建立，17世纪由伦敦投资者建立的旨在开发爱尔兰和北美弗吉尼亚殖民地的联合股份公司组织，1694年由伦敦商人建立的英格兰银行。这一时期，伦敦还是英语文化复兴尤其是文学复兴的中心，标志人物有克里斯托芬·马洛（Christopher Marlowe）、本·强森（Ben Jonson）和威廉·莎士比亚（William Shakespeare）。伦敦的城市布局在这一时期因为亨利八世解散天主教堂进行英国宗教改革而改变。贵族从国王那里得到了这些前教堂的财产进行开发，在伦敦城的城墙内外进行大规模的建设，其中的案例就是居民广场考文特花园的建设。贝德福德伯爵家族得到了这一与威斯敏斯特寺紧密相连的价值连城的地产，然后由建筑师Inigo Jones在1630年代早期进行设计，将古典建筑式样带到伦敦。他的其他作品还有1619年建成的宴会大厅、1623年建成的女王教堂。古典建筑效法古希腊罗马建筑，其特点是圆柱、拱门和穹顶。伦敦在1640～1650年间的英国内战侵扰下存活下来，像英格兰东南部的大部分地区一样，主要支持反对国王的议会。对伦敦破坏较大的是1665年的大瘟疫和1666年的伦敦大火。1665年大瘟疫引起的黑死病使伦敦10万人丧生；1666年9月的伦敦大火（Great Fire of London）焚毁了大约13200座房屋、87座教堂，大概是伦敦市80%的面积，其中就包括了圣保罗大教堂。大约80万人流离失所、无家可归。国王命令海军帮助城市中露宿的灾民搭建帐篷，为防止此类情况再次发生，国王下令所有新造房屋一律使用石头和砖瓦为建筑材料，而不再使用木材。这次据称是人为错误造成的大火，几乎烧掉伦敦全部建筑，但是都市建设却因此有机会重新开始。现在的英国议会就是建筑在威斯敏斯特宫的遗址上的。

（四）世界第一大城市——乔治王、维多利亚和爱德华时代的伦敦（1714～1920年）

在1714年到1830年代的乔治王时代，伦敦快速发展。到1801年时，人口已经接近100万高点，到1837年时则接近200万。伦敦成长为庞大帝国的核心，它的财富来自于同东印度和西印度的贸易。19世纪早期，像西印度码头和东区的伦敦码头这样的新码头兴建，以取代原来位于伦敦桥和伦敦塔之间的老旧、拥挤的码头设施。文化上，则进入了塞缪尔·约翰逊时代。乔治王时期的伦敦，慢慢地基于财富和居民变成两个部分，一部分是位于伦敦西区的富人的居住和购物中心，另一部分则是由贵族拥有的大量乡村土地演变成伦敦的郊区。格罗夫纳（Grosvenor）、贝德福德（Bedford）、贝尔格雷夫（Belgrave）和罗素（Russell）

广场都是在18世纪和19世纪之间兴建起来的。数以千计的排屋按照统一的乔治王风格建设，当时最时髦的建筑师是罗伯特·亚当和约翰·纳什。在1820年代，纳什设计了位于摄政公园的肯勃兰连排住宅。拥有直线和圆柱的古典希腊复兴风格是19世纪初建成的公共建筑的主流风格，如大英博物馆、国家美术馆等。纳什大胆倡导建设的公共建筑，包括1812年建成的摄政街和19世纪30年代的特拉法加广场（纪念海军上将霍雷肖·纳尔逊）。乔治王时期的伦敦东区，以船坞为主，居民生活贫困，儿童死亡率高，疾病和犯罪在这些地区流行，尤以乔治三世早期为甚。这时期的著名暴动有：在18世纪60年代后期约翰·威尔克斯率领的暴动和1780年由新教领导人勋爵乔治·戈登为首的反对亲天主教的戈登暴动。也正是在这一时期，世界第一个正式的警察部队诞生了。

在1837年到1914年，伦敦人口继续增长，使其成为世界第一大城市。1851年到1901年，伦敦人口从250万增长到650万。伦敦成为英国经济的动力中心，同时也是资本主义繁荣帝国的都城。郊区以不可预测的规模扩展，吞噬了大片的乡村和农场。随着伦敦城发展成为商业和金融中心，居住在伦敦城中的居民人数下降。铁路成为改变这个城市的重要引擎。最早的铁路位于伦敦和伯明翰之间，1830年代，它连接了制造业中心和伦敦北部的郊区。最终，伦敦内城被铁路站所环绕，著名的有1860年代建成的中世纪童话古堡式样的圣潘克拉斯站（Saint Pancras）。始建于1860年代并于1890年代实现电气化的地铁，将远郊的人口源源不断地送到市中心。1830年代旧的伦敦桥被誉为“现代工程奇迹”的新修的伦敦塔桥所替代，于1894年正式通车，并逐渐成为伦敦最著名地标建筑。1851年为万国博览会而建的巨大的玻璃钢铁建筑——水晶宫，标志着伦敦作为世界工业时代之都的显赫地位。其他代表性建筑有威斯敏斯特新皇宫和议会大厦，开启了维多利亚时代的“哥特复兴式”建筑风格，其特点是华丽的装饰和尖塔。1834年，国会大厦被大火烧毁。新建的国会大厦还包括一个大钟，就是我们现在所称的“大本钟”（Big Ben）。1859～1875年间爆发的霍乱，促成了下水道系统诞生，此后伦敦因传染性疾病而死亡的病死率大为降低。19世纪，伦敦有一批新的博物馆建成，包括维多利亚和艾伯特博物馆（Victoria & Albert，1852年）、科学博物馆（Science Museum，1857年）和自然历史博物馆（Natural History Museum，1881年），而新苏格兰场（New Scotland Yard）则建造于1891年。但此时伦敦依然有大量的贫困人口，其代表是伦敦东区和苏荷区。

（五）重塑辉煌的城市——第一次世界大战至今的伦敦（1920～1998年）

20世纪初，伦敦仍然为世界第一大都市，但是后来被纽约超越。伦敦在两次世界大战之间，人口继续增长，1951年达到800万的峰值。二战期间，德国空袭伦敦，1940 年 9 月和 1941 年 5 月之间的闪电战，破坏了伦敦的大部分地区，尤其是伦敦城和伦敦东区，3 万人死亡、5 万人受伤，超过 13 万房屋被毁。“凤凰涅槃，浴火重生。”战后大量的建筑被推倒重来，新建建筑大多数类似 Barbican 和圣保罗大教堂周围的那种混凝土-玻璃风格的塔楼。混凝土和煤仓式的南岸中心（South Bank Center）用一种新的文化复合体把泰晤士河的南岸地区激活起来。20 世纪 50 年代，伦敦经历了西印度地区的移民潮，在加勒比移民比较集中的诺丁山地区，种族和阶级关系一度非常紧张。在 20 世纪 60 年代这一“摇摆的年代”，伦敦一度作为青年文化、流行音乐、时装和电影的中心而风光再现，但是工业离开了这个城市，人口开始减少到 1971 年的 730 万。1980 年代，大量的开创性举措把伦敦东区废弃的船坞地区（Dockland）开发成为商业中心，其代表作是当时英国的第一建筑——高达 250 米的、由不锈钢材料建成的金丝雀塔（Canary Wharf Tower）和船坞地区轻轨（the Docklands Light Railway）。这些举措可以说是部分成功的，因为伦敦东区依然同伦敦其他部分地区联系不够紧密。1980 年代，在 Brixton 这一高犯罪率地区爆发了白人警察和黑人市民之间的种族冲突。1990 年代，在保守党政府用社区税取代财产税后，中伦敦地区爆发了大规模的暴乱。此外，伦敦还不断受到爱尔兰共和军的炸弹袭击。但是，伦敦整体发展依然平稳，在经济缓慢增长甚至摇摆中前进。像大英博物馆、皇家歌剧院这样的主要建筑被修葺一新，莎士比亚环球剧院也在泰晤士河南岸的索思沃克（Southwark）得到重建，茅草屋顶、自然采光，意图再现当时戏剧时代的伦敦城市精神。1997 年，执政 18 年的保守党下台，工党领袖布莱尔上台。鉴于当时英国工业衰落、经济增长缓慢、失业率居高不下和后现代的社会语境，布莱尔受命成立了创意工作小组，开始研究将创意产业作为英国重点发展产业的可能性。

（六）世界文化中心——创意产业的先行者和领跑者（1998 年至今）

1998 年，英国创意工作小组首次发布《英国文化创意产业路径文件》，将创意产业定义为“源自个人的创造性、技能及智慧，通过对知识产权的开发和运用可创造潜在财富和就业机会的活动”，并将发展创意产业作为英国的基本国策。文化底蕴深厚、文化消费旺盛、创意人才富集的伦敦，成为带动英国文化创意产业的火车头，取得了快速的发展。1998 年，伦敦的创意产业生产附加总值从 1996 和 1997 年的 1240 万英镑左右，上升到了 1350 万英镑左右，增速为 8% 左右，大大超过当时整个经济的增长速度和其他产业的增长速度。据统计，伦敦的创意产业生产附加总值、工作岗位份额和就业人数均占到全英的三分之一以上，成为名副其实的创意产业发展动力工厂。为了迎接千禧年的到来，一些新的标志性建筑拔地而起，如耸立于泰晤士河南畔的贝兰斯区，面向威斯敏斯特宫与大本钟的英国航空伦敦眼（千禧之轮），1999年底开幕，总高度135米（443英尺），是当时世界上首座、也曾经是世界最大的观景摩天轮；在伦敦东南部的格林威治半岛北端的废旧煤气厂上，由英国设计师理查德·罗杰斯设计修建了千年穹顶（Millennium Dome，又称 The O2）。此后的代表性建筑有2004年竣工的、绰号“小黄瓜”的瑞士再保险大楼等。2005年7月，国际奥委会宣布伦敦成为2012年第30届奥林匹克运动会的举办城市，虽然伦敦市民对举办奥运会热情不高，加之欧债危机的影响，使得英国政府和伦敦市对奥运会的投入大量缩水，但是伦敦依然掀起了一波新的建设高潮。伦敦奥林匹克公园设置在发展相对落后的伦敦东部地区，伦敦碗等一些永久性场馆也在此建设，从而更好地改善东部居民的生活。随着奥运会的举办，大量的外国游客涌入伦敦，伦敦丰富多彩的文化和构思新奇的创意，使人过目难忘，令人惊叹伦敦作为世界文化之都的伟岸。而伦敦的创意产业，自然地成为伦敦新世纪当之无愧的名片。

二、作为世界城市的支撑点

伦敦是全球领先的世界城市，艺术、商业、教育、娱乐、服装、金融、健康护理、传播媒体、专业服务、科技研发、旅游和交通等领域的强大作为共同打造了其世界城市的熠熠光华。它与纽约并列为世界上最大的金融中心，按GDP计算，是世界上第五大城市，也是欧洲最大的城市。伦敦被人们称为世界文化之都。具有世界第三多的国际旅游者人数，从进出港国际旅游者人数来计算，伦敦的希斯罗机场是世界上最繁忙的国际机场。伦敦共有40余所大学，是欧洲高等教育最为密集的地区。伦敦还是世界上第一个连续举办三次夏季奥运会的城市。

（一）发达的金融产业

伦敦是和纽约齐名的世界最大的国际金融中心，也是欧洲最大的经济中心。金融业是伦敦最重要的经济支柱，伦敦拥有世界上最多的外国银行，70%的世界二级债券市场和50%的衍生金融市场。从业人员约32.5万（2007年）。2005年，其地区总产值为4460亿美元（世界排名第五，欧洲第一），占英国国内生产总值的20%，大都会区GDP达到6690亿美元，占英国GDP的30%。

伦敦城（City of London）或称为“一平方英里”（Square Mile）是伦敦的最大的金融中心，分布有许多的银行、保险公司和金融机构。大约有一半以上的英国百强公司和100多个欧洲500强企业均在伦敦设有总部。全球大约31%的货币业务在伦敦交易。伦敦证券交易所是世界上最重要的证券交易中心之一。

伦敦城共有500多家银行（至1991年），银行数居世界大城市之首，其中外国银行有470家，在伦敦拥有的资本总额达1000多亿英镑。伦敦城每年外汇成交总额约3万亿英镑，是世界最大的国际外汇市场。伦敦城还是世界上最大的欧洲美元市场，世界上最大的国际保险中心，共有保险公司800多家，其中170多家是外国保险公司的分支机构。伦敦城中的伦敦股票交易所为世界4大股票交易所之一。此外，伦敦城还有众多的商品交易所，从事黄金、白银、有色金属、羊毛、橡胶、咖啡、可可、棉花、油料、木材、食糖、茶叶和古玩等贵重或大宗的世界性商品买卖。

（二）繁忙的交通运输

伦敦公共交通网路的核心是伦敦地铁（London Underground）。伦敦拥有世界上最古老及最大的地铁系统，全世界第一条地下电气铁路线“都市与南伦敦铁路”（City & South London Railway）也位于伦敦。伦敦地铁的主要服务范围为市中心以及泰晤士河以北的大部分郊区，而南边则由延伸的近郊铁路网服务。伦敦拥有堪称拥有世上最繁忙、历史最悠久的铁路网络，欧洲之星（Eurostar）列车可从伦敦直达法国的里尔和巴黎以及比利时的布鲁塞尔。伦敦巴士网负责大部分的当地交通，甚至比地铁载运了更多乘客。巴士、黑色的计程车和地铁成为伦敦交通运输的重要代表。伦敦是重要的国际航空交通站之一，拥有超过8座的机场。伦敦港还是全英国最繁忙的港口，水路交通及码头等相关设施主要集中在泰晤士河沿岸。

（三）世界文化之都

伦敦是世界文化名城。大英博物馆建于18世纪，是世界上最大的博物馆，集中了英国和世界各国许多的古代文物。博物馆内的埃及文物馆，陈列着7万多件古埃及的各种文物；希腊和罗马文物馆，陈列着各种精美的铜器、陶器、瓷器、金币、绘画以及许多古希腊、古罗马的大型石雕；东方文物馆，陈列有大量来自中亚、南亚次大陆、东南亚和远东的文物。馆内还有西亚文物馆、英国文物馆、金币徽章馆、图书绘画馆等。除大英博物馆外，伦敦也有许多画廊，如国家美术馆、国家肖像馆、泰特艺术馆和多维茨画廊。

伦敦的艺术、娱乐形式极为丰富。歌剧、音乐剧、古典音乐、摇滚、爵士乐、皇家芭蕾、踢踏舞，应有尽有，而且票价便宜。伦敦至少有1000个以上的剧场，主要集中在西区。大多上演莎士比亚、萧伯纳的作品。伦敦有皇家庆典音乐厅等著名音乐厅和5个专业交响乐团。

（四）发达的高等教育

伦敦是英国学生数量最多的城市，拥有数量众多的大学、学院、学校及学术研究机构。伦敦大学（University of London）、皇家舞蹈学校、皇家音乐学院、皇家艺术学院、威斯敏斯特大学和伦敦帝国学院（Imperial College London）等是英国的著名院校。伦敦大学成立于1836年，现设有60多个学院。伦敦大学以医科闻名，英国每3名医生中，就有一名毕业于此。伦敦大学（University of London）是英国及欧洲规模最大的大学，拥有125000名学生在读，并由50多个学院组成。

（五）繁荣的创意产业

伦敦不像其他世界城市，以某一文化创意产业的高度发达而具有在全球范围的象征性地位，如洛杉矶是电影之都、巴黎是时装之都、东京是游戏之都。但是，毫无疑问，伦敦是全球名副其实的艺术欣赏和传播中心，它还是欧洲广告和设计产业的中心。伦敦以其市场通路、优秀员工、便捷交通、优良通讯和语言优势，成为欧洲第一城市。这使得伦敦创意产业的整体实力尤为雄厚，音乐和视觉表演产业、电影和视频产业、广告业尤其发达，在全球具有举足轻重的地位。2012年奥运会的开幕式，是这一特征的最好写照，全场由100多首各个时期的经典乐曲串起，结合舞台表演、电影视频等艺术手段，将英国的发展历史和英国对全人类的贡献如数家珍地一一表现。

（六）国际组织总部中心

据统计，伦敦共驻有57个国际组织，其数量居世界第三位，这使得伦敦作为世界城市具有很大的国际影响力。

第二节　伦敦文化创意产业发展概况

一、历史发展阶段

伦敦的创意产业发展较早。其实早在1998年布莱尔政府公布《创意产业路径文件》之前，伦敦的创意产业已经发展得相当好，也许是伦敦文化创意的繁荣，激发了英国工党政府创意立国的雄心壮志。早在1996年时，伦敦的创意产业增加总值已达1250万英镑，伦敦的创意工作岗位占全英的25%左右。1997～2000年，伦敦创意产业发展迅速，保持了较高的增长率。据统计，1995～2000年间，伦敦创意产业年均产出为210亿英镑，超出了所有制造业的总值，仅次于英国支柱产业金融服务业的320亿英镑。但是伦敦创意产业的年平均增速高达8.5%，大大超过了英国全国经济的增长率3%，也大大超过了伦敦支柱性产业金融与商业服务业的年均增长率。

1995～2000年间，创意产业是伦敦第三大的就业部门。在创意产业或者其他产业中的创意工作岗位上工作的人数，从1995年的41.4万增加到2000年的

52.5万。与此同时，它还是伦敦就业率增长最快的经济部门，平均年增长率为5%。若从工作岗位总量来衡量，则伦敦每5个工作岗位中就有1个是由创意产业提供的。创意产业不仅为伦敦增加了财富，也解决了伦敦市的就业问题。

同时，伦敦的创意产业保持了较为高效的生产率。1995年，创意工人人均为整个产业增加3.1万英镑的产值，而到了2000年，这一数值则变为3.8万英镑，年均增长率为4%。而同一时期，英国所有产业的年均生产率则只是从2.4万英镑增加到了2.6万英镑，年均增长率只有1.4%。但是，创意产业内部的各个具体行业表现也不尽相同，比如，服饰、出版、音乐和表演艺术的增长低于英国平均水平，服饰时尚产业甚至呈现负增长，而其他创意产业则保持较高的增速，其增长水平在6%~8%之间。

但是，2001~2004年，伦敦创意产业发展有所减速。在2001~2003年，伦敦创意产业的产业增加总值几乎没有变化，停留在1580万英镑左右，甚至略有减少。而从就业来看，根据伦敦年度企业调查ABI数据来看，2001~2004年，创意产业的工作人数下降了近60万左右。而根据伦敦劳动力调查LFS的数据来看，在2002~2004年，伦敦的创意职位总数从2001年的峰值56万急速下降到48.5万，下降了7.5万个创意工作职位。

然而到了2005年，伦敦的创意产业开始复苏。2005年，创意工作职位总数强劲反弹，增长了约3万个工作岗位。而2006年，则跨越式地增长了6万个工作岗位，达到了历史性的59万，超过了2001年的历史最高水平。接下来的两年，创意工作职位继续快速增长，反映了伦敦创意产业旺盛的生命力。2008年，伦敦的创意工作岗位达到了62万以上。

二、现状及特色

（一）产业特色

1. 世界创意经济先行者

1997年，工党政府上台之前就成立了创意工作任务组（Creative Industries Taskforce），专门研究如何通过创意产业带动经济发展。1998年颁布了《创意产业路径文件》，大力提倡发展创意产业。伦敦作为英国的首都，是这些事件的发生地，而且伦敦当局积极响应，提出了“创意伦敦”等发展口号，大力支持伦敦创意产业的发展。在1999年，伦敦就设立了文化战略委员会，负责规划、协调和发展伦敦市的各类文化机构，并制定实施了伦敦文化发展的战略。2000年，又提出从教育、扶持个人创意及接触创意等三方面来帮助市民发展并享受创意。2003年，伦敦市长肯·利文斯通设立了一个专门来对伦敦创意产业发展进行评估的委员会。同年 2 月，伦敦市长肯·利文斯通公布了伦敦第一份文化发展草案，即《伦敦：文化资本——市长文化战略草案》（*London*：*Cultural Capital Realizing the potential of a world-class city*），该草案明确指出，要将伦敦打造成为英国最具有文化创意以及世界最具有文化多元化的城市，伦敦要建设成为世界级的文化中心。其后又陆续采取了相关多种举措。因此，可以说，伦敦是世界创意经济的先行者与领导者，也是英国国内创意部门的“动力室”（powerhouse），聚集了世界上最好的创意团队，也占据了全英国三分之一的创意工作岗位。尤其是在流行音乐、表演艺术、数字广告、影视广播、产品设计等方面技高一筹。

2. 智力资本排名居首

创意产业的核心资源是创意，而创意来源于人。因此，对于文化创意产业这样设计密集型的产业来说，一个城市的智力资本就成为这个城市创意产业发展的最重要的驱动因素。而智力资本指数就成为一项非常重要的衡量指标。智力资本指数采用一流大学的数量、高等学历和诺贝尔文学奖获奖者数量与每个城市的人口比例等项目。在智力资本方面，伦敦在众多世界城市和金融中心中排名第一。艺术生数量其他世界城市无可比拟。伦敦共有专业的公立文化高等教育机构 11 所，专业的私立文化高等教育机构 46 所，艺术院校中公共艺术和设计专业在校学生 34920 人，综合性院校中艺术设计在校生 15745 人。

3. 文化消费比较旺盛

伦敦市民接受高等教育的程度高达近三分之二，伦敦市 2010 年人均 GDP 约为 8. 8879 万英镑，这使其对文化创意产品具有较高的欣赏能力和消费意愿，使得伦敦总体呈现出文化消费比较旺盛的特征。这也是伦敦文化创意产业得以发展的强劲动力所在。具体来说，53. 6% 的市民参观过这些博物馆和画廊。其中，最好的 5 个博物馆和画廊，每年有 2530 万市民参观，平均每人每年参观 3. 2 次。

根据 CIPFA（2006）的公共图书馆统计数字，伦敦每年有 5550 万人次访问公共图书馆。如果按照伦敦人口机械计算的话，这意味着在伦敦每年每位市民大约去公共图书馆 7. 4 次。但其实这是 180 万最活跃的图书馆访问者的访问记录，大约每 4 个伦敦人中就有 1 位是活跃访问者。每年借出 3720 万册图书，人均每年借书 4. 8 册次。

伦敦现场音乐表演的统计数字获得比较困难。根据学术期刊《文化趋势》（*Culture Trends*）的统计，2001 年，伦敦现场音乐表演的票房收入估计在 3. 81 亿英镑。鉴于近年来伦敦流行音乐的飞速发展，以及货币的通货膨胀趋势，近几年的数字只会比这一数字更高。

伦敦的视听产品消费也稳居前列。根据《英国电影协会统计年鉴》（2007）

的统计，2006年，伦敦进入电影院观影的人数总量为3980万人次，占据英国总票房的25%（人口仅占英国12%）。虽然在进入电影院的人数总量来看，伦敦不及纽约的一半，但是若按照人均观影次数来计算，伦敦则比巴黎这一电影之城的2倍还多，也稍稍高于纽约。虽然伦敦的Times BFI Film Festival电影节对产业的影响不及其他电影节，但是其参与人数之众，也足以显示了伦敦人对电影的品位和偏好。而且其参加人数远远高于纽约和巴黎的电影节。根据《世界城市文化报告2012》的最新统计数字，伦敦每年观影人次为4160万人次，平均每人每年看电影5.3次。每年观影人次上升了189万人次，而且还在强劲增长。至于话剧方面，伦敦每年观看话剧表演的人次为1420万人次。

4. 文化多样兼容并包

伦敦以其良好的基础设施、包容的文化氛围、更多的发展机会、自由的生存环境等，成为世界移民目的地，人口呈现多元化的特质，从而导致文化呈现高度的多样性。而在社区层面，根据Global London（www.global-london.com/arts.htm）的统计，伦敦38个少数族裔共有140个社区文化艺术组织。这些因素都使伦敦具备了多元化的社区，从而使得多元文化可以交互碰撞，产生“杂交”效应，不仅增加了伦敦城市文化的活力，而且激发了人们的创意。

5. 都市文化充满活力

除了严肃正式的文化场所外，伦敦有很多新的休闲设施和去所及丰富多彩的各类文化节庆活动。这些非正式的、轻松的文化设施，为创意人员提供了放松休闲的好去处，丰富的夜生活也使得文化被活化，成为白天工作时间之外的真正的“生存的样法”。在这一过程中，创意人员不仅自身参与到文化消费中去，而且在这些富有创意的城市生活中，也迸发出了新的创意，获得了新的灵感。这些使都市生活充满活力的文化处所，包括夜店、迪斯科和舞厅，也包括从诺丁山文化节到泰晤士河节等丰富多彩的文化节庆活动。

根据《Time Out》杂志的统计，在仅仅一周之内，一个人可以从以下丰富多彩的文化活动中挑选自己喜欢的进行参与，包括：111场话剧演出，190个不同的展览，157个不同的戏剧活动，293个摇滚或流行演出，或者195个俱乐部之夜活动。而且其中很多还是免费的，既有公共补贴的，也有商业赞助的。据统计，在现场音乐表演方面，一周之内共有621场，其中17%是免费的演出。音乐表演风格多种多样，其中流行、摇滚和舞曲有293场，占比47%；爵士、拉丁131场，占比21%；民谣、蓝调和世界音乐93场，占比15%；古典音乐92场，占比15%；歌剧12场，占比2%。而夜店活动的主题和风格也是丰富多彩、兼容并包，同性恋（Gay&Lesbian）、自由风和全球节拍（Freestyle & Global Beats）、嘻哈（Hip Hop）、说唱（R&B）、鼓打贝斯（D&B）、疯克（Funk）、高科技舞曲（Techno）、因地（Indie）摇滚、复古流行（Retro&Pop）、电子乐（Electro），等等。

（二）产业现状

1. 创意产业总量规模

伦敦是英国创意产业的重镇，其创意产业附加生产总值（GVA）、创意企业（Creative Enterprises）数量规模都雄踞英国榜首。根据大伦敦管理当局的统计，所有创意类企业在2002年的GVA估计值为210.38亿英镑（相对于2000年）。根据英国文化、体育与媒体部的统计，近三年来，伦敦不同创意行业的企业数目变化情况如表4－1表示。由表4－1可知，伦敦的创意企业数目占据英国全国的三分之一强，依然在全国具有绝对优势，占据统治地位。音乐、视觉和表演艺术行业在伦敦诸多创意行业中企业总数最多，占比最大，但是近三年有所下降；电影、视频和摄影业占第二位，近三年升中有稳；广告行业排名第三，近三年总数不断上升；设计行业排名第四，近三年企业总数稳中有升。

表4－1　2009～2011年伦敦创意企业数量分行业统计

行业 \ 年份	2009年		2010年		2011年	
	数量	比例	数量	比例	数量	比例
广告	3960	10.76%	4210	11.45%	4660	12.30%
建筑	2750	7.47%	2720	7.40%	2790	7.36%
艺术与古董	550	1.49%	530	1.44%	520	1.37%
手工艺品	—	—	—	—	—	—
设计	3955	10.75%	4040	10.98%	4210	11.11%
时尚设计	260	0.71%	270	0.73%	280	0.74%
电影、视频和摄影	4940	13.42%	4970	13.51%	5120	13.51%
音乐 视觉和表演艺术	13500	36.68%	13230	35.97%	13290	35.07%
出版	2680	7.28%	2550	6.93%	2520	6.65%
软件和电子出版	420	1.14%	380	1.03%	350	0.92%
数字娱乐和媒体	50	0.14%	80	0.22%	120	0.32%
广播电视	3770	10.24%	3810	10.36%	4030	10.63%
合计	36800	100.00%	3680	100.00%	37900	100.00%
占全国创意企业总数的比例	35.20%		35.00%		35.50%	

数据来源：英国文化、媒体和体育部。

2. 创意产业工作岗位分布情况

伦敦的创意工作岗位数量一直占据着全英创意职位的一半左右。根据最新统计，2010 年伦敦共有创意工作岗位 658000 个，全英国共有创意工作岗位 1498173 个，伦敦占据全英创意工作岗位的 43.92%。具体来说，按照英国文化、媒体与体育部 2007 年前把创意产业分为 9 个行业的做法，出版业、休闲软件业、音乐及表演艺术产业这三个最大的创意产业部门占据了所有创意工作岗位的 64%；广播电视业、广告业、电影及视频产业三个中等规模的产业部门占据了所有创意工作岗位的 30%；最小的三个产业部门建筑、艺术及古董、时尚产业只占有 6% 的创意工作岗位。若按照 2007 年后把创意产业分为 13 个行业（其中，音乐产业和视觉及表演艺术产业又往往合并为一个产业统计）来计算，2010 年伦敦创意产业工作岗位最多的三个行业是数字娱乐和媒体业、出版业、广告业。

表 4-2 2010 年伦敦创意部门中的工作岗位分布情况

行业	创意产业中的雇佣情况			创意产业外的雇佣情况			创意岗位合计
	雇员数	自我雇佣	小计	雇员数	自我雇佣	小计	
广告	31500	6500	38000	48900	—	48900	86900
建筑	23700	7500	31200	6000	6300	12300	43400
艺术与古董	700	400	1100	—	2200	2200	3400
手工艺品	—	—	—	6000	100	6100	6100
设计	15700	13300	28900	14000	—	14000	42900
时尚设计	1000	900	1900	300	10800	11100	13000
电影、视频和摄影	1900	3800	5700	—	600	600	6300
音乐与视觉表演艺术	19800	40900	60700	6200	800	7000	67800
出版	74700	9800	84500	10400	7200	17600	102100
软件和电子出版	40800	18400	59200	1500	—	1500	60700
数字娱乐和媒体	76700	13700	90300	71600	34400	105900	196300
广播电视	8700	18900	27600	1600	—	1600	29200
创意岗位总计	295200	134000	429100	166600	62300	228900	658000

数据来源：大伦敦管理当局经济署根据 LFS 的数据估算而成。

3. 创意产业不同门类的创意强度

创意强度（Creativity Intensity）是大伦敦管理当局经济署发明的一个专用名

词，通过计算创意性工作职位数量在一个产业门类所有工作职位总数中所占的比重，来描述某一个行业的创意强度的高低。伦敦创意产业中的工作职位45%以上的都是创意性工作职位，而伦敦所有产业门类的平均创意强度只有9.4%。表4-3显示了伦敦市各个创意产业门类的创意强度指数。显而易见，音乐和表演艺术的创意强度最高，达到了68%；排名第二和第三位的则是电影和视频产业、广播电视业，它们的创意强度分别是67%和59%；第四位的是广告业，创意强度为58%。

表4-3　伦敦各创意产业门类的创意强度指数

创意产业门类	工作职位总数	创意性职位总数	创意强度
艺术和古董	（*）	（*）	（*）
建筑	14000	6000	42%
时尚设计	（*）	（*）	42%
休闲软件	90000	41000	45%
出版业	78000	39000	50%
广告业	43000	25000	58%
广播电视	46000	27000	59%
电影和视频	17000	11000	67%
音乐和表演艺术	77000	52000	68%
总计	374000	203000	54%

4. 伦敦创意产业的空间分布

从地理空间上来看，伦敦的创意产业在伦敦的西南部分布得最为密集，形成了一个鲜明的西南创意产业带。首先从绝对职位数量来看，创意产业不像金融和商业服务产业那样表现出在某一个行政区域内的绝对集中，而是相对集中在数量相对较少的几个区域。其中，威斯敏斯特市（Westminster）、卡姆顿（Camden）和汉默斯密斯（Hammersmith）包含了所有创意产业工作中的40%，与此相对，40%的金融服务业只集中在威斯敏斯特和伦敦金融城两地。80%的创意产业职位分布在相对连续的13个行政区内，而80%的金融业职位则分布在广阔的、分散的行政区中。值得注意的是，在金融服务业最为集中的伦敦金融城却只有4%的创意产业工作岗位，在各地区中排名第17位。这说明在位置上，伦敦的创意产业主要集中在西南部地区，从内伦敦北部的伊斯林顿（Islington）区开始，穿过卡姆顿区（Camden）、威斯敏斯特区、肯司英顿（Kensington）区、法尔哈姆（Fulham）区到达外伦敦的金士顿（Kingston）区、里士满（Richmond）区和昂思路（Hounslow）区。

表 4-4 创意产业企业在伦敦各区的分布数量 单位：个

区　名	广告	建筑	艺术古董	时尚	电影视频	休闲软件	音乐表演	出版	广播电视	合计
Barking and Dagenham	10	10	20	15	5	100	20	10	5	195
Barnet	130	65	100	165	75	870	540	110	80	2135
Bexley	35	20	30	40	15	280	55	20	10	505
Brent	80	35	50	135	110	550	370	55	115	1500
Bromley	90	40	85	95	55	635	235	60	40	1335
Camden	390	235	170	320	285	845	1535	310	315	4405
City of London	85	35	45	40	20	490	85	85	15	900
Croydon	75	50	70	75	30	650	225	65	20	1260
Ealing	90	50	60	130	130	800	440	75	170	1945
Enfield	55	25	40	110	35	425	180	35	15	920
Greenwich	50	20	35	65	35	370	175	35	40	825
Hackney	135	155	50	380	175	415	635	130	125	2200
Hammersmith and Fulham	165	100	105	220	135	560	710	155	205	2355
Haringey	65	40	40	215	95	355	605	75	115	1605
Harrow	60	40	45	50	30	695	155	40	20	1135
Havering	20	20	30	35	15	220	55	20	5	420
Hillingdon	50	15	50	50	40	550	135	30	25	945
Hounslow	85	25	45	65	55	715	320	55	100	1465
Islington	215	230	95	305	170	700	770	255	200	2940
Kensington and Chelsea	155	135	285	340	160	360	975	160	105	2675
Kingston upon Thames	75	30	50	90	40	570	195	65	30	1145
Lambeth	125	85	55	200	130	630	635	120	185	2165
Lewisham	60	25	45	80	35	430	320	40	45	1080
Merton	65	50	40	85	45	545	220	55	30	1135
Newham	15	20	20	75	15	250	65	10	10	480
Redbridge	50	20	45	65	25	490	95	20	20	830
Richmond upon Thames	175	105	80	165	115	860	675	105	155	2435
Southwark	160	170	60	260	105	670	600	145	110	2280

续表

区名 Borough	广告	建筑	艺术古董	时尚	电影视频	休闲软件	音乐表演	出版	广播电视	合计
Sutton	45	25	25	35	10	325	85	40	15	605
Tower Hamlets	90	70	50	260	85	825	335	110	65	1890
Waltham Forest	35	15	25	90	35	290	160	35	20	705
Wandsworth	185	115	85	255	130	910	765	145	180	2770
Westminster	735	260	530	495	560	1225	2195	450	505	6955

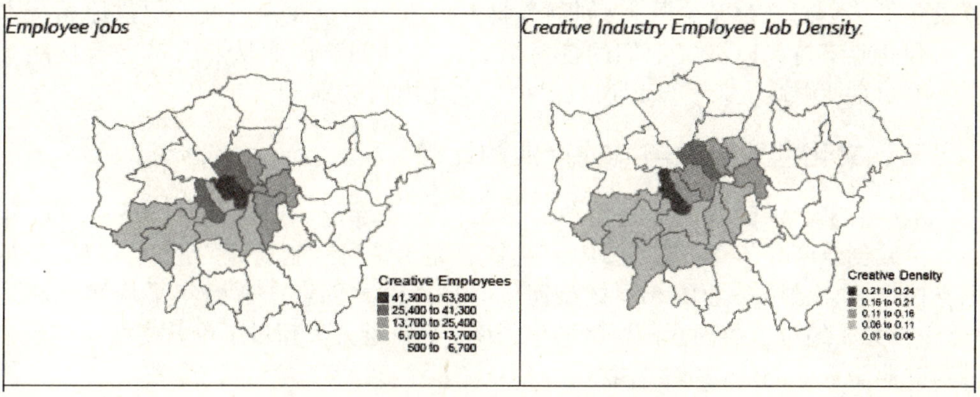

图 4-1 创意产业工作职位在伦敦的分布

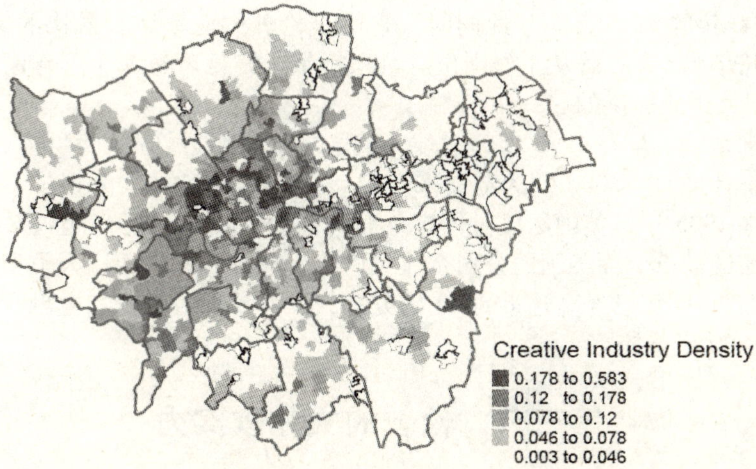

图 4-2 在选区层次上统计的创意产业工作职位分布图

数据来源：IDBR，GLA Economics.

5. 吸引投资能力强大

伦敦因其良好的创意产业发展基础和较高回报，获得了国内公共资金、国内私人资金和外国直接投资的青睐。据英国文化、新闻和体育部的统计，对伦敦地区的公共投资占整个英格兰的比例，从1999年的不到25%上升到2002年后的30%左右，占全英国的比例则从1999年的21.2%上升到2002年后的26.7%左右。而私人投资方面，据统计，2008～2009年度在文化领域的私人投资，伦敦占到了全英的70%左右，虽然投资减少了8%，但总数依然高达4.496亿英镑。自2003年以来，伦敦的创意产业在吸引外国直接投资方面一直是其他欧洲城市的2倍还多。伦敦市层面，作为“创意伦敦”计划的一部分，于2005年3月伦敦设立了“创意之都基金”，为创意产业中有才华的企业家或商人提供原始资本投入和商业支持，以激发他们的创意潜力，并对创意产业从业人员进行技能培训，给予企业财政支持、知识产权保护、文化出口鼓励。

三、文化创意产业与其他产业的比较

从产值来看，创意产业是伦敦的第二大产业部门。据统计，1995～2000年间，伦敦创意产业年均产出为210亿英镑，超出了所有制造业的总值，仅次于英国支柱产业金融服务业的320亿英镑。但是，伦敦创意产业的年平均增速高达8.5%，大大超过了英国全国经济的增长率3%，也大大超过了伦敦支柱性产业金融与商业服务业的年均增长率。

从工作岗位来看，1995～2000年间，创意产业是伦敦第三大的就业部门。在创意产业或者其他产业中的创意工作岗位上工作的人数，从1995年的41.4万增加到2000年的52.5万。与此同时，它还是伦敦就业率增长最快的经济部门，平均年增长率为5%。若从工作岗位总量来衡量，则伦敦每5个工作岗位中就有1个是由创意产业提供的。

从需求来看，早在1996年的时候，英国居民对创意产品（具体门类，根据英国国家统计局ONS2006中的定义来界定）的需求就已经大大超过了对食品的需求。早在1995年，英国居民对创意产品的商业性需求也已经超过对银行和金融产业产品的需求。而英国的公司企业对广告、建筑和软件业三大类型创意服务的需求，在2004年已经高达近8000亿英镑，大大超越对银行和金融业产品的需求量——6300亿英镑。

第三节　伦敦的文化软实力

文化创意产业本来就是世界城市整体经济的一部分，文化创意产业本身的增长促进城市的经济增长；创意产业对其他产业的渗透，则提升这些传统产业的附

加值，提高传统产业产品的溢价。伦敦创意产业已经成为伦敦市仅次于金融服务业的第二大产业，不仅带来了强劲的经济产出，还提升了伦敦这座世界城市的文化软实力。

一、文化资源力

伦敦拥有丰富的文化资源，其创意产业的艺术基础设施占了全国的40%。悠久的历史和日不落帝国首都的荣耀，使其具有了丰厚的文化积淀。

伦敦拥有世界上最好的基础文化设施，共有11个国立博物馆，162个其他类型的博物馆，857家画廊。伦敦还有4处世界文化遗产，18901个其他类型的历史文化遗址，公共绿地的覆盖率是38.4%。建于18世纪、世界上最大的博物馆大英博物馆这些公立自不必说，伦敦的私人博物馆也收藏甚丰。比如Dulwich画廊的核心收藏，是1790～1795年之间的一些绘画作品。这些收藏竟然来自于伦敦的两位画商，他们当时代表波兰国王处理相关艺术品。但是随着波兰国王被废除，销售这些画的尝试未能如愿。于是，他们回到伦敦南部建立了这座博物馆。伦敦共有383个公共图书馆，平均每10万人口就拥有5个公共图书馆；共有802家书店，平均每10万人口就拥有10个书店；除此之外，伦敦还有68个二手书店。

表演艺术方面，伦敦共有214个剧院，数量仅次于纽约和巴黎；每年有32448场表演，数量仅次于纽约；现场音乐表演场馆有349个，仅次于巴黎，在全世界最好的5所流行音乐表演场所中，伦敦就有两座——O2表演中心（O2 Arena）和温布雷表演中心（Wembley Arena）。在世界最佳的10座音乐表演中心中，除了伦敦市外，没有哪个城市同时拥有一座以上。有10个最主要的音乐厅，如伊丽莎白女王音乐厅、艾伯特音乐厅、皇家音乐学院等，其中皇家庆典音乐厅可称为伦敦的顶尖音乐厅。年度音乐表演的数量为17108场，次于巴黎和纽约；伦敦至少有1000个以上的剧场，其中最为著名的有皇家大剧院、英国国家剧院、皇家节日厅、国家剧场、伦敦帕拉斯剧院、阿尔梅迪亚剧院和专门上演莎士比亚戏剧的环球剧场等，年度戏剧表演的数量为11388场，在世界城市中排名第一位。年度舞蹈表演的数量为2756场，非专业的舞蹈学校有618个，仅次于纽约和巴黎排第三位。影院方面，伦敦共有108家电影院，566块荧幕，每百万人拥有的荧幕数为73块。每年有61个电影节，最受欢迎的电影节有13.2万人参加。

二、文化生产力

伦敦是举世公认的创意产业之都，文化创意产业是伦敦仅次于金融和商业服务的第二大产业部门。伦敦在电影、广播、出版、音乐和时装等创意领域都居世界领先地位，这大大增强了伦敦的文化活力，提升了伦敦的国际形象以及国际信息沟通力。

据伦敦外商投资局等政府部门公布的数据显示，伦敦拥有全英电影和电视广播产业收入总额的75%。伦敦是世界第三大影片制作中心，紧随纽约和洛杉矶之后。三分之二的英国电影制作专职岗位集中在伦敦，平均每天有27个摄制组在伦敦街头取景拍摄。英国全部约1100个独立电视制作公司中，英国广播公司等近700个（包括几乎所有的大公司）位于伦敦；英国54%以上的广播电视业从业人员集中在伦敦，人数达25000多；全英1600多个表演艺术公司中超过三分之一的公司位于伦敦。

英国的游戏出版和开发都是以伦敦和东南部地区为中心的，近三分之一的TIGA成员和英国游戏业开发业联盟处在伦敦。据估计，在伦敦的游戏开发人员约1300人。

伦敦是世界上第三大音乐市场，拥有5个专业的交响乐团——伦敦交响乐团、伦敦爱乐管弦乐团、皇家爱乐管弦乐团、爱乐管弦乐团以及BBC交响乐团。英国70%的唱片公司位于伦敦，英国90%的音乐活动集中在伦敦，伦敦拥有全国90%的音乐商业活动，音乐业产出量超过15亿英镑，基本占英国的50%。

伦敦的出版业年产出高达34亿英镑，几乎占英国出版业总产出的36%。路透社等传媒巨头也都聚集于伦敦，英国40%以上的出版业从业人员集中于伦敦。

伦敦的设计业国际知名，拥有世界级的教育机构和设计单位。当今的英国，三分之一以上的设计公司在伦敦，其产出总量占到全国的50%；而且，其中近三分之四的单位有全球客户。伦敦艺术品拍卖销售额仅次于纽约，位于世界第二，艺术及古董代理商人数占全英的33%。

伦敦是世界上第三大广告中心和四大时尚中心之一，国际广告公司欧洲总部有近三分之二设在伦敦，尼桑（Nissan）、维珍（Virgin）、诺基亚（Nokia）、福特（Ford）、德国大众等跨国企业的设计总部也位于伦敦。英国广告人员的46%、时尚设计师的80%~85%在伦敦工作。

伦敦有充沛的创意人力资源。伦敦的创意劳动力占英国全国的32%，占英国东南部地区的58%以上，占伦敦所有工作岗位的12.2%。也即意味着伦敦每9个人中就有1个在创意产业内工作，每5个人中就有1位从事着创意工作。伦敦创意产业的工作职位在全英的比重是它的非创意产业工作职位在全英比重的2倍多。

伦敦的创意劳动力人数庞大，根据不同的统计标准，人数略有出入。据统计，2007 年伦敦共有创意工作岗位 797000 个，包含从事创意类工作的 599000 个岗位和创意产业内的工作岗位 386000 个，其中两者交叉的部分共有 188000 个。近年来，伦敦的创意产业发展迅猛，截止 2010 年，创意产业的劳动力岗位达到了 658000 个。

三、文化传播力

英语最初是英国的语言，目前是世界上使用国家最多的语言，具有文化传播的先天优势，特别容易产生世界性的影响。伦敦作为英国的首都，在文化传播方面具有先天的语言优势。伦敦是现代报业的发源地，也是全球重要的传媒中心，还是全球传媒业竞争最为激烈的地区。包括英国广播公司（BBC）和路透社在内的多家电视及广播媒体都在伦敦设立总部，另有独立电视网（ITV）、第四频道（Channel 4）和第五频道（Channel 5）等。BBC 以其严谨的新闻报道、高质量的纪录片和专题节目为其赢得了崇高的声望，具有全球影响力；而其他商业频道则凭着娱乐受众也找到了自己的生存空间。

纸媒方面，伦敦城的舰队街，是过去几个世纪英国报业的集中地，英国绝大多数全国性日报、星期天报的总部都设在此地，著名的报刊有《泰晤士报》、《金融时报》、《每日电讯报》、《卫报》、《观察家报》、《周刊》等。英国排名前 11 位的报纸中，伦敦占据 10 席。伦敦电影委员会登记的电影拍摄景地有 12000 个，伦敦还拥有 1850 个出版企业和 7000 个学术杂志社。

曾经在澳大利亚、中国、美国和英国工作过的《泰晤士报》主编罗伯特·汤姆森曾感叹道："英国特别是伦敦是世界上竞争最激烈的报业市场，这种竞争是割喉的。"甚至有人说，如果一份报纸能够幸存于伦敦，那么它就可以生存于世界上任何一个地方。而在英国比较受欢迎的新媒体，基本上是这些传统媒体的官网及其延伸。

四、文化凝聚力

文化创意产业塑造伦敦的世界城市精神与个性。城市精神早在罗马时期就提出，当时的短语叫做"genius loci"，是指一个城市独有的氛围，偏重于指指导一个城市建筑的原则。城市建筑对构筑城市精神责无旁贷。圣保罗大教堂、大本钟这些伦敦的地标性建筑，总体风格相对保守和绅士化，体现的是英国的传统；而伦敦塔桥、伦敦眼等现代建筑则体现着现代和前卫，蕴含着创新精神。然而，这只是最表层、最能直接感受的城市精神。随着城市的建设发展，城市精神的内涵上升到更深的层面，它是集中体现城市所独有的人文文化、人文精神。从这个意义上来讲，建筑业外的其他文创产业门类在塑造城市精神时更是当仁不让。伦敦西区的戏剧、苏荷区的音乐酒吧，无不体现着伦敦自由、包容、时尚和现代的一面。古建筑的绅士风格和现代音乐歌舞等娱乐业的碰撞，将英国式的幽默表露无遗。

“伦敦精神”体现为一种创新与守恒一体的精神。伦敦一直是活力之城，从自然科学革命到工业革命，再到金融革命，伦敦的创新绵延几百年，创新是这个城市的特质。但创新不意味着什么都抛弃，创新要立足于传统，要有守恒性，所以1000年前罗马人修建的堡垒得以顺畅地转变为今天的伦敦塔（London Tower）。

伦敦具有丰富的文化遗产资源，发展创意产业使得决策者、企业家和普通市民都更加重视历史文化遗产的现世价值，从而有利于保留城市的历史风貌，使得城市的文脉得以延续。比如泰特现代美术馆是将第二产业的遗迹——发电厂进行了改造，不仅免去了拆除、重建等对人力物力的浪费，而且保留了城市文脉，增添了泰晤士河岸的风景。

五、文化吸引力

文化创意产业极大地增强了伦敦的文化吸引力，有利于世界城市伦敦吸引资源。经济的发展，需要多种要素投入，而创意产业的发展有利于增强城市的形象和魅力，吸引国内外投资和高端创新型智力资源的投入。资本逐利而生，创意产业的高盈利使得国内外资本对相关项目趋之若鹜。

伦敦长期成为欧洲最吸引外国直接投资的城市，就源于其蓬勃发展的创意产业。文化教育程度比较高的人，对生存环境中的文化因素重视程度较高。而创意产业的发展有利于营造这样的城市环境，从而吸引高端创意人才来到城市居住，进一步促进城市创意产业的发展和整体经济的进步。伦敦居民来自全球各地，共有50多个民族，讲300种以上的语言。来此留学的外国学生也是络绎不绝，占据着很大的比例。以伦敦地区的国际留学生为例，2005~2006年度在伦敦41所高等教育机构中共有国际学生85718人，占伦敦市所有高校学生的22%。其中只有大约30%的来自欧盟各国，剩余学生则来自其他各国。这还不包括当年19000多名来自美国的游学学生。

2007年，欧睿信息咨询公司（Euromonitor international）公布的全球旅游目的地排名中，伦敦以接待1564万国际游客排名榜首。据伦敦市政府的调查研究，每10个访问伦敦的外国游客中，有7个游客在做旅游决策时，会将伦敦文化作为重要的考虑因素。文化资源对英国国内游客也有巨大吸引力，伦敦每年吸引了

1000 万名国内游客。

六、文化影响力

文化创意产业增强本地居民的幸福感和外地游客的城市体验，彰显伦敦文化的影响力。工业时期的伦敦，经济实力引领全球，但是挥之不去的浓雾却使伦敦获得雾都的称号，而这一称号绝对不是伦敦人引以为傲的绰号。文创产业可以减少工业化对城市的污染，使绿色取代黑色。创意产业的发展则使得伦敦的建筑、街区、日常用品、文娱活动无处不充满了创意的灵感和创新的精神，生活于其中的伦敦居民，不仅能享有无尽的便利，而且更能不断获得精神的洗礼与愉悦，不言而喻的是，其幸福感得到提升。居住在伦敦的英国人也因其拥有伦敦西区的戏院而倍感骄傲。英国麦金托什公司全球商业负责人大卫·莱特博帝曾说："如果没有西区，伦敦的经济和文化都是面目全非的。没有西区就没有伦敦。如果伦敦只有银行家，只有女王，就不会有游客，伦敦就不是现在的伦敦。"

伦敦作为世界城市，每年吸引大量的游客前往参观。游客必然通过伦敦的硬件设施、软件环境来形成对伦敦的城市印象。而创意产业中的不同行业必然会对游客产生不可忽视的影响。建筑业、设计业和广告业形成城市的外在机理，出版业、广播电视业、电影和视频产业等深层揭示伦敦的内在精神，时尚设计、音乐和视觉表演艺术、休闲软件则展现伦敦居民的生活情趣，因此，发展良好的创意产业必然充分彰显出伦敦的影响力。伦敦的维多利亚和阿尔伯特艺术博物馆，成为展示英国人生活方式和特定时期世界时尚生活的空间，既使当地人传承文化，又使国外游客共鸣自己的文化，还在为来访者"造梦"，成为他们的梦里都市、精神首都，从而增添了城市的竞争力，使城市持续不断地散发出文化的魅力并闪闪发光。

第四节　伦敦世界城市及文化创意产业发展规划

一、伦敦城市规划

伦敦城市规划主要由大伦敦管理局的城市规划部负责，2004 年 2 月 10 日，伦敦城市规划文件《大伦敦规划》出版发行，此后经历 2008 年 2 月、2009 年 4 月、2009 年 10 月和 2011 年 7 月等共 10 次修订。这一版本替代了原来的 RPG3 版本，是应《1999 大伦敦管理局法案》的要求而做出的。规划关注大伦敦地区的空间发展战略，主要有以下 6 个目标：使伦敦的增长与其边界相容而不侵占开放空间，使伦敦更加宜居，使伦敦通过强势和多元的经济增长而更加繁荣，促进社会兼容同贫困和犯罪斗争，改善伦敦的通行性，使伦敦成为更有魅力、富有设计感的绿色城市。

二、文化创意产业发展规划

2003 年 2 月，伦敦市长肯·利文斯通公布了伦敦第一份文化发展草案，即《伦敦：文化资本——市长文化战略草案》（*London: Cultural Capital Realizing the potential of a world-class city*），该草案明确指出，要将伦敦打造成为英国最具有文化创意以及世界最具有文化多元化的城市，伦敦要建设成为世界级的文化中心。2008 年 11 月，伦敦市长鲍里斯·约翰逊公布了关于伦敦发展文化产业的战略草案，即《文化大都市——伦敦市长 2000 ~ 2012 年的文化重点》（*Cultural Metropolis The Mayor's Priorities for Culture* 2009 ~ 2012）。作为第二份发展草案，《文化大都市》在继承第一份草案的基础上，对未来三年伦敦要发展的文化从 12 个方面进行了规划：（1）维持伦敦全球卓越的文化中心的地位；（2）塑造面向 2012 年以及更为持久的世界级文化；（3）加强对年轻一代的艺术和音乐教育；（4）提高艺术的覆盖面和参与率；（5）加大对（伦敦）外围区域的文化供给；（6）为新人提供发展之路；（7）创造一个充满生机的公共空间；（8）支持草根文化；（9）推介伦敦；（10）为创意产业提供有针对性的支持；（11）捍卫文化在特定领域中的地位；（12）加大政府对伦敦文化的支持力度。

将两个发展草案加以比较，就可以发现，第二个草案第一次鲜明地将对草根文化的支持写进了报告之中。可以说，在英国发展文化创意产业的大背景下，伦敦所采取的政策措施是具体而明晰的，这就有力地促进了文化创意产业在伦敦的发展。

在《大伦敦规划》2011 年 7 月版本的第四章《发展经济》中，政策 4.6 “支持和加强艺术、文化、体育和娱乐供给” 专门提出了伦敦文化创意产业规划的一些指导性原则。在政策 4.5 “伦敦的游览者基础设施” 中，提出了应通过伦敦的战略文化区重点吸引旅游者。其中战略文化区主要就是伦敦的文化遗产和艺术表演区域，也是每年吸引国外游客最多的地方，也是未来应该重点支持、保护和引导发展的地区。

而政策 4.6 “支持和加强艺术、文化、体育和娱乐供给” 又分为 “战略”、“规划决策” 和 “地区发展框架准备” 及具体的相关条款 4 部分构成。其中在 “战略” 部分指出 “伦敦市长、下属自治市和其他利益相关者应该支持伦敦地区多元艺术、文化、专业体育和娱乐公司的以及他们带给本地居民、工人和游客的文化、社会和经济利益的持续成长”，“规划决策”部分则指出，“发展应该：（1）实现有序发展，必要时进行影响力评估；（2）选址应该在现有或规划中公共交通便捷的地点；（3）应该使社区所有人都可以分享其利，包括残疾人和老年人；（4）说明设施缺陷并提供文化的视角从而使社区可持续发展”。在“地区发展框架准备”部分则指出，“自治市应该：（1）加强和保护创意工作、演出空间和与之相关的设施，尤其是那些有特定需求的区域；（2）支持闲置建筑临时用于表演和创意工作；（3）指定和发展创意园区用来容纳新的艺术、文化和休闲活动，使它们更加有效的利于城市重建；（4）推广和开发现有及新的文化设施和能够吸引游客的地点，尤其是在外伦敦和那些利于城镇中心更新和重建的地区；（5）发展创新型方法以管理游客密集地区及其环境；（6）识别、管理和协调战略性的更加本地化的夜生活娱乐活动，以便明确需求、提供公共交通、配套政策和环境服务，考虑到夜间娱乐时间使用的累积效应及其对环境标准的负面影响从而最小化对土地其他使用者的影响以便同世界城市和本地居民的生活质量相匹配；（7）在主要的混合用途开发（工程）中提供艺术和文化设施；（8）寻找艺术、文化、专业运动和娱乐设施在社区中的角色，并增强其经济贡献。”

在具体条款中，进一步指明了伦敦的文化创意部门是城市经济和社会成功的重中之重，强调了《文化大都市——伦敦市长 2000 ~ 2012 年的文化重点》在把伦敦建设成为最伟大的文化创意型世界城市的指导地位，指出了在外伦敦地区增加艺术和文化供给，对创意产业提供定向支持等举措；进一步明确了战略性文化地区的名称、地位，注意加强其周边环境保护和创意聚集区效应；文化在鼓励年轻人参加社区活动中的重要地位，加强外伦敦地区尤其是奥林匹克公园、泰晤士河通道给城镇建设带来的机遇，同时注意维持和加强中央活动区（CAZ，Central Activities Zone）的设施质量；进一步明确了自治市在承担文化创意集聚区、夜间娱乐活动管理、本地环境保护等方面的职责；特别强调了对夜间娱乐活动的规划，划定了伦敦未来重点发展的夜间生活集聚区，并且将这些集聚区分为具有国际重要性、地区重要性和本地重要性三个层次，以区别对待，重点发展。

第五章　美国纽约

纽约市（New York City）是美国的首位城市、最大海港、全国经济中心，纽约也是世界城市之首、世界金融中心、世界贸易中心、交通运输中心、世界文化和信息中心之一、全球最大的海港之一和国际政治中心之一。

纽约市位于美国东部纽约州东南哈得逊河口，濒临大西洋。哈得逊河自北向南流经纽约市，并注入大西洋，市区内还有东河流过。

纽约市行政管辖属于纽约州，由5个相对独立的行政区构成，包括曼哈顿（Manhattan）、布鲁克林（Kings，Brooklyn）、布朗克斯（Bronx）、皇后（Queens，也称昆斯）和里士满（Richmond，也称斯塔藤岛、斯坦登岛）。纽约市总面积为1214.4平方公里，其中土地面积为789.4平方公里。

纽约一直是美国人口最多的城市。1932年至今，人口保持在700万左右。2008年，纽约市人口约836万，其中黑人占100万以上，人口密度为10482人/平方公里。总人口的19.9%居住在商务区曼哈顿。

纽约绰号“大苹果”，传说出自爵士乐“成功树上苹果多，你选了纽约，就选了最大的苹果”；又说源于经济衰退时纽约苹果扮演了重要角色。“大苹果”代表了纽约的富有、多元和创造精神。

第一节　纽约世界城市成长史

一、从印第安部落到重要城市——纽约的早期历史（1492～1820年）

（一）纽约市的建立（1492～1668年）

在欧洲人到达以前，纽约原是印第安人的住地。1492年，哥伦布发现美洲大陆后，欧洲各国殖民者纷纷涌来建立殖民贸易点，这里逐渐形成自由港，这就是纽约的前身。

1524年，韦拉扎诺船长的“法国王妃号”发现这块不可逾越的大陆，逐渐在这里建起村落。

1609年，英国航海家亨利·哈德孙发现这块“群峰环绕的陆地”。

1624年，荷兰知事彼得·朱纽特以60个荷盾（今天价值24美元）的一堆五彩玻璃首饰和印地安人做交易，取得曼哈顿岛的所有权，将其辟为贸易站，并按荷兰首都阿姆斯特丹的名字，将这个地方命名为“新阿姆斯特丹（New Amsterdam）”，荷兰人在此建立家园落地生根。

1664年，英国舰队开到纽约，荷兰知事彼得被英国舰队威吓降服，自知无力与之抗争，将新阿姆斯特丹拱手相让。英国国王查理二世将这片地方交给他的弟弟管辖，于是，国王的弟弟便将自己的领地从英国的约克郡迁到新阿姆斯特丹，并以约克公爵的名字来命名为New York（纽约）。

1668年纽约建市，在此后英国统治的100余年间，纽约并未得到快速的发展，远远落后于波士顿、费城等城市。

（二）金融中心的初步形成（1668～1820年）

作为进入北美殖民地和加勒比海地区的唯一港口，纽约港宽广、深浅适当，是西半球最优良的海港，优越性十分明显。庞大的资本随殖民者涌入纽约，使得它迅速发展成为颇具规模的港口城市，逐渐发展成为东北部的重要港口之一。

17世纪下半叶，纽约人口愈来愈多，并成为北美主要商业中心，丰富的农产品得以出口，再加上工业制品的进口，带动了当地经济的发展。

1775年，美国爆发独立战争，在此期间，纽约是华盛顿的司令部所在地，纽约的经济遭受重创。在独立战争和战后，纽约一直扮演着一个重要的角色。1789年，纽约成为新独立的美国第一个首都（临时首都）和美国最大的城市，首任总统华盛顿在这里宣誓就职。随着美国东北部逐渐成为新兴城市经济的主导地区，居于其中心地位的纽约成为东北部经济发展的最主要受益者，从战争的创伤中恢复过来。

1812年至1815年第二次美英战争后，“英国商人想重拾他们在北美利润雄厚的市场”，跨国贸易日渐兴盛。这推动了为海员服务的保险业以及为商贾服务的金融业的出现和发展，“纽约的金融中心地位开始悄然成形”。

二、交通革命——国家经济中心功能的形成（1820～1870年）

从19世纪开始，纽约进入一个高速发展时期，这一时期纽约的人口增长速度远远超过伦敦等一批著名工业城市。

（一）美国最重要的口岸和棉花贸易中心（1820～1840年）

此在期间，纽约改善了交通与内陆地区的多渠道联系，积累实力，蓄势待发。

18世纪末19世纪初，纽约掀起了公路建设的热潮，修筑了长达4000余公里的公路，将州内的不同地区连接起来。

1817年，纽约州在天然深水港的基础上开始修筑伊利运河，于1825年顺利完工并投入使用。运河纵深贯通五大湖水路，大大降低了运输的成本，凭借地理优势，纽约成为了美国国内东西部最重要的口岸和棉花贸易的中心。

1840年，美国二分之一的进口货和三分之一的出口货经由纽约。1815年至1840年间，纽约的人口及其对外贸易额增大了近3倍。

（二）美国首位城市（1840～1870年）

这一阶段是纽约发展的黄金时期。1841年竣工的商业交易所成为纽约这一商业中心的权力代表，华尔街成为美国财富与力量的集聚地。

1848年，加利福尼亚金矿的发现吸引着来自世界各地的移民源源不断地涌入纽约。到19世纪中叶，以纽约为中心，在美国东北部已经形成了一个经济核心区。

1850年纽约成为仅次于伦敦和巴黎的第三大城市，是美国首屈一指的大都市和全美最大的商业中心，其商品种类齐全，可供应国内外市场。八方货物云集于纽约，再转运往各地市场，纽约是出口棉花的贸易中心，纽约商人把南方的棉花和北部的面粉运往英国，再装上英国的工业品运给美国市场。纽约从进出口货物中收取代租费、运费、保险费等，积累了大量财富，逐渐成为金融中心。

1851年，与伊利运河水陆互补的伊利铁路也全线通车，同年，纽约中央哈得逊铁路又向西延伸到奥尔巴尼，使纽约同时拥有两条通向西部的铁路，大大增强了它的实力。随着交通运输网的逐步完善，蒸汽机被引入纽约并得到广泛的应用，纽约开始了工业革命，“工厂制度出现在各个工业领域”，经济步入了高速发展时期。

在这一时期，纽约交通运输网的改善极大地便利了城市间及城乡间的经济往来，把纽约和广大中西部地区连在一起，使孤立的城市结为有机联系的城市体系。纽约获得了广阔的和高质的腹地，同时又成为中西部进出口的门户和全国交通枢纽的中心。这有利于大量的人流、物流、货币流进入纽约。因此，纽约工业、商业和金融业等方面都有跳跃性发展，并超越费城、波士顿等城市，一路领先，从1820年的10多万人的城市一跃到1870年的100多万人的国际性大都市，成为了全国的交通枢纽和工商业、金融业中心。

为了适应西部开发、南部种植园经济和全国对外贸易的需要，纽约出现了门类众多的工业部门，其中服装业和印刷业是纽约最有影响、最富特点的两个工业部门。19 世纪 50 年代，纽约就已经成为美国服装生产中心和各类纺织品的最大市场。再从产业结构上看，纽约的小企业数量众多，这是特定历史时期形成的但又成为纽约经济的一大特色保留下来。

1860 年，纽约的人口超过了利物浦、曼彻斯特等三个城市的总和。根据经济地理学界首肯的“中心地学说”，区域经济发展到一定程度势必产生规模不等的城市，其中必然有居首要地位的城市，也就是首位性城市；由于经济规律的作用，这些城市将成比例发展，均匀分布。纽约的兴起是符合这一论断的。也可以说，占尽天时地利人和的纽约，必然成为北美经济发展的中心、全国的首位性城市。到 19 世纪 70 年代，由于纽约的兴起，东北部城市的规模与布局趋于合理，改变了 18 世纪大西洋沿岸城市“群雄并立”的局面。

作为全国的首位城市，纽约的经济功能更像伦敦，而不是英国中部的那些专业化的工业城市。当然，此时的纽约，尽管发展速度很快，但在国际贸易和金融、人口数量和工业产量方面与伦敦相比还稍逊一筹。但是，作为一个正在蓬勃向上的大国的首位城市，纽约已奠定了雄厚的基础。纽约除了拓宽并确立了它在国际联系、金融业、进出口贸易等方面的领导地位外，也培植了深入内陆的城市网，保证了它持续增长的后劲。到 19 世纪中叶，以纽约为中心，在美国东北部形成了一个经济核心区。

总之，以纽约为主干的东北部经济核心区的形成，为中西部的兴起和其他地区的开发准备了条件，对于现代美国区域经济结构的形成起到了某种催化作用，这也是 19 世纪后期美国经济得以高速发展的原因之一。这一核心区形成后，曾有部分调整，但无大的波动，一直持续到今。

三、曲折中发展——世界城市地位的初步形成（1870～1945 年）

（一）两次世界大战获益，纽约获得了快速发展的良机

1914～1918 年间是第一次世界大战时期，原来的老牌强国，如英、法、意受到战争影响，经济出现严重衰退。而美国则依靠战争的机会得到长足的发展，取代英国成为新的头号经济强国。在这一时期，纽约的城市化进程相当迅速，财政金融体系得以进一步完善，工业和商业统治地位逐渐确立，国家经济中心功能进一步巩固，取代伦敦成为新的世界金融中心，世界城市的地位初步形成。

然而，经济繁荣的背后滋生了大量的泡沫，1929 年 10 月，纽约证券市场崩盘，大萧条接踵而至，低迷的市场持续了 25 年，市场平均股价才重补“贝森缺口”。1939 年二战爆发，“战争使美国社会把和平时期的劳动力、资金和技术转移到了战时经济的备战需要”，为纽约经济的重现辉煌提供了契机。凭借地理优

势，纽约成为反法西斯国重要的战略物资的输出地之一。战争同时也改变了纽约制造业不景气的局面。

（二）美元成为世界货币，纽约确立了世界城市的地位

第二次世界大战后，美国成为世界上经济最强大、最发达的国家，在世界经济体系中的地位达到了顶峰，而纽约也进入了鼎盛时期。1946 年，联合国总部设于纽约，纽约成为国际政治中心城市。布雷顿森林体系使美元成为与黄金等同的世界硬通货，是纽约成为全球金融中心之一的重要因素，它使得纽约外汇市场的运作影响着全球外汇市场。从此，纽约也成了继伦敦之后世界的首位城市——世界城市。

四、二战后纽约地位的衰落（1945~1975 年）

第二次世界大战结束以后，纽约本身的经济结构发生了很大的变化，主要表现在产业结构的调整和人口构成的变化等方面；而全国性经济结构的调整，区域经济结构的转变和郊区化与大都市区化的发展，也不同程度地对纽约的经济结构和地位产生了影响。从 20 世纪 60 年代开始，全球的产业结构在新科技革命的推动下发生了历史性变革。纽约的产业结构则出现了制造业的急剧衰落与金融、服务业等第三产业崛起的双重变化。“20 世纪 60 年代、70 年代、80 年代这里的制造业就业人数分别减少了 9.2 万、18.1 万、26.7 万人，下降比例分别为 9%、19%和 35%。”纽约制造业的衰落速度在逐年加快。在这个过程中，损失最为惨重的行业是纽约的传统制造行业服装制造业。“这个行业在 1950~1980 年间共有 20 万人失业，占纽约制造业失业人口总数的五分之一。自 1980 年以来，该行业的就业人数减少了 60%。”与制造业的衰落、就业人数减少形成比较鲜明对比的是第三产业，尤其是其中的金融、服务业，就业人口在总就业人口中的比重迅猛增加。“就全国而言，从事采矿、建筑、运输、制造业等第二产业的人口在总就业人口中的比重从 1945 年的 53% 下降到 1975 年的 35%。而同期就业于贸易、金融、服务等第三产业的人口比重则由 47% 上升到 65%。”

二战以后一直到 70 年代中期，纽约市的经济地位都比战前差了许多。制造业的衰落使纽约的整体经济实力下降；人口的大量流失使纽约更加贫困；全国性区域经济结构的调整，使纽约的传统地位受到一定的削弱，并日益受到西部大城市的挑战；而郊区化与大都市化的冲击，使大量公司外迁，也给纽约造成了更大的损失。

总之，这一时期，纽约的经济地位逐渐衰退了。但是应该看到，纽约作为一个全国性首位城地位仍然没有改变，它仍然拥有雄厚的经济实力。应该说，这段

时期的纽约处于经济结构调整的时期，一个地区经济的成长与衰退都是相对的，经过纽约市政府以及人民不懈的努力，在20世纪70年代后期以后，纽约又重新勃发了生机与活力。

五、世界城市地位的确立（1975年至今）

20世纪70年代后期，人们对纽约的未来存在各种不同的观点。有人认为，1970年后纽约的衰落就是纽约未来的发展方向。最悲观的看法则认为："1969～1977年间的严重衰退如果继续下去，该市的就业机会还会减少90万个，而剩下的大部分人则不能找到工作。"持这种看法的人鼓吹重新安置政策，将该市的居民有计划地全部转移到别的地方，同时关闭整个纽约市所在的地区。而以纽约时任市长科克为首的乐观派则看准了1975年财政危机以后的两年，曼哈顿的复兴迹象：剧院等服务业开始复苏，办公室租金在上升，全市范围的就业状况有所好转。他们相信，依靠公立大学体系可以提高纽约劳动力的质量，并希望在20世纪80年代期间出现知识型产业的复兴。当然，纽约市的前景既不会像悲观派想的那样一片黑暗，也不会像乐观派想的那样一片光明。纽约的相对衰退为它的复兴提供了发展的契机和新的可能，但要想在很短时间内调整到正常的发展轨道也并不容易。在这段时期，纽约采取了以下几种发展战略。

（一）优化产业结构，优先发展其高科技产业及服务业

产业结构的核心是各产业间的数量比例关系。产业间的数量比例关系是否合理，对产业发展来说十分重要。而产业结构优化，是促进产业间互动发展，提高技术进步及经济效率的过程。

"纽约有91所可授予学士学位的高校，147所社区院校，每4位居民中就有一位拥有大学学士学位。"高素质的劳动力创造了高生产率。"1996年，纽约每个工人的平均年产出为101534美元，比当年美国63902美元的平均水平高出58.8%。"除此以外，纽约也是美国移民汇聚、人才聚集的重要城市，其吸纳的高技术人才，为纽约的产业发展提供了强大的人才支持。纽约高素质的人才及劳工队伍，为纽约的高科技产业的发展提供了很好的人才基础。纽约市政府十分重视产业的高级化建设。在制造业领域，纽约市政府大力扶持高新技术产业的发展。"对高新技术产业，实行房地产税减征5年计划（前3年减50%，第4年减33.3%，第5年减16.7%），免除商业房租税（前3年租税全免，第4年免66.7%，第5年免33.3%），曼哈顿优惠能源计划（期限12年，前8年电费减少30%，以后每年减电费20%）。"通过实施"数字化的纽约，线路通向全世界"的产业发展战略，推动非盈利组织（教育机构、各产业协会等）、房地产、技术

服务商三方的互利合作，共同建设高新技术区域，进而实现产业能级提升，占领国际产业竞争中的制高点，提升产业的国际竞争力。而对于资本密集型产业能级提升，则通过对外投资兼并收购海外企业等方式，将这些边际产业向外转移，以实现产业结构的调整。

（二）实施区域经济发展战略

这种战略旨在加强纽约市与大都市区其他地方原有的经济联系，充分发挥大都市的整体优势，以此来加快市区的复兴步伐。它强调资源共享、市场共享的指导思想，承认产业对于整个大都市区的重要意义。自二战以来，全美国的大都市区化的主导现象突出。大都市区人口不断增长，非大都市区人口则不断减少。1950 年，居住在大都市统计区的人口占全国总人口的 55.8%。到 1998 年，居住在大都市区的人口占全国人口的 79.9%，其中仅全国 40 个人口在百万以上的大型都市区于 1990 年就拥有全国一半以上的人口，这实际上是继 1920 年全国城市人口超过农村人口和 1970 年郊区人口超过市区人口的两次重大变革后的又一历史性变革。而美国的东北部和中西部，是这种现象最突出的地区。纽约亦然，纽约作为一个完善的大都市区，一直十分重视与周边地区乃至全世界的关系，并将公司总部作为加强这种联系的纽带。

作为国际性大都市，纽约的服务业具有突出的国际性指向。1996 年，全球 500 家最大的跨国公司有 38 家在纽约。“统计表明，总部在纽约市的跨国公司的业务活动有更强的国际性，表现为近 1/2 的收入来自境外，资本运营的收入占总收入的 1/3。美国学者论及纽约 70 年代后期经济发展时认为，纽约经济的扩张，关键在于它生产服务业的力量及其经济的国际化指向。”此外，纽约长期以来一直是世界上最大货币金融市场、最大的股票市场，聚集了大量的外国银行。“1970 年，纽约市有外国银行 47 家，资产 100 亿，到 1985 年，拥有的外国银行增至 191 家，资产 2380 亿，雇员 27000 人。”纽约重视发挥大都市的整体优势，加强了与周边地区乃至全世界的联系，加快了市区的振兴步伐。

同时，纽约还实行了城市工业园区战略。主要表现在“袖珍工业园区”和“高科技产业研究园区”。“袖珍工业园区”，它主要着眼于充分利用该市基础设施完备但被废弃的校区，用联邦资金在这些小区上建设使用面积为 10 万平方英尺的商用大楼，分别租给小制造公司。显然，这种工业园区的主要目标是吸引小企业在这里发展，以巩固纽约经济结构多样性的传统优势，保持其经济活力。“高科技产业研究园区”，它的目的是要利用纽约市众多的大学、研究机构和企业的综合优势，研究和开发高科技产品，以弥补纽约在这方面的不足，适应后工业社会城市经济结构变化的新趋势。这种园区提供较完善的基础设施，以吸引更多的高科技人才。

（三）服装工业中心的延续

纽约市是美国重要的制造业中心，最盛时就业人口达 100 万以上。20 世纪 70 年代以来，随着产业结构的转变，纽约市制造业就业人数不断减少，至今只剩下 30 多万人。

在纽约产业不断升级的过程中，与文化相关的产业，如服装业、出版业、印刷业等制造业仍然得以生存下来，这些制造业从纽约市区迁往郊区地带。与此同时，纽约都市区外围也经历了从工业化迅速发展到向商贸物流、休闲娱乐等产业升级的过程。

纽约的服装制造业颇具特色，它以非标准化的半手工企业为主体，产品以非耐用品为特色。如款式易变的妇女时装、头饰、手提包、小皮件、裘皮制品，以及不断更新的期刊、科学仪器等，这些产品在美国乃至世界上都具有较大市场。服装工业依旧是制造业的主体部门，但其产品结构已发生了很大的变化。一些款式单一、可以批量生产的服装生产不断向劳动力低廉的地区转移，而纽约侧重生产款式易变的流行服装，或者把服装的缝纫转移到其他地区，纽约则保留服装生产的管理、设计、销售等重要环节，所以，纽约仍是美国服装工业的中心。

由于适时地进行产业结构的调整，并辅之以一系列行之有效的复兴，以顺应城市经济发展的规律，纽约恢复并逐步巩固了其在整个大都市区、纽约州乃至全国的首位城市的地位，并逐渐步入了世界城市之列。

六、纽约：当之无愧的世界城市

无论是国际政治、财政金融、经济贸易，还是文化创意，纽约都领导着世界的潮流。

（一）国际政治中心

在世界著名的国际经济中心城市中，纽约属于为数不多的非首都城市，因而在相当长时期内，它在国际政治事务中的影响不大。

第二次业界大战后，美国成为世界上最强大的国家，加上本土未受战争的打击，因而联合国成立后决定将总部设在美国。纽约虽非美国的首都，却由于是世界最大的商业之都，1946 年联合国将总部设置在纽约，纽约从此有了世界之都的称谓。

随着联合国在国际政治中的影响日益显著，机构不断增多，纽约因此而受益匪浅。联合国主要机构共有 6 个，其中 5 个在纽约，常设辅助机构 12 个，也有 5 个在纽约，这使纽约成为拥有联合国主要机构数最多的城市，纽约的国际政治中心地位大大提高。

（二）国际经济中心

与伦敦一样，纽约国际经济中心的功能是综合性的，影响则是全球性的。“一旦在纽约获得成功，就可以在五洲畅行无阻。”人们这样来形容纽约在世界经济中举足轻重的地位，它吸引着大批的企业家、大公司的巨额投资。

1. 国际金融中心

纽约与伦敦、东京并列为全球三大金融中心。虽然伦敦在外国金融机构数、外汇交易额两方面居第一，东京曾在证券市场规模、银行资产规模上取胜，但全球最重要的金融中心仍是纽约。其根本原因是，美国为当今世界第一经济大国，狭窄的华尔街上聚集着全球近3000家外贸、金融、证券、保险公司，纽约证券交易所道·琼斯30种工业股票价格平均指数的波动左右着东京、伦敦及其他证券市场，而美元的地位影响全球外汇市场。另外，由于美国是全球最大的对外投资国，这使纽约得以集中了全球投资总额业务的44%。

纽约的金融职能早在城市发展的初期即已出现，至19世纪早期，已出现全国最大的银行、证券交易所。纽约的金融业最初是围绕港口和铁路运输业务兴起的。到1836年，纽约成为全国主要的银行中心。20世纪初，美国联邦储备系统将总部设于纽约，从而奠定了纽约作为全美“银行之都”的地位。此后，随着美国的经济发展，纽约的大银行执世界银行业牛耳长达数十年。然而，20世纪80年代以来，发展中国家特别是拉美国家的债务危机，使美国一些大银行受到严重打击，加上1980年的银行法和1982年的存款机构法产生了新的金融环境，许多新的金融组织和金融手段夺走了原先属于银行经营的业务，使美国银行在国际银行业中的地位不断下降，20世纪80年代后期以来，美国大银行不再列入世界前10大银行的排名中。

但是，20世纪80年代，美国金融改革对保持纽约国际金融中心的地位仍具有重要意义。如1981年开设了“国际银行业便利”，建立离岸金融市场，使纽约的外汇交易量仅次于伦敦，居世界第二位。1991年，纽约股票交易所率先推行股市交易昼夜化，计划分3～5个阶段走向全天候营业，先在一定范围内延长交易时间；到2000年，达到全部或大部分股票实行24小时昼夜交易。股市交易昼夜化极大地扩大了股市交易规模。

2. 国际经济控制和决策中心

在资本主义国家中，美国历来以大公司数量众多而著称。1965年2月，《幸福》杂志列举的全球500家大公司中，有128家总部设在纽约市，按纽约大都市区计，则有161家，几乎占三分之一。20世纪70年代后，日本大公司崛起，使

500 家大公司中的美国公司逐渐减少，设在纽约的 500 家大公司总部也逐渐减少，至 1988 年仅剩 48 家，在纽约大都市区范围内减少至 74 家。但是，就美国大公司而言，同期撤出纽约大都市区的公司总部只有 24 家，这表明纽约仍然是美国大公司总部最集中的城市。与大公司总部逐渐撤离纽约的趋势相反，大银行仍然集聚在纽约。美国 9 家主要银行中有 6 家在纽约，即花旗银行、大通银行、摩根公司、银行家信托公司、制造商汉谢威公司和化学银行。需要指出的是，这些银行都是著名的跨国银行，花旗银行更是世界最大的跨国银行。由于美国大公司、大银行集中于纽约，使纽约成为国际经济的控制和决策中心。

决策管理机构的大量集聚，又吸引了与之有关的各种专业服务部门，如房地产、广告、税收、法律、设计、数据处理各类事务所。1990 年，纽约大都市区的就业结构中，从事银行保险业的有 31. 5 万人，房地产的有 23. 8 万人，各种商业服务业的有 28. 6 万人，后两个部门的就业总人数大大超过了银行保险业。

3. 国际贸易和航运中心

纽约港曾是仅次于鹿特丹的世界第二大港，近年来货物吞吐量有所下降，但仍是世界十大港口之一。加上纽约航空港的货物运输，纽约年进出口额达 1000 多亿美元，是重要的国际贸易中心城市。

纽约是世界最大的航空枢纽，拥有 3 个航空港，即肯尼迪国际机场、纽瓦克国际机场、拉瓜迪亚机场。3 个机场的年旅客进出人次均超过 2000 万人次，1990 年合计达 7480 万人次。

（三）国际文化中心

一般人认为纽约是国际金融中心，事实上纽约也是国际文化、艺术、音乐和出版中心，积聚着众多的博物馆、美术馆、图书馆、科学研究机构和艺术中心，美国三大广播电视公司和一些最有影响的报纸都把总部设在这里。百老汇歌剧、麦迪逊大道时装、自由女神像、卡内基音乐厅等，已经成为纽约文化的代名词。

纽约既是文化生产中心，又是文化的交流和消费中心；不仅科学技术发达，而且也是美国甚至西方世界出思想、出文化成果、出文化人才的地方。纽约是美国乃至世界的文化中心，纽约文化已处于完善和提高阶段，在国际上确立了自己的地位，已产生广泛的影响。

第二节　纽约文化创意产业发展历程

虽然大家公认纽约是全球的金融中心，但艺术文化也是最重要的堡垒、最突出的优势之一。纽约的艺术文化影响力在美国大城市中位居首位，甚至在部分电影制作和媒体产品方面还超越了洛杉矶。

一、文化创意产业的萌芽（1850 年至第一次世界大战）

（一）出版业的繁荣

纽约在 1900～1910 年是作家之乡，文学是当时的主要艺术形式。娱乐的主要表现形式是通过街区书籍和杂志，而不是通过绘画和音乐。

从 19 世纪 50 年代开始，纽约已成为引领出版业发展的中心，出版业是 20 世纪初纽约举足轻重的文化形式。纽约密集的出版产业催生了之后源源不断的新闻刊物，“左翼”杂志、文学期刊、诗集等，使得纽约作家的思想认识能一直保持世界水准。

1910～1920 年，作家们聚集于格林尼治村，并使这里初具规模。作家和出版、印刷的企业集群促进了产业扩张。

（二）音乐、艺术与时尚产业的起步

世纪之交的纽约，成为文化运动的繁盛之地，其他创意产业也开始起步，最显著的是日益形成的时尚和服装制造业，锡盘巷聚集着以布鲁斯和拉格泰姆音乐为主的音乐场所。

19 世纪 80 年代，百老汇大街陆续出现了一批剧场和音乐厅。1880 年，美国大都会音乐厅建成，7 年后又重建，更名为“百老汇”；1882 年，专门演出音乐剧的卡西诺剧场落成；1883 年，大都会歌剧院建成，高水平的欧洲歌剧开始在美国上演，成为美国戏剧史上的里程碑。到 20 世纪初，这里出现了 80 多座正规剧院、200 多家规模不等的歌舞杂耍场所。1928 年，71 家剧场推出 247 台剧目，其中 50 台音乐剧，观众达 2000 万人次。

第一次世界大战期间，从纽约涌入美国的欧洲避难者中有不少著名艺术家，他们开设了画廊、工作室等。

时尚设计的发展轨迹同其他视觉艺术相比，有着显著区别，它与经济价值产业系统紧密相关，以创造经济价值为主。因此，时尚产业与其他类型文化创意产业并不同步，而是按照自己的一套时间表发展。随着 1846 年缝纫机的发明，成衣变得易于生产，到 1880 年，纽约已成为服饰制造业的主要力量。到 1900 年，服装产业的价值已经占了纽约制造业总产值的四分之一，梅西百货等大型百货公司纷纷于 19 世纪中叶建立。

同一时间，时尚产业在以创意和设计为主的部门带动下开始蓬勃发展，时尚芭莎、*Vogue*、女装日报纷纷创刊，设计学院也建立起来。

在此阶段，虽然纽约时尚产业不断扩张、发展，但设计界的主力仍然是巴

黎。当时大多数的服装设计、艺术指导和时尚理念均出自欧洲的时尚产业。

二、势不可当的纽约时尚业（第一次世界大战至第二次世界大战）

（一）时尚中心地位的确立

1931 年 2 月，时尚先驱们举办了首次时尚集团聚会，以此作为推动力，来促进妇女在时尚产业的事业。1938 年，*Vogue Americana* 的创刊震动了当时的时尚界，而服装学院的创建为时尚与艺术架起了沟通桥梁。20 世纪 40 年代初，时尚集团已经变为国际时尚集团，并把关注点聚焦到美国设计师上。1942 年，《纽约客》、《纽约时报》等都开始对半年一次的时装盛典进行报道，起到推动美国风尚的作用。在这一时期，时尚评论会开办了时装周。

第二次世界大战的爆发，有效地推动纽约向时尚中心的地位迈进。1940 年 7 月，纳粹对巴黎的攻占切断了纽约与巴黎的联系，使得纽约的买家和媒体把目光投向其他地方来寻找新的时尚灵感和服饰潮流。战争在美国设计界催生出一种爱国情绪，让时尚工业更加青睐本土设计师。不同因素的影响提升了纽约在时尚业的魅力，再加上纽约已经建立起来的产业体系，使纽约变得势不可当，而二战后的巴黎却再也未能重拾时尚界的桂冠。

（二）艺术作品经营网络的建立

二战后，纽约艺术制造业之所以能在世界范围内迅猛发展，源于几个因素的作用。首先，几个最重要的正规艺术机构建立了：1929 年现代艺术博物馆，1931 年惠特尼博物馆，1937 年古根海姆博物馆。其中惠特尼博物馆设立了每两年一次的奖项，专门颁发给未曾扬名但前途无量的美国艺术家。

其次，“工程振兴局”为“艺术家项目”提供了创作公共艺术和壁画的机会，当时一共雇用了 5000 多位艺术家来完成这个项目，而其中近半数都来自纽约。这个项目帮助艺术家们奠定了事业和声望，并构建出一套艺术领域的网络。事实上，这项由美国政府支持的项目最早建立起来的网络架构，时至今日，仍然被艺术家团体广为使用。他们要在这样的构架中寻找工作、传播有关自己作品的信息、了解新兴艺术家以及进行互动。工程振兴局为纽约文化创意产业及与其相关的社会与经济网络留下了重要的遗产。

三、纽约艺术与文化的蓬勃发展（第二次世界大战至 20 世纪 60 年代）

（一）摆脱欧洲影响的纽约学派

在此期间，由于欧洲遭受着纳粹的蹂躏，纽约的设计师与艺术家便将目光从巴黎转向了自己的创意工作。战争也促使一些著名的欧洲艺术家移民到美国，被称为纽约学派积极地将自己与欧洲区分开，并将欧洲的影响力彻底从美国艺术形式中剔除了出去。

纽约艺术的繁荣，部分原因是重要画廊的集中与涌入，人们将目光从现代艺术博物馆转身了汉斯·霍夫曼学院、杉木吧、山雀画廊以及艺术家俱乐部，它们都位于曼哈顿第八街与第十街之间，彼此仅隔几个街区的距离，创造了一个聚集性的非正式交流环境；它们有一种魅力与魔力能让灵感钻出来、冒出来，艺术家们乐于在此说出自己灵光一闪的灵慧想法，智慧的气流呼啸而过，纽约的“空气中都是创意”。而正式的艺术博物馆则是向艺术家传达重要信息的政治机构。

（二）不同艺术形式相互融合

二战之后，纽约这杯“鸡尾酒”中又掺入了“垮掉的一代”的文化，它对纽约的文学复苏也起到了很重要的作用。纽约文学界的繁荣景象获得了全世界的瞩目。

20 世纪 40 ~60 年代，纽约的音乐界在“垮掉的一代”的影响下逐渐成为爵士乐的中心，涌入了很多著名的爵士音乐家。与此同时，乡村音乐于 20 世纪 40 年代集中兴起，这些后期的文化集群也出现在格林尼治村，在那里，人们也花时间泡在咖啡馆和俱乐部。这种艺术家和音乐家们共享空间、联合创作、共享社交生活的趋势，也同样是当今文化创意产业的标志。

（三）时尚产业地位日益提高

时尚还没有正式进入这种混搭风格的组合中，它仍在逐步摆脱传统波希米亚理念和创意产业的影响。1944 年成立的美国流行学院，成为最杰出的时尚设计学院。到了 20 世纪 50 年代，于 1927 年创立的为零售商进行时尚资讯报道的《托比报道》开始留出越来越多的片面，报道有关纽约女士时尚的内容。当制造业转出纽约时，时尚设计则仍留在纽约，特别是市中心的服装区，“美国设计师”成为广为人知、受人尊敬的词语，纽约在国际时尚星座群里的地位也已经树立。

大量的设计师和他们相互之间形成的关系，使纽约获得了超过巴黎的国际地位，纽约的设计师开始为自己打广告。到 20 世纪 60 年代，纽约的设计师开始经营自己的品牌，并且成就了自己在文化商品化大潮中先锋设计师和时尚名流的地位。

（四）基金会赞助非营利性文化

二战结束以后，美国进入快速发展期，劳动力价格猛涨，属于劳动密集型的商业艺术成本也迅速上涨；与此同时，大学扩招，艺术教育尤甚，大批学了艺术的年轻人不喜欢也找不到商业艺术的工作。他们在传统的百老汇商业剧场以外搞起了“外百老汇”（off-Broadway）、“外外百老汇”（off-off-Broadway）等小型艺术团体，成本虽比百老汇低得多，却是基本上收不回成本的非营利性事业，需要大量不求回报的财力支持。此时，第一代美国企业家创办的大基金会，如福特基金会、洛克菲勒基金会、卡内基基金会等开始赞助文化，如福特基金会在1956～1964年间共捐了1230万美元给各地的17个非营利性剧团，四分之一以上给了纽约的4个剧团，其他城市各只有一个。有了基金会的赞助，哪怕百老汇的商业剧场从最高纪录的80多个降到30多个，总体上纽约的戏剧演出还是增加了。尽管不断有人预告戏剧的衰亡，但世界戏剧之都纽约的戏剧其实比以前更加发达。

四、“限制性文化创意产业”的兴起（20世纪70～80年代初）

（一）经济危机为文化创意产业带来机会

产业危机、20世纪70年代的石油危机和经济萧条让纽约深陷经济和社会的危机中。大量的工人失业、财政危机、房屋租金和房地产价格下降。

具有讽刺意味的是，这些因素也创造了一种机遇，废弃的、宽敞的工业仓库被重新利用成为画廊、工作室和夜总会。为分摊租金，艺术家们集中住在一个社区，成立于20世纪70年代中后期的第一家家居办公场所，20世纪80年代的波威里街和东村，十四街地下的“现场市中心”，成为艺术和文化创作的场所。

再如，著名的SOHO区。这里最初工厂、仓库林立，但30年前的大萧条时期后，工厂迁到了其他地方。1971年，纽约市政府将SOHO区划为居住区，并规定只有在纽约市文化局注册的艺术家才可以在此居住。由于房价低廉，吸引了大批艺术家迁至此工作和生活，因为他们，SOHO区散发出了生动活泼的艺术活力，SOHO逐渐发展成为艺术的圣坛，成为所有艺术家向往的地方，是所有崇尚艺术的时尚人物所追逐的地方，在艺术领域它已经具有了全球知名度。这种由艺术所凝成的品牌所具有的巨大商业潜力，像磁铁一样吸引着全球的商业资本。今日的SOHO，遍布着特色酒吧、高档时装店、艺术画廊和个性化的家居装饰品店，是雅客、时尚青年和游客都不愿放过的重要时尚商业区和旅游景点。

低廉的租金也使艺术家们不必再接第二份工作以增加收入，这样他们就能专注于在摇滚场地、俱乐部、画廊和咖啡馆不断地办展览和表演。

在此期间，不同类型的艺术家有多重身份，创意产业的各个分支都交叉重叠，很多艺术家同时也是音乐家，反之亦然。

在这一阶段，纽约是个极其开放的城市，万事皆有可能。涂鸦到处可见，并且已经盛行10年，它们漂亮、美好、令人兴奋，但更多的是让人们感觉失去了控制。在衰败的背景下，这些街头艺术在当时是一种希望的象征。

（二）伟大的创意时代

文化世界正在从现代主义转变到后现代主义。严格遵守艺术的形式和文化产品定义的做法正在被彻底改变。并非任何事物都能成为艺术，但是任何事物都有成为新形式艺术的潜能。艺术正迅速演变成为更具多样性、更刺耳、奇怪的混合物：各种声音、涂鸦、绘画、设计、表演混合在一起。正是20世纪70年代，艺术、音乐、时装和设计激情碰撞，才产生了如今这样包罗万象的文化创意经济。

总的说来，作为艺术中心，纽约对于波普艺术和后达达主义的日趋流行以及后现代主义的引入，仍发挥极其重要的作用。

（三）跨领域的创意交融

随着表演艺术的兴起，那些看似毫不相关的艺术领域正不断地相互融合。夜生活推动了创意的产生和传播，当它成为从音乐、酒吧表演到现场绘画、戏剧和舞蹈这些艺术表演的核心时，它的作用变得更加重要了，成为联系起形形色色充满创意的人的纽带。

俱乐部不只是演奏音乐、展出美术作品的地方，设计师、涂鸦画家、朋克乐手以及作家经常光顾于此，所以，那里也充满了各种艺术作品和现场表演艺术，助兴表演风格使每个晚上都会出现层出不穷的花样。在这里，艺术家和观众被毫无隔阂地联系在一起，表演者与观众没有区别，每个人都是其中一员，艺术家们不仅可以相互交流，也与观众沟通，也逐步获得了声誉和认可。

尽管夜生活在表面上是一种娱乐形式，而且很容易遭到鄙视，但它的意义和重要性却比一般人看到的要深许多。纽约的夜生活既是创意社群的一种外部力量，也是一种表演和评价文化的场所，它将不同的文化融合在一起，同时也使得艺术家们在许多不同的领域发挥其创造性的技艺。这种融合趋势随着文化和文化创意产业不断商业化。

（四）艺术、音乐和时尚的“共同体”

20世纪70年代末和80年代初，低廉的租金、闲置的仓库、艺术文化界限模糊的平行发展，都使纽约繁荣的创意景象得以真正建立。在此之前，各种艺术是孤立发展的，但是如今，艺术、音乐和时尚不再是彼此独立的个体——它们在社会关系和艺术形式上共享很多的理念、材料、创作空间。这种繁荣景象形成了“限制性”文化创意产业，即艺术家可以为了创造艺术而从事艺术工作，而不考虑实际经济回报。贯穿于艺术、文化的横向联系，以及融合了不同创意形式、让创意人参与限制性生产的自由空间，成就了纽约艺术和文化史上最伟大的时刻之一。

亚文化呈现出在艺术世界内更为广阔地发展趋势，展示涂鸦作品的画廊开始出现，创意，越来越明显地显示出巨大的市场价值。

五、文化创意产品的商品化（20世纪80年代至今）

（一）文化创意产品日益商品化

从20世纪70年中期起贯穿80年代中期，创造力形成蓬勃发展之势，并在80年代中期达到了顶峰。纽约成为世界时尚、音乐、艺术、设计的中心。艺术家们不再仅仅是为了朋友创作，也不再居住在没有电梯的廉价公寓里，更不再单纯是为了艺术而创作。他们来到纽约，在全球市场推销自己的创造力。

20世纪80年中期，标志着日渐盛行的文化商品化开始了，街景、创造力以及不同艺术形式的结合，不再仅仅作为有限的文化产品而繁荣发展，它有潜在的经济价值和世界需求。虽然文化和资本主义一起紧密相关——从古典音乐的销售到电影排名——两者的融合前所未见，并且变得更快、更极端、更宽泛。

（二）文化创意产品日益多样化

大量的传播使嘻哈和涂鸦等坚韧的亚文化日益走入主流文化，涂鸦画手们从警察的围追堵截中羽化为涂鸦大师，一度只能在街区表演的嘻哈歌手变成了嘻哈演唱家。

到20世纪80年代中期，涂鸦已日渐成为赚钱手段，涂鸦创始人成为当代先锋时尚艺术和设计类产品的主导人。李·奎诺斯以主流涂鸦艺术家的身份进军艺术圈，并有所成就，之后又推动涂鸦成为世界艺术画廊的主流艺术形式。他为阿迪达斯设计的“超级巨星”运动鞋，在eBay网站售价数千美元，并成为帆布鞋爱好者最喜爱的收藏品。2001年，时尚设计师和艺术家史蒂芬·斯普鲁斯为LV设计了一款价值数百美元的色彩涂鸦包，在全世界的时装店和商场卖至脱销。

嘻哈音乐起源于纽约，曾经只是街区文化。随着音乐电视说唱《Yo！MTV说唱》的建立、周六晚间直播的表演、嘻哈唱片的出现以及日益增加的说唱人，嘻哈已经在世界范围内声名大噪。嘻哈有巨大的商业力量，例如说唱巨星“吹牛老爹”和歌手詹妮弗·洛佩兹，利用其知名度建立了服装帝国。嘻哈还可以使全世界的孩子有机会改变自己的形象，例如2012年伦敦奥运会开幕式上的嘻哈歌手Dizzee Rascal，年少时候绝对是个标准的不良少年，偷汽车、抢劫批萨快递员这些事都干过，后来被音乐老师引导去学习音乐制作，他自伦敦东区崛起，从少数音乐人赞赏的地下嘻哈歌手，摇身一变为国际巨星。

文化产品，如唱片、嘻哈服装公司、价值上百美元的当代艺术品、高昂的舞厅入场费等，带来的日益增加的经济效益表明，艺术家们已经深知将自己的象征资本转化为金钱的积极性；另一方面，一些人也无可避免地被排挤掉了，纽约也不会再为这样的群众提供自由的、开放的创造力。高涨的房租将艺术家们从曼哈顿赶到了布鲁克林和昆斯区。

（三）百老汇重获新生

随着经济的萧条，百老汇曾在20世纪60年代陷入低谷，许多剧院倒闭，色情场所和犯罪活动长驱直入，到了80年代，游客和纽约市民都不敢再踏足时代广场。

纽约新政府上台后，意识到“一个充满生机的时代广场和百老汇产业将促进城市的发展”。于是，政府进行了一系列干预，打击犯罪，清理色情场所，让人们恢复安全感。此外，政府收购了7家剧院，建立了“时代广场联盟”的非营利机构，每年在时代广场庆祝新年拉拢人气。百老汇的戏剧慢慢回归，时代广场又成为纽约市的文化娱乐中心。从1991年至1992年，百老汇有7159场演出，获得740万美元票房。时隔15年，2006年至2007年的演出达到11923场，票房收入达1230万美元，增幅近60%。2007年和2008年，百老汇的收入分别是9.39亿美元和9.37亿美元，而其所带动的整体经济效益每年达40多亿美元。

百老汇对纽约的影响不仅在于票房创造的价值，还包括解决无数就业机会，百老汇为纽约人提供了4400个全职工作机会，14000人的工作和演出与百老汇直接相关，而其他辅助产业的工作岗位有3万多个。

第三节　纽约的文化软实力

不仅因为扮演的经济金融角色，更重要的是文化上的高产和优质，让纽约不是通过自诩而是通过实践，成为20世纪首屈一指的世界城市。

纽约在文化创意产业方面的优势，在20世纪70年代拯救了纽约，并使其现在和将来拥有强大的文化软实力。没有文化创意产业，纽约将不再是纽约。文化创意产业不仅让纽约变得富有，还让纽约具备了比其他国际城市更强的竞争优势，塑造了纽约强大的文化软实力，支撑了其国际地位。

一、文化资源力

纽约是美国文化设施最多和最集中的城市，其特点有以下几方面。

（1）文化设施数量多。纽约市有360家博物馆，1279家图书馆，其中公共图书馆200多家，282多家电影院，390多家剧院，400多家艺术画廊，500多家书店，1500多个公园和游乐场所。纽约所拥有的大的艺术中心占全国的14%，专业剧院占全国的17%。纽约三大公共图书馆总藏量5500万册（件），每年的图书资料流通量是4000万件，相当于纽约市民人均5.5件。纽约每2万人拥有一家剧院，每3万人拥有一家电影院。

（2）文化设施影响较大。纽约的三大公共图书馆系统的藏书量分别列美国第1、第3和第8；纽约大都会艺术博物馆为世界四大博物馆之一，被誉为“五千年艺术史的百科全书”，每年接待观众540万人次；林肯艺术中心是世界上最大的文化艺术中心之一，是高雅和古典艺术的舞台；大都会剧院是世界上最大的歌剧院之一。

（3）文化设施种类繁多。如公共图书馆有综合图书馆，有分门别类的图书馆。有经济图书馆、艺术图书馆、黑人研究图书馆、儿童图书馆等；有研究图书馆、阅览图书馆等。纽约的博物馆更是应有尽有，从学科看，有历史类、社会类、文学类、科学类、种族文化类、手工艺类等。从社会活动层面看，有财经博物馆、交通博物馆、警察博物馆、儿童博物馆、电视广播博物馆、军事博物馆等。种类最多的是艺术博物馆，除综合艺术博物馆外，还有分门别类的博物馆，如现代艺术博物馆、民间艺术博物馆、设计艺术博物馆等。其他种类的博物馆还有多个。

（4）旅游资源丰富。纽约历史虽短，但举世闻名的旅游景点繁多，自由女神雕像、以洛克菲勒为中心的摩天大楼建筑群、联台国大厦、时代广场、帝国大厦、大都会博物馆、艺术博物馆、华尔街、百老汇、林肯表演中心、哥伦比亚大学、中央公园、日本公园、中国城，以及格林尼治街、第五大道等著名街区，是美国人和外国人最喜欢到的地方。

二、文化生产力

纽约是美国的文化创意产业中心，是美国文化最为繁荣和发达的地区，具有巨大的文化生产力优势。

首先，纽约的文化创意产业得益于无与伦比的文化基础机构的支持，包括蜚声国际的教育机构：诸如著名的朱丽亚音乐学院、全美最优秀的美术学院之一——纽约大学蒂什文科学院、位于曼哈顿绿洲旁的艺术名校——派特学院、汇集全美芭蕾舞精英的舞蹈名校——美国芭蕾舞学院，还有大型艺术社区，慈善基金会、赞助机构、知名贸易机构等，地方政府也提供积极扶持、大量资助。纽约还成立了15个联盟、50个地方组织服务于创意大军。

其次，丰富的创意人才资源。2009年初统计，纽约文化艺术有关的从业人员已近30万人，其平均年薪也要比其他产业高出2万美元。从劳动力市场所占比例而言，文化创意产业在纽约成为经营管理、专业性服务和金融之后的第四大劳动力市场。

第三，大量生产力极强的文化创意企业。截至2009年1月，纽约有54957家与文化艺术有关的企业。纽约拥有2000家非营利性文化艺术机构，拥有戏剧制作体1287个。美国三分之一的影片出自纽约市，其影视片产量仅次于洛杉矶；全球排名前五的音乐录音制作公司中，有三家总部设在纽约市。

第四，成熟的艺术市场。纽约不仅有重量级博物馆、世界级展出，还有一个由众多艺术支撑的成熟艺术市场。不同街区的画廊，展示着当代艺术领域站在潮流尖端的艺术家。

第五，完善的旅游服务设施。从豪华旅馆到廉价旅社，从各国风味的大小餐馆到遍布全市的熟食店，从直升机、游船到穿梭行驶的双层大巴，纽约的旅游服务设施应有尽有，为游客提供了多层次、丰富多彩的旅游服务。

三、文化传播力

纽约是全美第二大媒体制作中心，其媒体业包括以下9大块：广播电视、有线电视（有线电视网络与多重系统运营商）、电影（产出与分销）、出版（书籍、期刊、报纸）、新媒体、广告机构。媒体业每年营业收入超过540亿美元，从业人员约为21.5万人，占纽约市就业劳动力总数的6%。纽约共有300多家通讯社和广播电视公司，全美三大广播网：哥伦比亚广播公司、美国国家广播公司和美国广播公司的总部都在纽约，控制着2139家电台和电视台，几乎左右全国的新闻和娱乐。出版印刷企业有21000多家，集中美国六分之一的印刷能力，全美有三分之一的出版物出自纽约。

（1）广播电视、有线电视（有线电视网络与多重系统运营商）。纽约拥有80多种有线新闻服务、4个国家级电视网总部、至少25家有线电视公司集中在纽约市；聚集了35家以纽约市为基地的广播电台和100多家地区性广播电台，听众达1400多万。世界排名第一的美国在线时代-华纳集团、维亚康姆、美国国家广播公司、哥伦比亚广播公司、美国广播公司的总部均设在纽约。

（2）出版（书籍、期刊、报纸）。纽约是美国的报刊出版中心，也是世界报刊出版中心之一，《时代周刊》（*Time*）、《新闻周刊》（*Newsweek*）等数百家国际知名传媒企业、国家级杂志的总部均设在纽约。美国排名前10位的消费类杂志中，有6家总部设在纽约，整个美国出版业的18%的从业人员工作、生活于纽约。纽约拥有美国第一大报《纽约时报》（*New York Times*）和世界财经权威报纸

《华尔街日报》等4种日报、2000多种周报和月报，纽约出版的三大期刊——《时代周刊》、《新闻周刊》和《美国新闻与世界报道》是全世界新闻期刊中的翘楚，《财富杂志》（*Fortune*）、《福布斯》（*Forbes*）、《商业周刊》（*Business week*）等在国内外政界、外交界、企业界和学术界中都有广泛的影响和很大的权威性。《纽约时报书评》、《纽约客》等文化类刊物，向美国以及世界上众多英语读者传递着美国文学、艺术以及学术思潮的最新动态。这些报刊使纽约成为美国乃至世界的报刊之都。

（3）新媒体。新兴的以高科技为支撑的新媒体产业在纽约发展也尤为迅速，纽约新媒体产业协会的报告显示，1997～1999年的3年间，大纽约地区新媒体产业员工人数一直以40%的速度增长，达到25万人，其中纽约市内的新媒体从业人员超过10万，其年增长率远远高于印刷、广告、影视制作、电视广播等行业的增长，新媒体产业的年收入增长率高达53%，1999年达到170亿美元。

纽约的新闻媒体影响全国的舆论界，使纽约世界城市的形象随着新闻媒体进入了千家万户，渗透到世界每一个角落。大众传媒同时又创造了市民文化主体和高雅文化，并通过高层文化群体引导城市文化生活的走向。

四、文化凝聚力与文化创新力

纽约将城市精神确定为“高度的融合力、卓越的创造力、强大的竞争力、非凡的应变力”，纽约精神体现了世界城市永不停止的创新品格。纽约创造了很多美国第一和世界第一，如在商业上敢于开创世界先河，在艺术上敢于领导世界潮流，在科学上敢攀世界高峰。在商业方面，早在19世纪就以首创班轮服务和商品批发业而树立了纽约的领袖形象，创办了人类历史上第一家超市。纽约在建筑上也多次建造世界第一高楼，纽约建造的布鲁克林大桥，是当时世界上最长、而且是第一次使用钢铁悬索的桥梁，被一些人称为世界第八大奇迹。

纽约在艺术方面非常崇尚创新开放，正如哥伦比亚大学艺术分院一位教授所说：“我们这里没有陈旧艺术的立足之地，各种艺术风格均可自由竞争发展，这对艺术家来说，就像取得了生活护照的签证一样重要。”纽约的文化创新力使几乎所有最新的创意都可以在纽约以最快的速度被付诸实践，继而转化为生产力。纽约诞生了很多前卫的思想、新潮的艺术，很多艺术馆都以展示前卫艺术为己任。世界上第一家儿童博物馆也诞生在纽约。

文化创意产业不仅使纽约在艺术方面成为西方世界的领头羊，还提升了纽约市民的生活质量和文化水准，使市民受到了现代文明的熏陶，增强了纽约人的自信心和自豪感，由此产生的文化凝聚力，为营造世界城市文化氛围打下了坚实的基础。

五、文化吸引力

（1）对人才的吸引力。文化创意产业聚集趋势与城市品牌烙印，使越来越多才华横溢的文化生产商云集纽约，他们被纽约创意大本营的美誉吸引，这样更强化了良性循环，对纽约的赞誉也充溢于耳。人们怀揣职业梦想，从天涯海角奔赴于此，文化创意产业的成功对他们有着不可抗拒的魔力。人才奔向纽约，因为人才就在纽约，纽约比其他地方都更容易找到人才，因为文化创意产业链上的人都在这里，而同样重要的是，文化创意产品市场和分销渠道也在这里。作为时尚之都，买家都会光顾这里，不仅制作、销售、贸易在这里，激情也在这里。在纽约，文化创意人才可以得到更多实现梦想的机会。从世界各地来的杰出的艺术家之间所形成的跨越文化的交流，使纽约市成为潮流与时尚的发源地。

文化创意产业给纽约各种层次的文化消费者提供了大量的文化商品，为市民提供了宽松愉悦的环境（tolerance）。纽约各行业在招聘人才时，经常把丰富的文化设施、娱乐生活等作为吸引人才的重要资源。纽约就像一块强有力的磁石，吸引着来自全球每个角落的艺术家、创业者和富有雄心壮志的移民们，美国人曾经惊呼："最聪明、最能干的人都到纽约去了。"

（2）对企业的吸引。就整个创意产业部门而言，大批的创意企业选择在纽约运作的主要原因是，在纽约拥有大量的创意人才与技术娴熟的工人。纽约的文化创意产业使这座城市充满生机与活力，众多国际知名公司都愿意将此地作为它们的总部。

六、文化影响力

正如美国学者尼尔·R. 彼尔斯所说："纽约的电视、广播报纸、杂志、书籍和时装，年复一年地塑造和影响美国人的思想，美国任何其他力量都无法办到。"有时别的城市或区域也想标新立异，企图与纽约反其趋而行，但最后都不得不尊崇纽约。

纽约优秀的文化创意产品和大量的传媒企业，撑起了纽约文化产业的"巨无霸"地位。同时，这些企业也将纽约乃至美国的声音和价值观传向世界各地。文化创意产业不仅是纽约文化经济的象征，也是作为世界城市拥有国际话语权的最佳途径。

首先，纽约文化创意产业的实力和传媒的大量报道使纽约拥有超强的话语权。如果不经过全球性媒体对艺术家、设计师、新款服饰、唱片即将大受欢迎做出预测，所有的社会活动和相互评价，或者是画廊开幕式中体现的时尚都将毫无影响。在媒体业和娱乐圈中，登上《纽约邮报》第六版娱乐专栏的就是进入社交圈的处女秀，这意味着被报道者最终会成为名人。《纽约时报》、《华尔街日报》、《Vogue》，还有各种艺术杂志，要对文化创意产品和文化盛典进行报道，它们在将非正式的社会评价转变成在全球市场上有意义的文化创意产品的过程中起着至关重要的作用，它们的言论经常决定着下一年度的时尚和艺术走势。纽约的第五大道可算得上是流行时尚的同义词，世界当红商品能在这里占有一席之地，最新的时尚产品都要在纽约"秀"上一"秀"，借此提高知名度和对消费者的影响力。

其次，文化创意产品的广泛传播进一步强化了纽约的世界城市地位，而另一方面，纽约的城市实力又为文化创意产品贴上了城市品牌。文化创意产业中，产品和产地的相互联系通常十分关键，这是企业在拓宽市场时取得成功的重要因素。文化产品在特定地点生产，会使这个地方打上特定的品牌烙印，反之亦然。纽约从供应市场到劳务市场，一切生产领域都资源充沛，纽约不仅提供了吸引创新型人才的机遇，制作成品也因产自纽约而身价倍增。这不仅仅在于文化的聚集，而是文化聚集给世界带来的影响。纽约给产品打下的城市烙印浮现在它自身的文化地理中，使得纽约在文化创意产品和服务业的全球市场中的文化影响力经久不衰。

第四节　纽约世界城市及文化创意产业发展规划

一、纽约世界城市的发展规划——PlaNYC2030 可持续发展规划

2006 年，纽约市提出《纽约 2030》规划，刻画了未来 25 年纽约将要建设成为一个更大、更加绿色的纽约。为达成此目标，该市的规划中设定了土地、水、交通、能源、空气质量、气候等 6 个方面的目标，并根据具体情况设定了每个子项目的未来目标。

2005 年至 2030 年的 25 年间，纽约市人口将增加 100 万。人口激增将使纽约面临如下大问题：届时整座城市的水电、住房、学校、公园、清洁河流和新鲜空气将出现短缺；老态龙钟的地铁和公交系统将全天处于高峰运营状态，拥挤不堪。鉴于此，纽约市府工作人员于 2006 年 1 ~ 11 月期间，排模了各社区在维护

和提升当今生活质量时遇到的各种有形障碍。随着工作的进展深入，人们更明确、更深刻、更清醒地认识到了纽约市面临的挑战范围是如此之广。在政策制定者和咨询人员特别小组的协助下，市政府针对集中凸现的三大主要挑战提出了10项激进而又可实现的目标，以便使纽约市在2030年仍保持可持续城市的状态。

（一）应对人口增长

1. 纽约市人口压力将日趋加重

预计2030年，城市常住人口将新增100万，旅游者将增加几百万，就业岗位新增75万。

纽约市未来的发展引擎是增长，这是一种有目共睹的增长。如果在城市里随处走动，无论是金布里奇高地，还是曼哈顿下城、昆士兰西区，或者纽约市东、福特葛雷尼或法拉盛，人们都会发现到处都在建造房屋。纽约市需要这些新造单元，还应该更多。因为市政规划部预计到2030年人口将达到900万，相当于纽约市五区增加了一个波士顿和一个迈阿密的人口。结果是把纽约市人口推向一个新高，把整座城市带入到未知的大航海时代。

这一增长将带来难以置信的益处：新工作、新居民和新访问者产生的新经济活动，将带来数十亿美元收入。但增长也带来了挑战：社区的生活质量将受到威胁，这是纽约市将4000多个街区重新分区为数十个社区的原因，这些社区不但有能力吸收人口增长，而且能够恰如其分地保持社区的特征。

2. 人口增长将刺激住房价格的上升

目前，已有超过三分之一纽约市租房者承担的房租超过他们收入的一半。不能让这样的家庭预算压力继续增长下去了。作为应对，市政府已经开展了全美最大的可承担住房计划，到2013年时，将为50万（数量高于佐治亚州亚特兰大市的居住人口）纽约人新建和保有可承担住房。但是，这些数量尚不能满足需求。

3. 人口增长将提升对公园和活动场地的需求

即使在土地竞争更为激烈的未来，人们仍将依赖绿地进行活动。5年来，纽约市已新增300英亩公园用地，但仍有100个社区的孩子们没有足够的活动场地。

4. 人口增长将加大交通压力

强力领导和重大投资使得今日纽约市的地铁成为数十载来最为干净安全的交通工具。但由于乘客数量猛增，使得人们感觉到彼此之间过于靠近，超过了人们可以接受的私人空间限度。

简言之，增长是能产生巨大效益的挑战，但纽约市必须对此有所准备并加以引导，这样城市将继续保持开放和友好。为此，纽约市政府确定了下列三个目标应对挑战。

（1）100万新增人口建造住宅，寻找更具创造性的方法，为更多的纽约人提供可承担的住房；

（2）即使在土地更为紧张的情况下，也要确保每位纽约人从家步行到公园绿地的时间不超过10分钟，使儿童有空间玩耍；

（3）消除拥堵，确保纽约市的经济不低至停滞的地步，确保地区大交通系统的运能，路途耗时保持不变或有所改善。

（二）应对设施老化

纽约的基础设施越来越陈旧，大多数设施都已有一个世纪的历史了，而承受的压力却在不断地增加。

纽约市是一座靠电力运行的城市，但一些地方的电网是上世纪20年代的，且发电厂还基本上依赖于陈旧且污染严重的技术。纽约市纵横交叉的地铁和高速公路网络使用率非常高，但约有3000英里的路段、桥梁和地道，以及多数地铁站需要整修。在下水道方面，尽管过去15年投入了上亿美元资金进行了改造，但就目前速度彻底更新需要500年。

到2030年时，纽约市各主要设施几乎都将有超过100年的历史，而抵达极限。纽约市在基础设施建设上一度曾是个先锋，而现在则是众人再次以提升和维护纽约市基础设施的新决心迎接挑战的时候。

面临人口增长的压力，为了使纽约市赢得持续发展，也为了保护好城市的基础设施，纽约市设定了三大目标：

（1）开发供水网的关键备份系统，确保下世纪每位纽约人都拥有可靠的供水源；

（2）道路、地铁和轨道全面达到历史上的良好修缮状态；

（3）升级能源设施，为每位纽约人提供更清洁、更可靠的能源。

（三）应对环境压力

纽约的环境压力正不断加重，人口增长和设施老化将把环境，包括空气、水和土地推向一个新的、不稳定的极限。

除了人口骤增和设施承受巨大压力之外，纽约市还面临改善日益被围困的都市环境，并努力使它们变为“绿色”的挑战。利好消息是，纽约市已经在正确的方向上迈出了重大前进步伐。2012年早些时候，由市政委员会通过的固体废弃物管理计划，是近几十年来纽约人取得的最可观的环境胜利。这也不是一个孤立的成绩，5年来，各市级机构削减温室气体排放量每年超过35万吨。纽约市进行了具有远见的投资，保护饮用水的纯度。纽约市把Elmhurst老煤气包的旧址改建成美丽的新公园。这只是纽约市如何将原先的工业用地归还成开放空间和住房的一个例子。但是不断增长的人口，要求人们为保护环境做更多的事，尽管纽约市20年来取得了成果，但老化的下水道网络依旧每年从排水沟排放20亿加仑污水。哪怕纽约市清除了城市里成百上千英亩的“棕色地块”，依旧有更多的土地被污染，等待再回收，造就新就业岗位、住宅和公园。

纽约市的空气比20世纪大多数时候都清新，但纽约市是全美哮喘住院治疗率最高的城市之一，其后果对高贫困率街区的少年儿童更为严重。同时，市政府注意到气候似乎更加不可预测，夏季更热更长。而且这不是感觉，而是事实。纽约市是沿海城市，空气中的温室气体不仅抬升了气温，也可能拉高海平面。这意味着，未来大风暴来袭时可能引起严重的洪汛。政府班子知道不做准备的代价，它能在数小时内摧毁一个伟大的城市，这就是纽约市为何创建了综合性的“海岸风暴计划”。但要减低危险风暴的威胁，履行急剧降低温室气体，纽约市本身应尽的义务也是十分重要的。为保证未来几代人的健康，把纽约市建设成迎接当代最大挑战的领先城市，市长必须做更多工作去绿化城市。

本着在创新地解决环境问题上不甘落后的精神，纽约市政府设立了四大环境目标：

（1）到2030年，把纽约市的全球变暖气体排放量降低30%，这一目标利用现有技术即可达到；

（2）空气质量成为美国大城市中最干净的；

（3）清除所有被污染土地；

（4）通过降低水污染和保有自然地，开放90%的河流、港口和海湾，供人们娱乐休闲。

二、时尚业发展规划

纽约政府从2010年开始，启动一个时尚纽约2020的计划，为纽约时尚产业发展出谋划策。活动伊始就启动了一项研究，并发布了一个27页的研究报告。

（一）众多以纽约为基地的品牌

纽约在美国和世界时尚界具有重要地位。纽约是美国的设计、媒体和营销中心，有900个品牌将总部设在纽约。纽约是美国最大的服装零售市场，销售额达到150亿美元，税收7.68亿美元。纽约也是美国最大的服装批发地，占到全美的27%。每年75个展会和数以千计的Showroom吸引57.8万买手前来采购。更重要的是，纽约时装周一年两季的500个活动要吸引23.2万专业人士参与，直接就产生5.32亿美元消费，全年所产生的经济效益达到8.65亿美元。

（二）时尚产业的未来趋势

未来时尚消费呈现两极化趋势，高价和低价产品销售都上涨，而中档产品受到挤压。美国中档百货店的销售额每年萎缩4%，美国服装产业年降2%，这对以百货店为主的纽约时尚业产生负面影响。然而，新兴市场的增长会抵消这一情况，特别是金砖四国。来自洛杉矶的青少年和牛仔品牌以及快时尚品牌的增长速度大大超过传统品牌。百货商店则推出更多自有品牌产品，不少批发商也开始自建零售店。网购增速在9%～11%左右，预计到2020年，占到美国服装零售额的10%。新媒体和社交媒体的作用日益凸现，利用新技术，消费者也会加入到产品开发中。可持续发展和环保在未来也是重要议题。

（三）未来举措

（1）吸引世界各地的学生到纽约展开职业生涯，为此邀请知名行业人士为学生做讲座。

（2）请12家企业的高官与学生面对面交流并走进公司参观了解。

（3）培养新一代管理人才，通过各种教育手段加速他们的成长。

（4）设计师的商业思维培养，这一课程由纽约时装学院提供。

（5）定期的临时店售卖新锐设计师品牌的产品。

（6）设立生产基金，为新锐设计师品牌提供贷款。

此外，还有两项已经开展的工作，一个是NYCfashioninfo.com介绍纽约本地的各种时尚资源，另一个是CFDA美国服装设计师协会为12位新锐设计师提供2年低租金的工作室支持其发展。

第六章　日本东京

第一节　东京世界城市成长史

东京是日本的首都，也是日本经济、文化中心，被许多学者公认为与伦敦、纽约、巴黎并列的四大顶级世界城市之一。从江户到东京，东京经历了从封建社会小城堡向现代资本主义大都市的转变过程，也经历了从一国政治首都向全国经济中心、世界经济中心转变的过程，而作为世界城市的东京，指的是以首都圈为依托的东京都。

一、东京世界城市的发展演变过程

作为亚洲的世界城市，东京有着不同于纽约和伦敦、巴黎的发展轨迹。它在经历了漫长的历史演变过程之后，作为亚洲快速现代化国家的首都，是全球化的世界经济中第一个非西方的重要节点。

（一）从江户到东京——国家政治中心时代

东京历史上属“武藏国”，原为一荒凉小渔村。大约12世纪初，当地的豪族江户四郎在这里建“居馆”，称之为“江户村”。1457年，武士太田道灌在此建江户城，开始了东京的城市发展史。由于江户面江临海，背依日本最大的关东平原，腹地经济较为发达，故建城后逐步成为武藏国的政治和贸易中心。1590年，统领关东八州的德川家康将统治中心移驻江户，在此设立幕府，于1640年建成“天下第一城”——江户城。19世纪初，江户人口已达100万左右，不仅是日本最大的城市，也是世界上人口最多的城市之一。当时的日本朝廷虽设在京都，但统治实权掌握在将军和武士手中，所以江户是事实上的政治中心。1868年，明治维新结束了幕府统治，鉴于江户在全国的重要地位，遂迁都江户，改称东京，与西京即京都相呼应。从此，东京正式成为日本首都。这一时期，东京的主要角色是国家政治中心。

（二）明治维新后的发展——国家经济中心功能形成时代

明治维新后，在引进西方国家先进技术的基础上，日本现代经济获得快速发展。但日本对外开放之初，也就是明治维新后最初的20年，东京只是全国的政治、文化中心，工业生产值低于爱知、大阪两地。以后中央政府加强了对全国经济的控制，使东京的经济地位逐步上升。日本工业革命完成于19世纪末20世纪初，伴随着产业革命中资本、人口以及以四大财阀为首的企业中央管理功能向东京集中，东京由单纯的政治性城市逐渐转向兼有政治、经济中心功能的城市。政治、经济双重中心功能的聚集，为东京日后成为世界城市并形成以其为中心的大城市圈奠定了基础。但这时期东京在全国的经济中心地位并不稳固，表现为与大阪的相互竞争。1923年的东京大地震，对东京造成巨大损失，全国经济中心移至大阪，并一度超越东京。20世纪30年代初期开始，日本走上军国主义道路，作为首都，东京再次获得高速发展，人口猛增。但第二次世界大战给东京带来了比地震更为沉重的打击，在美军军事管制下，东京人口锐减，经济也一片萧条。

（三）二战后的发展——国家经济中心功能强化时代

二战后，东京国家经济中心的功能逐步得到恢复和强化。而大阪经济不振，关东和关西相持的局面从此打破。原因有三点：一是东京的工商企业自明治以来有官商结合的特点，中央集权的财经政策有利于东京；二是东京横滨一带由于面向太平洋，在与日本经济联系主导方向——美国的经济来往中占据了地理上优势；三是在京滨工业地带、京叶工业地带集中了日本一大批最大的工矿企业，其生产能力也一直领先于关西。这些都决定了以东京为核心的东京圈在二战后恢复，成为日本的经济中心并得到强化。

20世纪50年代初，轻纺工业尚为日本的主要工业部门。二战后的日本紧紧抓住了第三次科技革命的战略机遇，制定了完善的产业发展规划，重点发展电子工业和汽车工业，选择了推动本次经济增长的主导产业——电子工业为重点发展对象，同时，汽车工业、钢铁工业和化学工业的快速发展，使日本经济增长率居资本主义国家之首，日本经济开始腾飞。

1960～1986年，日本在世界国民生产总值中所占的比重从3%上升到11.8%，而东京作为日本的首都和经济、政治、文化中心，在此期间完成了由劳动密集型向资本密集型制造业中心的转变。20世纪70年代以后，生产性服务业和商业成为支柱产业。随着金融服务业的迅速发展，东京成为日本八大财团下属跨国公司和跨国金融机构的总部所在地，成为全国的生产要素配置中心和经营决策中心，完成了由制造业中心向经济中心的过渡。此时的经济年增长率达到5.3%，在一代人时间内成为世界上最发达的工业国之一。

从20世纪80年代起，日本人均国民生产总值开始超过美国。由于日本产品具有节能、环保和生产自动化等优势，在国际市场极具竞争力，这为日本赢得了巨大的贸易盈余，外汇储备因此大量增加，从而提升了东京在国际金融和相关事务中的地位，全国工业化过程的积累为东京发展为世界城市打下了坚实基础。

（四）《广场协议》后的发展——世界经济中心时代

1985年的《广场协议》（Plaza-Agreement）极大地促进了日本的对外直接投资（FDI）。在此协议下，日元升值，美元遭贬，促使日本向亚洲国家的投资加快，以寻求更低生产成本。过去东京是日本全国的经济中心，而随着日本扩大FDI，资本由日本流向其他国家，包括亚洲和欧美等国，日本经济也就发展成为一个跨国体系，而东京就是这个体系的中心，它的角色因此而转变成为整个亚洲经济体系乃至世界经济体系的重要管理中心。许多日本企业在生产全球化的同时，将总部留在了日本的中心城市，尤其是东京，中心管理功能（Central Managerial Functions，简称CMF）也就成为东京的主要职能之一。虽然早在20世纪60年代就有越来越多的全国性公司的总部选择了东京，但东京作为亚洲、全球经济体系的中心，则进一步升华了东京CMF的发展。跨国金融资本的流动更是促进了东京CMF的发展，巩固并加强了东京在世界经济中的中心控制地位。

（五）日元成为国际储备货币，东京成为世界城市

1984年，日元成为继美元和德国马克之后的世界第三种国际储备货币。1986年，东京建立离岸金融市场，使得日本的经济国际化又进入了以国际信贷为主要形式的货币资本国际化，推动了东京国际金融中心的形成。到20世纪80年代末，世界10大商业银行机构中，日本占有8家。全球最大500家跨国公司中的34家的总部设在东京，并拥有2000多家外国企业的地区本部和办事处。1988年，东京股票市场的交易额达到288兆日元，超过纽约，居世界第一位。东京外汇市场的交易量在1990年达到6万亿美元，占全球外汇交易总额的25%，仅次于伦敦居世界第二位。至此，东京完成了由全国性经济中心向世界城市的转型，成为继伦敦和纽约之后的第三个世界城市。

二、东京世界城市的特色

现代意义的世界城市已经脱离了传统世界城市的概念，不再单纯以经济体量、人口和城市规模、商业交往能力作为评判标准，而是越来越强调在全球化背景下对世界城市网络体系多维度的作用力和影响力，强调能够前瞻性地引领未来城市的发展方向，成为综合性、多功能的国际城市。同时，还要成为全球城市网络体系中重要的经济节点、金融节点、贸易节点、国际交往节点，并在全球经

济、社会、政治和人文事务的处理中具有核心地位。东京作为世界城市的特色如下：

（1）具有雄厚的经济实力。不仅承担着国家经济中心功能，对日本经济产生较强的集聚效应和辐射作用，而且对世界经济产生重要的控制力、影响力和协调力。按照现阶段标准，人均GDP通常在243234日元（相当于18891.6877人民币或者30000美元）以上。

（2）人口规模大、构成多元化。东京人口大约1301万，东京都圈人口达3670万（2010年4月调查结果），是世界上最大的都市圈。来本地学习、工作和生活的外籍居民在城市人口中占有一定比例，具有较为明显的语言和文化的多元性。

（3）国际金融中心，高端服务业较为发达。东京的决策与控制中心地位决定了其世界商贸中心、金融中心、资本中心功能。与纽约和伦敦不同的是，东京在发展第三产业的同时，仍是日本工业最发达的城市之一，其中金融、会计、保险、法律、咨询、商务服务、国际贸易等占据第三产业的重要地位，并在经济总量中占有较大份额。东京都是公认的国际金融中心，并成为高度发达的现代服务业的聚居地。

（4）较高的国际化水平和开放度，较强的世界影响力。东京在经济、科技、文化交流领域及国际交往和处理国际事务上均具有重要的世界影响力，不仅体现在对全球生产运营活动进行指挥、控制和管理，而且体现在拥有众多的国际组织总部，经常举办国际性会议，是重要的国际旅游目的地，文化交流频繁。

（5）独特的城市特色与魅力，浓郁的历史文化氛围。东京作为世界城市较大程度上取决于科技创新能力带来的雄厚经济实力以及国际金融中心地位。

（6）城市群带动效应，核心辐射能力强。东京都对周围城市群的发展具有较强的引领和带动作用，形成了以东京都为核心的城市群均衡发展、资源有效配置、分工合理有序，区域共同繁荣发展的良好局面。弗里德曼曾经指出，一个世界城市的经济能力取决于它所关联的区域的生产力。因此，扩大城市经济的辐射范围，加强城市间的协作，实现优势互补，享受经济集约化发展带来的益处，是世界城市对周边城市群带来的积极影响。

（7）完备的城市基础设施和城市管理水平。一是信息化程度高，信息设备、通讯网络完善，能够确保信息流、资金流在国内和国际间顺畅流通，是地区的开放度和对全球资源配置能力的标志。二是快捷的交通体系，成为国际航线的中心，拥有覆盖范围广的地面和地下轨道交通、高速公路、港口，能够提供多元化的运输模式，能够确保物流畅通。三是具有一流的生活环境和基础设施，具有国际化服务的产业功能，如具备经常性地举办国际会议的设施和能力，经常性地开展文化、体育、科技交流活动的能力，为吸引外来游客、投资和相关移民提供支撑。

三、东京世界城市的现状及与其他地区相比的地位

（一）世界政治中心

东京现在是全球重大决策发生地，全球战略性活动的控制节点。主要表现为以下三个方面。首先，东京是日本的政治首都，是世界主要大国的政治决策部门所在地。其次，东京的崛起依靠的是其背后强大的国家力量，是日本综合国力在世界上的强大影响力，才使得东京有资格成为世界城市并发挥全球影响力。再次，东京是国际组织的集聚地，通过众多的国际机构总部和举办大量国际会议成为国际政治的影响中心，发挥着对国际社会管理协调的作用，目前，东京拥有的国际组织总部已达到21个。

（二）世界经济中心

东京通过众多跨国公司总部、国际金融机构以及科研机构影响甚至控制着全球经济活动。一方面，东京作为全球金融中心，凭借世界级的股票、期货、外汇、黄金、大宗商品等各类市场，通过巨量金融资本和资产运作，掌握着全球经济的话语权、定价权和标准制定权。另一方面，东京是全球生产的管理与控制中心之一。在经济全球化的影响下，生产和管理在空间上的分离趋势，使东京得以通过集聚跨国公司总部，成为全球生产的控制中心之一，对全球生产及要素流动产生支配性的影响。

（三）世界文化中心

东京具有较高的以亲和力、吸引力为特征的文化软实力。一方面，东京拥有雄厚的文化资源，是世界性文化高地。例如，东京是日本的文化之都，拥有东京文化会馆、迪斯尼度假区、皇居、日本科学未来馆等世界著名文化设施。另一方面，东京拥有世界级的媒体资源，掌握着国际舆论话语权、标准制定权，在某种程度上是引领世界潮流的风向标。例如，东京有以读卖新闻、朝日新闻、日本经济新闻为代表的多种报刊；电通（Dentsu）为六大全球传媒集团之一；同时，服装品牌以三宅一生为首，以极富工艺创新的服饰设计与展览而闻名于世。

（四）世界模范城市

东京在城市规划、建设、管理、产业发展等方面都处于全球领先地位，是其他城市的学习榜样。比如，在城市规划方面，东京的绿化隔离带和“多核多圈”型的规划模式，成为了不同时期各大城市模仿的潮流。在产业发展方面，东京的产业升级模式成为全球各大城市学习的榜样。在城市治理体制方面，东京成立了首都圈

整备委员会，负责首都圈的开发建设，成为全球各大都市圈区域治理的学习范式。

四、东京作为世界城市的支持点

（一）以创新为源泉的雄厚综合经济是东京成为世界城市的基础

创新是东京产业发展的源泉。自1960年代以来，激烈的国际竞争和城市环境问题的出现，使东京制造业纷纷外迁到国外或横滨一带，因此，曾有人预言制造业将在东京消失。但事实恰好相反，东京的主导工业部门仍然保持着良好的发展态势。其中中小企业的发展起到了重要作用。面对日元升值、日益激烈的竞争和顾客的严格要求，它们规模不大，曾经是政府的搬迁对象，但却通过不断创新来提高自身的市场适应能力，成为全国制造业中最关键的一部分，如以大田区为中心的东京南部的产业综合体已成为日本机械产业体系中最重要的技术创新核心，并出现了工业与居住良好共存的工业居住综合体，形成理想的土地利用模式，最终获得政府和社会的认可。没有创新就没有东京制造业今天这样的生命力。创新也是东京服务业尤其是生产者服务业发展的源泉。众多总部在东京的跨国公司，向发展中国家转移了大量的低级产业、资金和外围技术，经济活动分散化导致管理的复杂化。因此，跨国公司为了实施全球生产、资本的有效控制，就要求服务业不断创新，生产新的服务种类和新的金融衍生品，以满足控制不断延伸和拓宽的全球产业链的需要。

（二）国家信息中心的角色是东京形成世界城市核心功能的关键

东京作为全国乃至世界的信息中心，来自政府部门（尤其是中央政府）的信息是主导东京世界城市核心功能形成的关键因素。根据Junjiro Takahashi和Noriyuki Sugiura（1996）的分析，东京的功能具体表现在7个方面：政府功能、商务和金融、管理功能、流通和运输功能、制造业和R&D功能、服务功能、教育和研究功能，以及媒体功能。这些功能有一个显著共同点，即都与东京作为全国乃至世界信息中心的角色密切相关。作为首都，东京具有关键性的中央政府功能——立法、行政、司法，以及代表国家间重要交往的外国驻日外交机构，除此之外，还有大量的地方政府机构。政府在活动过程中产生的信息流犹如巨大的磁场，强烈地吸引着各种中心控制功能聚集于东京，如中央政府将所征收的超过全国三分之二的公共税收部分用于财政开支，而东京都政府将开支掉所有税收（包括公共、地方税收）的三分之二，巨大而复杂的资金流（某种意义也是一种信息流）不可避免地吸引了各种管理功能集中于东京。同时，中央政府的政策信息源作用和拥有的审批权也促进了各种政府办公功能和大公司总部集中于东京。东京良好的信息技术基础设施，为金融、银行、保险、物流、知识密集型制造业的发展提供了重要条件，生产者服务业也因此得到迅速发展。

同时，东京集中了全国17%的高等院校、短期大学和27%的大学生，还拥有占全国三分之一的研究和文化机构，其中大部分是国家级的。由于高校和研究机构、文化机构的聚集与国家政治经济活动（如政策的制定和咨询）、新产品的研发有着千丝万缕的联系和强烈的促进作用，所以，虽然日本政府曾试图将东京的高校分散到城市之外，但最终发现人为的分散仍抵挡不住东京强烈的吸引力，尤其是那些与首都活动和产品研发关系密切的科学、工程研究部门。东京也集中了全国大部分的媒体功能，这里发生的各种政治经济活动形成的信息流和来自全国、全世界的信息流，使东京成为全国信息交汇最为集中和迅速的地方，因此，东京集中了众多全国最大最权威的媒体机构，如NHK、《读卖新闻》等。

（三）以国家战略要求为发展主旨是东京得以发展成为世界城市的重要保证

首先，由于地理、历史和文化上的原因，强调国家战略要求的政治因素在日本经济社会的发展中一直起着极为重要的作用。如前所述，政治中心和经济中心合一是东京成为世界城市的一个重要因素，正是政治中心强劲的吸附能力使东京由一个单纯的政治中心演变为现在的世界经济中心。虽历经大地震和二战，仍无法阻挡其演化的趋势。而曾一度为日本经济中心的大阪，则在同东京的竞争中逐步失去其原有的许多优势。第二，东京与世界经济的关系并不是首先由市场效率来推动，而是出自国家对通过全球经济力量来保持国家自主权的战略考虑。在日本，经济实力体现于国家产业在世界市场中所占的份额，而不是季度分红和私人所积累的财富。因此，日本的制造业虽然发端于私营部门，但其国际化过程是由国家政策引导来支撑的。第三，东京实施全球控制的工具在于在国家政府部门的指导下，在执行公共政策的公司、银行和工业企业之间所构筑的金融和产业的政策网络。

实际上，对于企业，日本政府的政策强调的是扩大再生产和就业的重要性，而不是片面追求高利润和个人消费。例如，日本的金融体系是一个以财政部为中心纵向统一的体系。财政部控制日本银行（BOJ），制定货币政策，规范所有的金融研究机构。它鼓励公司企业向银行借贷，而不是上市经营，同时，由商业银行组建Keiretsu网络，来监督工业的发展，而财政部等国家机构则通过控制资金借贷的手段影响网络内的会员银行，以进一步影响大公司们的发展策略。当然，设计这套制度的另一个目的，也是用以保护日本公司不受外国势力的渗透和避免短期利润的压力。这种运作方式能充分体现国家对经济社会发展的战略要求，也使东京在执行政治决策中心功能的同时，进一步加强了其在世界经济体系中的地位。

总之，日本是一个整体意识极强的国度，东京与日本全国和中央政府互不可分，东京通过政治体制上的无数联系和中央政府结成一体，因此，东京实际上是

“国家冠军”，它是日本国参与全球竞争的代表。

（四）再塑全球竞争力是东京保持其世界城市地位的主要手段

东京在二战后的30多年经历了快速发展，产业立国的思想使得东京对城市的历史文化资源并不重视。进入20世纪80年代以后，新自由主义在世界范围盛行，日本经济重新高速增长的情况下，东京都政府采取了许多解除管制的政策放松了对于东京中心区的规划控制，加剧了泡沫经济尤其是地产泡沫的形成，直接导致了东京乃至日本长时间的经济衰退。20世纪90年代早期，日本经济泡沫的破灭及随之而来的经济衰退对全国产生了严重影响，东京都受到的影响更为严重。1998年的国际金融危机，导致东京主要的证券机构和商业银行纷纷破产，而日本政府无力提供任何救助，许多国民开始诧异于市场的力量。这也显示出日本政府保障国家企业的体制走到了尽头。

日本国民开始意识到融入全球化发展趋势和改变社会价值体系的必要性。日本政府对东京的态度也在发生变化，增进城市吸引力，提高城市竞争力，成为政府发展东京世界城市的新的政策指向。东京规划顾问委员的研究报告（2001年3月）提出：“……东京规划的目标应该定位于创建一座有吸引力和活力的国际城市，并鼓励城市之间的竞争”，“在全球范围的城市竞争中，没有国际吸引力和竞争力的国家与城市将不可避免地面临失败。社会经济结构的全面改革是完全必要的，如在公共行政、产业结构、金融和商业管理等方面”。为了提高东京世界城市的竞争力，东京都政府（TMG）提出几项新政策和计划，其中包括振兴城市核心区、首都重新布局、机场和滨水区开发的相关政策和计划。在恢复城市核心区的活力方面，新的发展战略关注提升城市的竞争实力，强调服务和基础设施的建设，以支撑东京落后于其他世界城市的商业功能；强调核心区商业功能聚集的重要性，提倡功能混合，营建一个令人愉快的、方便的环境，以提升城市竞争力，促进日本经济大发展。针对东京人口过度集中、交通拥挤和地价过高等问题，东京都政府在规划中提出采用区域的方法和控制政策，使区域在保持中央政府功能的同时实现效率。这种行动整合的观点，对于把东京建设成为一个有竞争力的世界城市来说至关重要。

第二节　东京文化创意产业发展概况

一、东京文化创意产业的历史

20世纪90年代，文化创意产业的概念最早出现在英国，但由于各国经济发展阶段以及文化背景的差异，对创意产业的概念也不尽相同。严格地说，日本并没有明确的文化创意产业界定。在日本，创意产业更倾向文化产业和产业服务，也被称为感性产业，主要包括时尚产业、休闲产业、内容产业。其中，东京是主要集聚和发展文化创意产业地，其规模和产值约占全国的60%，这说明日本的文化创意产业大都集中于东京。

日本无疑是亚洲国家中文化产业最发达的国家，文化产业以文化服务为主，各地方政府、企业、科研机构对文化产业的认识不同，所采取的政策也各不相同。1998年版《日本现代用语基础知识》中对文化产业的概念是这样描述的：日本在物质产业的高度发展基础上，出现了超工业化、服务经济化或者说第三产业化的阶段，人们需要一种能在精神上得到满足的文化性产业，如教育培训、旅行、音乐、时尚、演艺和传统工艺等以多种形式来提供休闲的商品和服务的产业，这就是文化产业。

1989年（平成元年），日本文部科学省文化厅成立了日本文化政策推进会。1995年7月，日本文化厅长官的咨询机构“文化政策促进会议”提交了题为《新的文化立国目标——当前振兴文化的重点和对策》的报告，提出“文化立国”的初步战略构想和战略方针。方针政策确定之后，其创意产业得到快速发展，动漫、日剧等迅速成长为国民经济的支柱产业，娱乐业已超过了汽车业，成为日本的第一大产业。1996年，文化厅正式提出《21世纪文化立国方案》，标志着日本“文化立国”的战略正式启动。2001年，日本政府全力打造知识产权立国战略，明确提出10年内把日本建成世界第一知识产权国。同年，发布了《东京观光产业振兴计划》。后于2002年根据该法制定了《有关振兴文化艺术的基本方针》，提出了振兴文化艺术的主要领域：艺术、媒体、传统工艺、民间艺术、文化生活、国民娱乐、出版物以及文化遗产。此外，国民的鉴赏活动、文化设施的充实、信息通讯技术的完善等，也被纳入文化艺术的振兴范围。确定了2003~2008年振兴文化艺术的基本方向和国家应当承担的责任，为日本文化创意产业指明了方向。2003年又制定了观光立国战略。据2005年《日本文化创意产业市场现状及其发展预测》统计，日本2005年创意产业生产总值达到13万亿日元，占当年全世界文化创意产业总值的10%。

二、东京文化创意产业的现状及特色

自日本实施“文化立国”战略以来，政府一直积极发展创意产业，以动漫、游戏、音乐等为主体的创意产业快速发展，不仅使国内经济发展迅猛，同时也带动了相关产业的发展。日本高度重视创意产业，喊出了“独创力关系到国家兴亡"的口号，是亚洲文化创意产业发展最为发达的国家，亚洲地区占世界文化创意产业的20%，日本就占其中一半。

根据日本《数据内容白皮书2010》的统计，目前全球创意产业生产总值约为130兆日元，其中美国约为44兆日元；欧盟约为49兆日元；亚洲、大洋洲地区约36万亿日元。亚洲国家中日本贡献最大，约为13兆日元，占亚洲地区总产值的一半以上。近年来，日本的创意产业一直处于上升趋势，2001年调查显示，创意产业包括17.6万家公司和187.8万雇员，分别占所有公司和职员的2.8%和3.2%。2002年日本创意生产总值为129861亿日元；2003年上升到130952亿日元，远高于当年农林水产总值，也超过汽车业产值，成为继美国之后世界第二大文化创意强国。日本突出内容产业中的娱乐观光业，在游戏、动画、卡通、漫画领域中拥有世界一流的竞争力，其动漫产业占国际市场62%。2004年上升幅度更为明显，产值达到133362亿日元，占当年日本国内生产总值507万亿日元的2.6%。2006年文化创意产业生产总值为462亿元人民币，2007年增长到526亿元人民币，增长幅度为14%。预计到2020年为止，日本创意产业的国内外市场规模将达到20兆日元左右。

（一）文化创意产业现状

东京的文化创意产业主要包括时尚产业、休闲产业以及内容产业等（如表6-1所示），其中，动漫产业是创意产业的典范。

表6-1 日本创意产业分类表

产业类型	内容产业	休闲产业	时尚产业
分类	1. 个人电脑、工作站、网络 2. 电视 3. 数码影像信号发送 4. 数码影像处理 5. 多媒体系统构建 6. 录像软件 7. 音乐录制 8. 书籍杂志 9. 新闻 10. 汽车导航	1. 学习休闲 2. 鉴赏休闲 3. 运动设施、学校、补习班 4. 体育比赛 5. 国内旅游 6. 电子游戏 7. 音乐伴唱	1. 时尚设计 2. 化妆品

1. 动漫产业是创意典范

日本素有"动漫王国"之称，日本是CG技术的最早使用者之一。1996年的

《咯咯鬼太郎》，是日本最早的数字动画作品，除了原画、动画以外，所有的制作步骤全部数字化。从技术上来讲，多幅赛璐珞重叠之后，会降低透明度，导致背景变暗，甚至变色，但数字技术能够容纳1670万色，可以完全解决这一难题。这些技术进步、技术创新，是维持日本在动漫产业中领导地位的重要保证。同时，日本是世界上最大的动漫制作和输出国，目前全球播放的动漫作品中有60%以上出自日本。据日本贸易振兴会公布的数据，日本动漫产业已经以年营业额230万亿日元成为日本第二大支柱产业，占全国GDP的10多个百分点。2003年，日本销往美国的动漫片以及相关产品的总收入为43.59亿美元，是日本出口到美国的钢铁总收入的4倍。同时，日本注重以动漫产业带动文化创意产业的发展，为企业出口动漫产品提供商业保险，设立共计460万美元的基金支持小型动漫和游戏工作室的发展。

2. 休闲产业

休闲产业作为日本创意产业的传统强项，在20世纪末曾风靡一时，其中游戏产业较为突出。目前，由于美国、欧洲游戏市场的快速成长以及韩国游戏产业的迅猛发展，日本游戏产业面临强大的竞争压力。大企业之间的合并和合作让重新被编组的游戏公司更加活跃，大大推动了日本游戏产业的发展。现今，日本网络游戏市场正呈现稳步成长阶段，2010年已达到1兆日元。

3. 内容产业

内容产业是随着电脑、互联网及手机等数字化产品的普及而产生的一项新兴数字艺术产业，包括影像、音乐、游戏、动漫等类别，并通过网络传送、光碟、手机传送以及数字播放等方式进行流通。2010年生产总值达到约5.7兆日元。

4. 时尚产业

其中在服装设计方面较为突出，其中以三宅一生为领军人物。作为日本著名服装设计师，他以极富工艺创新的服饰设计与展览而闻名于世，创建了自己的品牌，根植于日本的民族观念、习俗和价值观，成为名震寰宇的世界优秀时装品牌。他最大的成功之处就在于“创新”，敢于冲击与突破整个西方设计的思想，从东方服饰文化与哲学观照中探求全新的服装功能、装饰与形式之美，并设计出了前所未有的新观念服装，即蔑视传统、舒畅飘逸、尊重穿着者的个性、使身体得到了最大自由的服装。他的独创性已远远超出了时代的和时装的界限，显示了他对时代不同凡响的理解。

（二）典型企业

东京从事文化创意产业的企业很多，在此仅列举最具权威和代表意义的4个企业为例，且涉及不同的行业。

1. 内容产业领域里以东映动画股份有限公司为代表

东映动画在1948年成立于东京新宿区，是日本老牌动画制作公司。成立之初以“日本动画有限公司”为公司名称，1952年更名为“日本动映画股份有限公司”，1956年被东映收购后，成为东映旗下的动画部门，更名为“东映动画股份有限公司”。1998年10月，东映动画有限公司改名东映アニメーション株式会社（TOEI ANIMATION CO. LTD），中文译名不变，简称东映动画并且是日本最大、历史最悠久的动画制作公司之一。主要参与动画制作、电影制作、业务销售等主要经营路线。第一套剧场版动画为《白蛇传》，而第一套电视动画为《狼少年》。很多现时有名的动画大师，例如宫崎骏、高畑勲等均是东映动画出身。东映动画在成立伊始，在社长“大川博”的带领下，全体社员就为日本的动漫事业打开了新的一页。

提到“东映动画”，就不得不提起日本的“动漫之神”手冢治虫（如右图所示）。作为“东映动画”最辉煌的明星之一，手冢治虫早在“东映动画”成立之前已经发表了《新宝岛》、《铁臂阿童木》等脍炙人口的作品。在“东映动画”成立后不久，手冢治虫便加入了“东映动画”任职“原画设定”一职，并开始实现他多年以来的梦想：将漫画改编成为动画。也正是从这个时候开始，日本动漫界“将热门漫画改编成为动画”的不成文行规正式出现，同时，动漫结合的新经营模式使得日本动漫更加强大。

其中东映动画的代表作有：电视动画类的以《美少女战士》、《七龙珠》、《变形金刚》、《聪明的一休》、《数码宝贝》、《鬼太郎》、《灌篮高手》等为代表；动画电影类的以《神龙传说》、《神与神之战》、《变形金刚》、《冒险者的战斗》、《Motto！小魔女 DoReMi 青蛙石的秘密》、《光晕：传奇》等为代表作。

2. 休闲产业以 Capcom 股份有限公司为代表

Capcom股份有限公司，中文名常被译为卡普空或嘉富康，是一家日本电视游戏软件开发和发行公司，以制作动作游戏闻名世界，被业内称为“动作天尊”。成立于1979年，成立时原名“I. R. M.”，是一家电器零售商。1983年更名为“Capcom”，同时将其业务方向转为软件销售。

Capcom公司凭借《街头霸王》、《街头霸王 II》、《洛克人》、《生化危机》、《鬼武者》等系列作品使公司在游戏界享有非常重要的地位。主要知名作品有：

《怪物猎人》(Monster Hunter)、《鬼泣》(Devil May Cry)、《快打旋风》(Final Fight)、《战国 BASARA》、《僵尸围城》(Dead Rising)、《恐龙危机》(Dino Crisis)、《失落的星球》(Lost Plant)、《生化尖兵》(Bionic Commando) 等系列作品。文字 AVG 包括《逆转裁判》(Phoenix Wright)、《逆转检事》、RPG 系列《龙战士》等。

游戏平台载体主要有待机、FC、SFC、Play Station、Dream Cast、Play Station 2、Game Boy Advance、X Box、Game Cube、Play Station 3、X Box 360、WII、PSP、NDS、3DS 等。

3. 时尚产业以三宅一生服装品牌公司为代表

日本具有自己独特的服装风格，同时，日本著名服装设计师三宅一生，以极富工艺创新的服饰设计与展览而闻名于世。创建了自己的品牌，它根植于日本的民族观念、习俗和价值观，成为名震寰宇的世界优秀时装品牌。他的时装一直以无结构模式进行设计，摆脱了西方传统的造型模式，而以深向的反思维进行创意。掰开，揉碎，再组合，形成惊人奇突的构造，同时又具有宽泛、雍容的内涵。这是一种基于东方制衣技术的创新模式，反映了日本式的关于自然和人生、温和文流的哲学。

他最大的成功之处就在于“创新”，巴黎装饰艺术博物馆馆长戴斯德·兰呈斯称誉其为“我们这个时代中最伟大的服装创造家”。他的创新关键在于对整个西方设计思想的冲击与突破。欧洲服装设计的传统向来强调感官刺激，追求夸张的人体线条，丰胸束腰凸臀，不注重服装的功能性。而三宅一生则另辟蹊径，重新寻找时装生命力的源头，从东方服饰文化与哲学观照中探求全新的服装功能、装饰与形式之美，并设计出了前所未有的新观念服装，即蔑视传统、舒畅飘逸、尊重穿着者的个性、使身体得到了最大自由的服装。他的独创性已远远超出了时代的和时装的界限，显示了他对时代不同凡响的理解。同时他也曾经为苹果公司的总裁乔布斯设计服装，也显示出了他非凡的才能。

（三）典型文化创意产品

东京的文化创意产品也很多，在此仅列举世界上独一无二的、具有代表意义的文化产品如下：

1. 漫画出版物

日本漫画以其独特的文化背景和表现形式，可以当之无愧地被称之为漫画大国。同时也享有绝对的全球第一的地位。在世界漫画发展史上，日本漫画界一直把12世纪的鸟羽僧正觉犹（1053~1140）当做祖师，他所画的《鸟兽戏画》被视为日本漫画的开山之作。

日本漫画的发展主要依托大众传媒，漫画家的作品要先在杂志上连载，连载之后结集成书出版。日本的现代漫画出版物主要由漫画杂志和漫画图书构成，漫画杂志不仅种类繁多，内容也五花八门。按对象，日本漫画可分儿童漫画、少男漫画、少女漫画、青年漫画、淑女漫画、成人漫画等；按题材，可分为讽刺漫画（以讽刺现实社会为目）、学习漫画（以传授知识为目的）、体育漫画（以体育运动为题材）、恋爱漫画（以恋爱为题材）；还包括政治漫画、料理漫画、科幻漫画、动物漫画等几乎所有领域，可谓包罗万象。此外还可以按形式分为一页漫画、四格漫画、一格漫画、物语漫画，等等，是其他行业无法比拟的。集英社（Shueisha）堪称日本漫画业的领军旗舰，出版多种面向青少年的漫画杂志，其中最有名的《少年JUMP》周刊漫画，不仅在日本国内拥有庞大读者群，在海外也颇受欢迎。

目前漫画杂志及单行本的发行量已经占杂志和图书总发行量的40%左右，特别是漫画杂志种类非常多。根据日本出版行业杂志《创》2003年6月号公布的统计数字，仅青年杂志就从1982年的3.12亿册达到了1991年的8.23亿册，可以说漫画杂志带动了杂志出版业整体的繁荣。据日本杂志协会公布的2003年9月到2004年8月期间发行量超过100万册的杂志统计显示，前10位中9种为漫画杂志。2006年一年就出版发行漫画杂志305种，大型出版社出版的周刊漫画杂志有10多种，隔周漫画杂志10多种，影响力比较大的月刊漫画杂志20多种。根据日本电通综合研究所出版的《信息媒体白皮书》2008版统计，2006年发行漫画杂志达7.4950亿册，总销售金额达到了2277亿日元。现在，日本每周出版的漫画杂志的销售量依然超过1000万册，日本的总人口是1.2亿，据此算来，每人平均一年的漫画图书和漫画杂志的消费数量达到近20册。可见漫画图书和漫画杂志的发行量在日本的出版发行物中占有重要的地位。

日本的出版业流传着“十成出版，七成漫画”的说法，虽说有些夸大其辞，但也反映了漫画出版在整个出版业中具有的重要位置，是本国其他刊物或者其他国家的漫画行业都望尘莫及的。

2. 动画作品

日本是一个生产动画片的大国，同时也是一个动画片输出大国。日本动画因过于快速的批量生产和过于庞大的市场需求等因素，而使多数作品大量节约制作资金，所以很多作品不如美国极少数动画电影特效那么炫目。但是，凭着艺术、人文、剧情和气质等的创新，趣味性和魅力等因素在全球仍拥有绝对第一的地位，拥有了广大的收看人群。日本的动画片之所以能够同强大的美国商业动画片相抗衡，是因为日本动画片在发展过程中逐渐摆脱了美国动画片的影响，形成了自身的特点和民族的特色，如下所述：

（1）分众化

对于西方的商业动画片来说，只有主流和非主流之分。尽管这也是一种分众，但不是全面的分众。这种区分的方法只是顾及了社会群体中的某一部分，而日本动画片所涉及的观众面就要比西方宽广得多。因为在日本成功的漫画很少有不被改编成动画的，参考刘建对于日本漫画的分类，动画也可以做类似分类，：低龄动画、少年动画、少女动画、青年动画、女性动画和成人动画等。

（2）类型化

日本动画片的表现题材几乎是没有忌讳的，凡是一般电影所能表现的，几乎在动画片中都有所表现。日本动画呈现出异常丰富的形态，这与其他国家动画片有所不同，如仿真剧情片、悬念推理片、动作片、科幻与魔幻和色情片等。

（3）个性化

日本动画的个性化与分众化、类型化有着直接的关系，在它们的基础上才得以形成个性化。不仅仅是叙事风格、主题立意的不同，同时也包括人物塑造、造型、音乐上的个性化，这种个性化往往以创作者的个人风格作为明显的外部特征，并显然不是一种偶然的行为。如宫崎骏的影片，人物尽管千变万化，但观众还是很容易从中看出人物造型风格上宫崎骏个人的特色；手冢治虫的动画题材多样、具有创新性并且富有一定的哲理，耐人寻味。

（4）发行渠道多样化

一般来说，动画的发行渠道有两个：剧场电影和系列电视。这两者的区别很大，剧场电影精工细作，投资大，耗时多，风险大，同时收益也大。电视动画一般来说制作粗糙，短小简便。在日本，动画片的发行除了常见的这两种方式之外，还有一种被称作“OVA”（Original Video Animation）的方式。这种方式是以录像带或其他媒介（如DVD）发行影片，这种方式介于豪华的影院片和简陋的电视片之间，在制作上比电视片精良，同时也不像电视片那样冗长，而是能够像影院片那样，在一定的时间内讲述完整的故事。这种方式受到了观众的欢迎，同时也为耗资巨大的剧场版动画片起到了“投石问路”的作用。

3. 日本设计风格的服装

一直以来，日本服装设计都以风格的独特性屹立于世界服装界，设计灵感必须来源于本国文化系统的观点已经成为其设计美学理念的核心内容。日本服装设计之所以能够得到西方服装界的认同，不仅是因为其能够汲取西方的服装观点和相关技术，如强调服装的功能性、重视服装与人体的关系等；还在于日本服装设计以对本国传统文化精神的提炼与西方服装价值观的有效结合，形成了富有东方气质的风格特征。日本服装设计以大和民族特有的细腻丰富的内心感受加以内敛含蓄的创意表达，将服装作为一种情感宣泄方式来倾诉内心理性与感性的纠缠。在这种看似平静实则汹涌澎湃的冲突性表达中，世界看到了一种前所未有的、富有哲学思维的、将创意设计与人类精神情感结合的全新美学理念。

其中最具代表的品牌为 UNIQLO，它不同于 ZARA、H&M 此类时尚风格浓厚的西方服装品牌，UNIQLO 以日本文化特有的含蓄细腻建立一个轻松、舒适、易搭配的服装产品体系来提供给广大的消费者。UNIQLO 作为亚洲大众零售品牌的代表，其产品同样也传达着“时尚、快速、平价”的商业共性，但个性化表现中则体现出更多对传统美学与现代精神的融合。首先，从传统美学中吸取养分进而形成品牌理念，这种转化的标准是必须将民族化、个性化元素与现代商业诉求有机结合，同时在具体的产品体系建立过程中采用符合现今社会精神的方式进行有效的实施。从整个产品体系结构来看，“一无所有中蕴含所有”的品牌理念被转化为以基础款式为主导的产品开发模式并辅以相匹配的品牌宣传。消费者在购买服装过程中，不仅拥有了服装实体，同时也感受到 UNIQLO 深受传统美学观念影响的品牌文化。

UNIQLO 将文化个性融入商业共性，产品的定位抓住了这部分人群的消费心理：一方面去 LOGO 化设计，加强了消费者对服装的自主权，消费者不再盲从于某种潮流风格，而可以通过自由搭配随心所欲地表达自己的个性和心情。表面上看 UNIQLO 牺牲了品牌个性，但实际上这种表面“个性”的丧失却是另一种深层“个性”文化的传达。另一方面，UNIQLO 的多款式 + 多色彩 + 舒适面料的产品体系，不仅提供给消费者广泛的选择权，在一定程度上也弥补了可能过于简单的款式设计缺陷。虽然款式简单，但色彩的多样性以及面料的舒适性，却使人们能以一种轻松自由的状态来穿着服装。UNIQLO 弱化了服装的功利性，将人性中对自由精神的追求注入服装中，从而形成了商业运作和人文精神完美结合的独特产品个性。

它以对传统美学精神的精准提炼和对表面形式的大胆舍弃，转化为符合市场的品牌消费特性和实用性，并成为大众广泛接受的时尚品牌。这种转化中没有回避对民族化、个性化、区域化风格的表现，而是把这些风格采用市场接受的方式巧妙地转化为大众的、共性的形式。所以，任何文化形式都有走上市场化、品牌化发展道路的可能性，关键在于我们采用何种方式来把握与诠释，这也是我们挖掘传统文化精髓、结合创意思想、开拓本土服装品牌市场发展的有效之路。

三、东京文化创意产业与其他产业的比较

（一）与众不同

日本文化创意产业的特点之一是与众不同。以日本动画片为例，它之所以受到人们的欢迎，主要是以下原因：第一，与其他国家的动画片不同，日本的动画片适合各种年龄阶段的观众。第二，无国籍化的动画人物使不同国家的观众可以很容易地接受。第三，长篇的连续故事可以不知不觉地扣住观众的心弦。第四，日本的动画片不像迪斯尼动画片有太多的规制，略加的暴力等情节具有新鲜感，更受外国观众的欢迎。第五，许多动画片的原创较有历史性，这是其他国家的动画片尤其是迪斯尼动画片很难与其媲美的。第六，现代动画通常是 1 秒钟使用 24 枚画面的技术来达到影像的逼真，但是日本的动画恰恰利用了少枚数的动画技术使日本的动画片更具有夸张性，同时也弥补了由于日语不如英语具有国际性的缺点，起到了轻语言而重表现的作用。

（二）以动漫为主

日本文化创意产业以动漫为主，为企业出口动漫产品提供商业保险，强调向世界推广中国和韩国无法模仿的日本特有的价值。动漫产业包括动画，但实际上在日本动漫和动画是有区别的。“在日本通常把由漫画改编的动画片称为动漫片，而动画片是指一开始就以动画形式上演的影片。”日本的动漫产业具有强大的海外市场渗透能力，是世界上最大的动漫制作和输出国。日本漫画领域取得这样的优异成绩，在世界范围内也是空前绝后的。

在日本动漫和游戏是创意产业的核心部分，但这不等于说日本就完全不重视其他创意产业，在大力发展动漫产业的同

时，丝毫不会放松其他方面文化创意产业的发展，如服装设计、旅游产业等。

（三）互动效应

日本文化创意产业中各个业种之间，无论是电影、漫画、游戏或是音乐，都是相互联系的，媒体的综合性和多元化使它们之间相互影响、作用，从而推动了其他产业的发展。日本的动画片大多来源于连环漫画，一部连环漫画出版后，通过后期开发，可以产生出许多副产品。最具有代表性的是日本的动画作品《铁臂阿童木》，是从一支笔的世界中所诞生的作品，在之后经过各种媒介的加工产生出了许许多多的二次文化产品，见下表6－2。这些无数的派生作品附加值高，为日本带来了庞大的经济收益。

表6－2 《铁臂阿童木》的衍生过程

序号	媒介	内容
1	杂志	1952年开始在《少年》杂志上连载，之后不断在报纸杂志上出现。
2	单行本	经光文社出版单行本以来，不断地被众多的出版社进行多次出版。
3	电视剧	1957年东京电视台推出了木偶剧，1959年富士电视台出品了人版电视剧。
4	电视动画片	1963年、1980年和2004年曾先后三次被拍成电视动画片。
5	派生作品	浦泽尚树的《PIUTO》，RAREKO的《柔情阿童木》等。

（四）更加注重人才，以人为本

日本之所以能够不断推出先进的创意和创新设计，得益于拥有一大批具有创新意识和能力的高素质文化产业人才。业界公认，日本拥有一批国际顶尖的漫画大师和动漫导演，政府高度重视并通过各种方式支持文化产业人才教育培养。在文化产业人才培养方面，注重培养设计管理、人体工学专业设计、高级经营管理等方面的人才，强调人才的行动力培养。

为了鼓励优秀人才脱颖而出，日本非常注重为青年创意人才提供机会。在日本的机场等，经常为青年创意人才的设计作品等提供专门的展出场所。2010年的东京动漫节，就特别设置了日本青年动漫作家展台，许多青年漫画家的作品在这里展出。

特别值得一提的是，日本在创意产业人才培养上，十分注重从孩子抓起，从教育理念和制度上关注孩子们的创新意识和能力的培养，注意发现创意产业未来的领军人才。

（五）更加注重依靠科技

科技含量高，在日本文化创意产业中体现得很突出，其先进的创意和创新的设计理念，因先进科技的支持而转化为新颖具有竞争力的文化产品。日本的业内人士认为，文化只有借助资本、技术、人才才能形成产业；也只有如此，文化产品才能进入国际市场，不断发展壮大。在这样的认识指导下，日本的文化创意产业发展始终密切关注科技的发展，高度重视推进领先世界的内容相关技术的开发、普及，构建硬、软件相互配合的商业模式，总是将最新的科技成果在第一时间应用于文化产品的设计。2010 年 3 月 25 日，在东京开幕的为期一周的动漫节上，日本的 3D 技术已经大放异彩。凭借《七龙珠》和《海贼王》知名的日本东映动漫，带来了它的最新 3D 作品《光之美少女》又名《祭司二人组》系列，吸引了众多参观者。正是看中 3D 技术带给电影电视的巨大契机，日本已经决定创办一所学校专门研究 3D 技术的发展。同时，日本还在积极研制裸眼 3D 技术。

（六）政策的积极扶持和法制保障

为了促进文化产业发展，几十年来，日本出台了许多涉及金融、税收、财政以及人才培养等方面的文化产业扶持政策，同时，高度重视通过立法规范文化产业发展秩序，保护文化创意产品的知识产权。可以说，政策扶持和法制保障下的创意、技术、营销组成了日本文化产业的竞争力。

日本非常重视法律法规的可操作性，一部新的法律颁布后，通常都要制定具体的配套措施。还需要特别指出的是，在日本，由于重视文化产业发展，特别是有关一些战略性问题，除了通过法律法规加以规定外，也大量通过行政指导等政策文件的方式提出，认识日本的文化产业管理体制，不可忽略行政指导这一最富有日本特色的行政行为方式。此外，由于日本文化产业管理实行的是官民结合的体制，而其相关的行业协会很发达，在文化产业管理方面也发挥着很重要的作用。

第三节　东京的文化软实力

东京是动漫之都，也是亚洲文化交流中心。该市的城市精神被概括为“干练、优雅、合作”。该城市的文化发展主要依托政府政策支持和国际活动的成功举办，依托具有创意的动漫产业推介东京的城市文化，引领东京经济的发展。

一、文化资源力

东京是日本的政治、经济与文化中心，集中了很多文化设施。

（一）文化设施数量多

东京都拥有公立图书馆380家、178家博物馆、82家电影院、3676座公园、1000多家书店，有众多的艺术画廊。

东京的图书馆，既有位于永田町的日本最高等级的日本国会图书馆，也有遍布于各个区、市、町的图书馆。

博物馆中，不仅有令人炫目的私人美术馆，还有包括日本最早的博物馆——始建于1872年的东京国立博物馆以及东京美术馆、东京都现代美术馆在内的世界顶级博物馆。

东京的迪斯尼乐园是美国本土之外规模最大的，也是每年有1200万以上人次参观者，是充满活力、最快实现赢利的迪斯尼乐园。

（二）文化设施利用便利

东京的图书馆，遍布整个东京都的各个角落。町一级的公共图书馆虽然都不大，里面的书籍资料相对也少些，但因为到处都有，方便居民随时阅读浏览。里面也都专门设有儿童区，小孩可以在里面自由地看书、玩耍，甚至刚学会走路的小孩都可以进入。

另外，还有一些专门图书馆，用于满足特殊需求者的需要，如上野的音乐资料馆、民音音乐资料馆、交通公社的游览资料馆、日中友协资料室等。

东京的神田地区是日本最大的旧书交易区域，每天都有很多人在那儿兴致勃勃地淘自己喜欢的书。

东京人置身于3676座不同等级、不同规模的公园，人均绿地面积达到7平方米，虽然不如华盛顿等城市人均绿地面积大，但也能让人觉得绿意盎然，从而有利于身心健康，并有利于新思维的产生。

虽然东京拥有的电影屏幕仅占日本全国屏幕数的10.33%，但是观看电影的观众数却占到全国观众的16%（17%），这说明东京居民能很方便地进入电影院，而且也喜欢观看电影所带来的快乐，见表6-3。

表6-3　东京拥有的电影院与日本全国电影院数量比较

项目	东京	日本	东京占日本比重（%）
电影院数量	82	567	14.46
屏幕数	334	3232	10.33
从业人员	3479	22466	15.49
观众数	16198734（13056931）	99904826（75003474）	16.21（17.41）

注：根据日本经济产业省2011年对特定产业调查结果整理，http://www.meti.go.jp/statistics/tyo/tokusabizi/result-2/h22/excel/23_all.xls。括号内为观看进口电影的观众数。

散落在街头巷尾的音像租售店，向周围的居民出租或出售最新的音像制品，包括漫画书等，让普通人能很方便地接触文化创意产品。

（三）文化设施有利于信息的流通

图书馆也是公共信息较多的地方，有区政府主办的一些民间活动消息，如交友交流、新电影、音乐会、新书、新 CD 的各种信息，都可以在图书馆获取，图书馆成为了普通人获取信息、交流思想、结交朋友的重要场所。公园、游乐园、音像租售店也是人们娱乐、交换信息的重要场所。

二、文化生产力

日本的漫画闻名世界，2007 年，日本动漫产业成为国内的第 6 大产业，它在国际市场上的表现更是抢眼，占据了全球动漫市场 62% 的份额。

据日本漫画协会统计，2010 年，日本所有漫画企业的总销售额达 1528 亿日元，相比 2004、2005 年有所下降。但是，包括了用户体验等广义漫画行业的总销售额从 2004 年以后一直以缓慢速度增长，2008 年以后，受国际金融危机影响稍有下降。

目前东京有动漫企业 359 家，约占日本动漫企业总数的 78.8%。

三、文化传播力

东京拥有世界知名的媒体机构，向日本全国乃至全世界传播自己的新思想、新时尚，帮助东京成为资讯的集中地，世界潮流的风向标。

NHK，日本放送协会，又称日本广播协会，是日本的公共媒体机构。前身为“东京广播电台”（Radio Tokyo），成立于 1926 年，1935 年开始向海外传送广播节目。目前，在从业人员数、预算规模上为日本最大的媒体机构，与美国有线电视新闻网（CNN）、英国广播公司（BBC）等并列为世界可数的媒体组织。

本部设立在东京的日本电视台，是日本最早建立的商业电视台，其最大的股东是读卖新闻社，见长于新闻节目与体育节目的制作与播放。富士电视台，播放的日剧和综艺节目在东亚地区影响甚广，也是日本第一家播放电视动画的电视台，著名的《樱桃小丸子》、《铁臂阿童木》、《银河铁道》等都曾在富士电视台播放。

东京也是世界上发行量最大的《读卖新闻》的总部所在地。1994 年，《读卖新闻》的日发行量突破 1000 万份，1995 年日刊与晚刊共发行 1450 万份，曾被《世界吉尼斯大全》列为全世界发行量最大的日报。

国际性展会是东京塑造文化传播力的一大特色，见表 6－4。

表 6-4 东京主要的国际性展会

展 会	摘 要
东京国际动漫节	为了振兴和培育动画产业，东京都政府和动画相关企业及组织共同组成执行委员会，从 2002 年开始，每年 3 月举办动漫商务综合国际交易会。与动画商务相关的众多企业和组织参展，在各自的展台与国内外的买主进行洽谈或宣传。一般公众日期间，还举办现场活动并销售动画相关产品。
东京书展（TIBF）	每年 7 月在日本举办的出版界最大的交易会。该书市作为出版社和书店之间直接洽谈以及进行国际性著作权交易的场所，被视为亚洲地区一个重要的展销会而得到广泛支持。同时，对于普通读者来说，由于在书市上可以买到廉价的珍贵书籍，因此也获得普通观众的好评。
Independence—D	以支持和培养一些默默无闻的艺术家及其市场为目的的交易会，每年 3 月举办。届时，来自日本及世界各地的独立艺人都会来参加，交易会期间会按不同艺术形式举办现场活动。除发挥交易会功能外，还会召开发布会，把全世界的音乐最新潮流发布到日本，同时也把日本音乐的最新潮流发布到全世界。
东京亚洲音乐节	以全球性商务发展为目的，作为亚洲音乐的产业发展和合作平台。从 2004 年开始于每年 10 月举办，为期 2 天。由于和东京国际电影节同时期举办，各种会议、新曲宣传、短篇的播放、小型现场演出等活动吸引了不少海外观众。
东京电玩展	随着产业的发展，作为“世界第一的计算机娱乐展”，从 1996 年开始于每年 9 月举办。展会期间设有商务日，可以进行有关游戏内容的洽谈，此外，还召开会议以及面向儿童的现场活动等。该展会以促进国际交流为目的，每年都会吸引不少来自海外的参展公司和买家。
次世代 World Hobby Fair	这是一个在 1994 年作为漫画月刊《KOROKOBO Comic 第 200 期纪念》活动而起步的面向儿童的个人爱好展览会，展出内容以游戏和新拍摄的动画电影为主。虽然没有正式的交易会，但由于展出的是广受关注的软件和硬件，因此吸引了来自全世界的有关人士。2006 年分别于夏季的东京和冬季的札幌召开了 2 次。

四、文化创新力

文化创意产业的先导是文化的创新。不论所应用的技术多么先进，文化产品的真正竞争力还是蕴含在其中的文化内容，例如动漫的故事性和艺术性，体现出文化底蕴和魅力。日本在重视本国传统文化的继承和展示的同时，也具有很强的吸收外来文化的意识和能力。纵观日本历史，从未中断过对外国文化的学习和借鉴，通过创新，培育能够盛开各种各样“花朵”的由本国文化、吸收外国文化和技术创新构成的土壤。重视吸收引进外国先进的文化理念、文化设备和项目。引进外国文化产业项目时，突出选题的创新性、设备的先进性，并注重与本国文化市场相结合，以使引进项目能持续发展。文化创意产业将创新精神向整个城市渗透，使东京充满创新的活力。

五、文化吸引力

东京立足本土文化资源，因地制宜，打造地域特色文化创意产业，对传统建筑进行保护、改造和利用。不仅保留了具有历史文化价值的建筑，而且通过历史与未来、传统与现代、经典与流行的结合，融入到了城市的工作、居住等各个功能中，使城市功能再次复合化。不仅为城市增添了历史与现代交融的文化景观，也为其他世界城市的人们提供更多的欣赏机会。同时还能增加就业机会，吸取更多的世界人才过来研究学习或者工作。

从国际关系的角度来看文化的特色即文化的可分享性。日本所创造的文化创意成果，一方面为世界文化的多重复合体增添了色彩，另一方面也为其他民族的成员贡献了可以分享的精神财富。如一部动画片、一首歌、一本书、一个旅游景点等，则可以完整无缺地让无数人同时欣赏。东京对城市现有资源进行有效地利用，促进了整个世界城市的和谐发展，使得世界其他城市更加尊重、亲近和支持东京，增强了东京的文化吸引力。

六、文化影响力

东京作为后发的国际大都市，凭借动漫获得了高度的国际认可。日本政府一直致力于通过发展漫画和动漫产业来推销日本文化，树立国家形象，博取各国的认同，进而提升日本的软实力。

阿童木、蜡笔小新、机器猫和 Hello Kitty 等日本动漫形象征服了海内外几代人。正是基于以上事实，日本政府在 2008 年分别将机器猫“哆啦 A 梦”和“Hello Kitty”任命为动漫文化大使和旅游大使。而富有动漫底蕴的东京，在政府的大力扶持下，通过集群化发展和成熟的市场运作机制，成为名副其实的“动漫之都”，也成就了手冢治虫、宫崎骏等国际级动漫大师。动漫产业的成功，不仅给东京带来了巨大的经济利益，同时也大大提升了东京的国际认可度。

第四节　东京世界城市及文化创意产业发展规划

一、东京世界城市的发展规划

东京自江户幕府设立以来已经过了400年，作为近代城市也拥有了100多年的历史和传统。东京经历了20世纪的扩大和发展，为了在21世纪能够成为世界各城市的楷模，发挥城市战略的实际效果，走向更成熟、更高水准的城市。2007年，东京提出了面向10年后的东京（2007～2016年），设定了以下8大目标，并提出了今后政策实施的方向性：（1）让东京恢复成为清水环绕、绿意盎然的美丽城市。恢复东京在城市发展过程中失去的清水环绕、绿意盎然的城市空间，创建美丽的都市景观，进一步提高东京的价值。（2）通过三条环线道路改变东京。通过三条环线道路的开发，解除了东京最大的弱点——交通堵塞问题。在提高东京的国际竞争力的同时，充分利用城市基础设施的便利条件，以实现舒适便捷的城市生活环境。（3）成为世界上对环境负荷最小的城市。地球变暖是世界环境危机的代表性问题，东京要利用最先进的节能技术，实现成为世界上对环境负荷最小的城市，并将优秀成果向亚洲、全世界推广。（4）创建抗灾力强的城市，提高首都东京的信誉。东京不仅要集中性地研究防止地震灾害的措施，还要推进防止恐怖主义的措施，大力提高首都东京在国际上的评价和信用，让下一代继承一个对抗危机能力很强的城市。（5）创造可以让人安心的少子超老龄社会的都市典范。在国际上率先进入老龄社会的东京，不仅要树立充满活力的老年人形象，并支援家庭生育下一代，还要把东京建成一个任何人都能够安心生活的城市。（6）利用城市的魅力及产业实力确立东京的地位。在传播东京拥有的传统与现代相互交织的魅力的同时，还要有战略地培育新兴产业，进一步提升东京的价值。（7）建设一个只要有热情，人人都可以挑战的社会。教授孩子们担负未来的本领，在为有志于在东京挑战的人提供各种机会的同时，还将构筑一个由NGO以及志愿人员等多种多样的活动主体来肩负社会脊梁的机制。（8）通过体育竞赛带给肩负未来的孩子们梦想，对人才的培养，不能只注重书本的学习，更要提高全民的身体素质。东京建设世界城市的转折点就是从东京奥运会开始的，为此，东京要实现与世界相连的运动都市的目标。

二、东京文化创意产业的发展规划

日本的研究者认为，日本文化创意产业的增长率并不是很快。在全世界都在以全球化为目标发展文化创意产业的今天，传统的文化创意产业的市场正在逐渐萎缩。日本今后只有在自己处于优势的多媒体创意文化产品和市场力量等方面发挥长期积累的优势能力，才能使日本的文化创意产业尽早走向世界，实现全球化的目标。

随着数字化、网络化的发展，作为商业往来的文化创意市场的延伸产业也显得越发重要。世界创意产业市场将依然延续由欧美大型企业的大制作产品引导主流市场的趋势，日本只有充分发挥自己积累的多媒体创意产品的优势，生产的产品才能够与欧美引领潮流的产品相抗衡。日本认为今后创意产业应朝着以下 4 个方向努力：

（1）实现创意产业自身的全球化。创意产业本身也是一种全球化的竞争，日本应当继续发扬以“创造性”、“感性价值创造力”为发展核心的、遵循与其他全球化产业相同的资本和产业的理论，开展国际性的商业活动。通过与国外开展的共同商业活动，增强自身的商业性质和全球化的竞争力。凭借以往细致的本地发展经验向全球化推进。

（2）继续支持人才、技术，资金等文化创意产业需要的资源投入。日本具有世界通用的人才、技术、资金的储备。这不仅包括日本国内现有的人才，除此之外，还具有广阔的人才网络，在国内外具有大量的资金资源可以利用。日本国内的资金也正朝着投向文化创意产业方向集结。

（3）作为商业运作关键的“市场价格”形成了日本文化创意产业的市场价格。日本的创意产品不仅是使那些已经完成的成品参加到国际市场的交易当中，对于其他的共同制作、企划、剧本、拍摄以及人才和金融等一切与文化创意产业有关的内容，日本都在积极地积累经验，以期尽早建立起一个可以进行交易的“市场价格体系”。

（4）众多厂商的参加创造出了新的价值取向，新型的交易形式不断出现。今天，不仅以往的老牌文化创意厂家在积极地参与竞争，甚至连那些商社、计算机硬件生产企业、通信资格商、IT 企业以及金融企业也都参加进来，这些新兴厂家的加入，改变了以往的价值取向。当一个原创作品被改编成多媒体的文化产品后，紧随其后的就是将国外市场作为目标的巨型产品的制作，加上在互联网上的销售等新的销售渠道的畅通，新的商业模式、与新的硬件厂家联手的商业机会等，这一切都要求扩大横向和纵向价值链的快速形成。

第七章　法国巴黎

第一节　巴黎世界城市成长史

一、巴黎的发展历史

（一）巴黎的起源和发展

法兰西封建国家于公元888年，以巴黎作为首都。巴黎是在罗马营寨城基础上发展起来的，最初为建立在塞纳河渡口的一个岛上，即城岛。后来在河以南扩展了城市，在中世纪巴黎几次扩大了自己的城墙。中世纪的巴黎，街道狭窄曲折，沿街市民房屋多为木结构。12世纪中期，路易七世统治时期，国王和城市相互利用携手，城市经济发展迅速。1183年修建中央商场，奥古斯都统治时期修建了卢佛尔堡垒和巴黎圣母院的主要工程。中世纪的城市建筑至今仍影响着城市的面貌，有一部分还相当使人感到意外，如巴黎城仍然分成三区：城岛、右部的别墅区和左边塞纳河岸上的大学区。

（二）绝对君权时期的巴黎创新

1. 时代背景

资本主义的增长，需要和平的国内环境和统一的国内市场，这也符合国王扩大自己的权力统一国家的愿望。国王与资产阶级新贵族结合，反对封建割据和教会势力，先后建立了一些中央集权的绝对君权国家。它们的首都如巴黎，均发展成为全国的政治、经济文化中心的大城市。17世纪后半叶，路易十四执政时，法国的绝对君权处于极盛时期，可称是古罗马帝国以后最强大的君主政权。这一时期，古典主义在法国的文学和建筑等方面占统治地位。国王和新资产阶级的雄厚经济力量使城市的改建与扩建达到了新的规模。当时强盛黩武的法国称霸于欧洲，并成为欧洲的文化中心。

2. 巴黎的城市改建创新

（1）城市改建

17 世纪初亨利四世在位，为促进工商业的发展，做了一些道路、桥梁、供水等城市建设工程，把巴黎昔日许多破烂的房屋改造成整齐一色的砖石联排建筑。这些改建工作多在广场或大街旁，形成完整的广场和街道景观。路易十四时期，在巴黎继续改造卢浮宫和建设一批古典主义大型建筑物，这些都与主要干道、桥梁等联系起来，成为一个区的艺术标志。贵族离开庄园在巴黎营造城市府邸，促进了巴黎的城市改造。绝对君权最伟大的纪念碑是对着卢浮宫建立的一个大而深远的视线中轴，延长丢勒里花园轴线，向西延伸，于 1724 年其轴线到达星形广场。这条轴线后来成为巴黎城市的中枢主轴，于 18 世纪中叶至下叶完成了巴黎最壮观的林荫道——爱丽舍田园大道。此外，规划建设一个与外部的自然环境既分隔又融合的近郊区，拆除原来的城堡要塞，代之弧形的林荫大道，城市建筑实际已越至林荫大道之外。

（2）广场系列建设

亨利四世建造了法兰西广场和皇家广场。路易十四建造了旺道姆广场和胜利广场等若干几何形的封闭广场，来表彰他个人的丰功伟绩。巴黎出现了分布在一条轴线上的广场系列的规划。纪念性的公共广场有很大发展，并且开始把绿化布置、喷泉雕塑、建筑小品和周围建筑组成一个协调的整体，注重处理好广场大小和周围建筑高度的比例、广场周围的环境以及广场与广场之间的关系。这个时期最有代表性的广场是旺道姆广场和协和广场。

（3）凡尔赛宫和园林建筑

路易十四时期，服务于王权的最重要的纪念碑是凡尔赛宫。它位于巴黎城郊，主体建筑是传统的三合院，前面是御院、前院，实际是一座宫城。三条放射大道，两侧大道通向东西两处离宫，中间大道通向市区的爱丽舍田园大道。三条道合角约 50°，观赏景物时能很好地包含在一个单一的视野内。同样，凡尔赛花园的风景也是一个整体的、宏伟的视觉网络，凡尔赛宫花园有一个长达 3 公里的中轴线，强烈的轴线、对称的平面、十字形水渠以及列树装饰的道路，造成无限深远的透视感，反映了法国的王权、财富和人超越自然的思想。

16 世纪中叶，在巴黎南郊兴建枫丹白露宫园；17 世纪上半叶，在巴黎市内兴建卢森堡宫园，均为法国风格的御园。凡尔赛宫的造园家诺特，还设计了杰作维康宫，此园布置简洁、对称而严谨，在轴线两侧布置了一些惊异的富于变化的景物。这个时期的皇家别墅特点为，大绿地中的建筑有意识布置人工修饰的绿地和景观，三维景观和几何状态强烈，边缘用树林与自然过渡。

法国是这一时期欧洲最强大的国家，是绝对君权制度的典范，也是当时世界新文化、新艺术的样板。巴黎在城市发展中的创新实践，同样引导了全欧洲的潮流，对世界范围的城市发展、规则、设计等都产生了深远影响。

（三）近代资本主义社会的巴黎改建创新

1. 社会背景

决定欧洲从封建制度转向资本主义制度的是1640年英国和1789年法国的资产阶级革命。法国资产阶级革命是整个欧洲资本主义发展的结果。拿破仑在意、德、西班牙和其他地方的胜利，为资本主义关系的发展扫清了道路。资本主义大工业的产生，引起了城市结构的深刻变化，从而对城市建设提出了新的要求，促使了近代各种规划理论的产生和探索。

产业革命引起社会经济领域和城市规划结构的巨大变革，加快了城市化的进程。科技和产业革命发生在1760～1860年间，它以物理学、化学等科学知识的重大进展为基础，以纺织厂、蒸汽机的广泛应用为主要标志。产业革命影响了城市生产力的布局，也改变了产业革命前国家的经济地理面貌。

资本主义城市的迅速发展与城市分布的不平衡导致了城市建设的种种矛盾：①城市化进程加快引起城市畸形发展；②大工业的生产方式引起了城市功能结构的变化；③大工业生产方式大大刺激了商品经济的发展；④城市盲目扩展、布局混乱、交通阻塞；⑤城市公用设施提供较高的物质生活条件，但工业污染城市环境；⑥城市设计整体环境欠考虑，建筑艺术衰退。

2. 巴黎改建实践内容

主要包括雅各宾时期的巴黎改建（1789～1794年）、拿破仑帝国时期的巴黎改造（1799～1812年）和拿破仑第三时期的巴黎改建创新（1853～1870年），改建的主要内容如下：

（1）改建道路结构网，形成新的城市结构。重要内容是完成巴黎的“大十字”干道和两个环行路。“大十字”干道把里沃利大街向东延长，其西端与爱丽舍田园大道联成巴黎东西主轴，并作一条与之垂直的南北干道。内环线：塞纳河南岸作一孤路，与北岸巴士底广场、协和广场和原有孤路连接组成环线；以民族广场、明星广场与东西二极再跨一环，构成巴黎的外环。拿破仑第三时期的17年中，市中心开辟了95公里笔直宽阔的道路，拆毁了49公里旧路，于市区外围开拓了70公里道路。

（2）城市中心区的建设。以卢浮宫、宫前广场、协和广场以及北至军功庙、西至雄师凯旋门这一带最为突出。这是继承19世纪初拿破仑大帝的帝国式风格，将道路、广场、绿地、水面、林荫带和大型纪念性建筑物组成的一个完整统一体。

（3）新建主要的基础设施。市政建设上有了一些重大成就，如建造了完善的大规模地下排水管道系统，改善自来水供应并且增加水压；1855 年开办了出租马车的城市公共交通事业；街道上增加了照明汽灯等。

（4）新建社会类城市服务设施。建设了一些学校、医院、大学教学楼、兵营、监狱、公园等附属的非生产性建筑，为社区服务。

（5）采用新的城市行政结构，从管理层次上变革。同时，把市中心分散成几个区中心，以适应城市结构变化而产生的分区要求。

（6）美化巴黎城市面貌。对道路宽度与两旁建筑物的高度都规定了一定的比例，屋顶坡度也有定制。重视绿化建设，各区都修筑了大面积公园。还把东西郊区绿化面积扩展至市中心，建设了滨河绿地和花园式林荫大道。

3. 改建成果

史无前例的奥斯曼改建，对城市的改建和发展进行了有价值的探索，对相继而来的欧洲及美洲城市规划和实践、国际竞赛都带来了巨大影响。因此，19 世纪中期以来的新巴黎，成为自由资本主义时期城市改革计划获取成功的证明，被誉为世界最美丽、最现代化的城市，也成为全世界城市的范例。

巴黎作为世界城市发展、演变的历史过程中，这两个历史时期的实践创新成为欧洲城市的发展样板，将世界城市发展的潮流引向新的历史阶段。其全面而深远的影响，远远超过历史阶段中实践本身的意义，为巴黎自身和其他世界大城市的生长和发展做出了极有价值的探索，留下了宝贵的实践启示。

二、巴黎的现状及特色

（一）巴黎城市发展现状

1. 人口状况

现今所说的巴黎（大巴黎）主要包括两个层次：一是巴黎市的行政管理区域，为 105 平方公里，人口 216.80 万（2006 年 1 月，法国城市第 1 名），人口密度 24948 人/平方公里。二是包括巴黎及临近 7 个省区的巴黎大区，又称法兰西岛（Ile-de-France），面积约 1.2 万平方公里，人口 1206.70 万（2007 年），人口密度 816 人/平方公里（大都会），约占法国总人口的五分之一，是法国最大的城市。其中就业人口 5041995（1999 年），占全法国比重 22%。中小企业数量巨大，其中拥有 1～9 个员工的企业占企业总数的 35.2%。

2. 社会经济背景

巴黎在二战以后的欧洲重建中得到进一步发展，到 20 世纪 60 年代，巴黎地区面积为法国领土面积的 2%，人口占了全国的 19%，工业就业岗位占了全国的 29%。高度集中的功能，一方面带来区域发展的不均衡，另一方面造成巴黎城市空间状况的恶化，引起了法国知识界和法国政府的重视，这是巴黎新城建设的直接背景。

3. 行政体制

自从1975年法国中央政府对巴黎的行政体制进行改革后，确立了巴黎的自治地位，规定巴黎既是一个市镇，又是一个省。巴黎市和巴黎省，除法律另有规定外，分别适用一般市镇和省的共同法。虽然是两个不同的地方领土地位，但它们的权力机关却是共同的——巴黎议会既是巴黎市议会，又是巴黎省议会，同时行使两个议会的权力。这次改革还在历史上首次设置了巴黎市长一职，巴黎省省长不再兼任巴黎市长。巴黎市和巴黎省的行政机构是分开设立的，它们有各自的预算、财产、机构和人员等。巴黎市长仍不拥有治安权，而是由中央政府派出的警察总监负责。

在政府治理模式上，巴黎实行“强市长制”，行政集权程度高。巴黎市长由市民普选产生，任期7年，可连选连任两届。在行政层级和府际关系上，巴黎也呈现出“强市弱区”特征。拥有217万人口的巴黎市下辖20个行政区，依次以阿拉伯数字排序命名。市级政府拥有经济社会发展及公共服务等方面较为广泛的权力，区级政府权力则极其有限，区长在行政上受到市长和省长的指导和监督。

4. 空间布局

巴黎在很长一段时间内一直是单中心发展。巴黎自中世纪以来就是法国的中心，法国的中央集权强化了巴黎的中心地位。

传统的城市中心是巴黎的政治、经济和文化中心，为了满足巴黎日益增长的商务空间需求，保护巴黎古都风貌，1960年巴黎地区规划部门开始制定新的区域发展规划，即1965年获批准的“巴黎地区整治规划管理纲要”，明确提出在巴黎外围设立城市“副中心”，以平衡城市布局，分散居住人口，标志着巴黎郊区新城建设的全面开始。1994年，新一轮修编“巴黎大区总体规划”得到批准，是目前巴黎大区发展的法律文件，其中“巴黎大区整治计划”也成为大区建设的指导性文件。

巴黎的新城集中在巴黎周边30~50公里范围内，距离巴黎市30分钟车程，一般选择原有城镇较为密集的地区率先发展。到目前为止，巴黎周边基本形成5个较为完备的新城，分别是埃弗列、马恩·拉伐莱、圣康旦·昂·伊夫林、塞尔日·彭图瓦兹和墨兰-塞纳尔，它们各自具有独特的区位和地形，在新城的规划建设中也逐渐形成了自身独特的新城格局。

在新城与巴黎市之间，距巴黎市10公里左右的圈层上建设了9个副中心，这种多中心的新型城市结构，打破了原有单中心城市布局，减轻了巴黎城市中心区的压力，这 9 个副中心分别是：凡尔赛、费力斯、罗吉、克雷泰、圣·丹尼斯、保比尼、勒·保吉脱、罗西、拉德方斯。

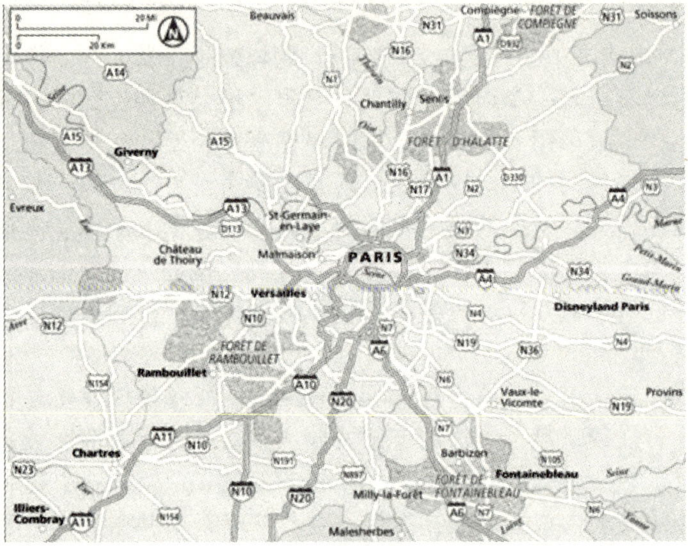

图 7－1 巴黎大区地图

5. 气候环境

巴黎是欧洲大陆上最大的城市，也是世界上最繁华的都市之一。地处法国北部，塞纳河西岸，距河口（英吉利海峡）375 公里。塞纳河蜿蜒穿过城市，形成两座河心岛（斯德和圣路易）。城市本身居巴黎盆地中央，属温和的海洋性气候，夏无酷暑，冬无严寒；1 月平均气温 3℃，7 月平均气温 18℃，年平均气温 10℃。全年降雨分布均衡，夏秋季稍多，年平均降雨量 619 毫米。

（二）作为世界城市的支持点

巴黎是法国的首都和最大城市，欧洲第七大城市，也是法国的政治文化中心；是四大世界级城市之一，与美国纽约、日本东京、英国伦敦并列；是欧洲三大都市之一，与伦敦、米兰并列。同时尚之都米兰一样，巴黎也是世界的时尚中心。以下着重分析巴黎作为世界城市的重要支撑。

1. 经济发展

巴黎是法国的经济和金融中心，在政治、科技、文化、教育、时尚、艺术、娱乐、传媒等领域对世界都有重要影响力。巴黎还同纽约、伦敦和东京一起被公认为世界四大都市。根据普华永道（PwC）2008 年统计显示，巴黎及其地区的 GDP 为 8134 亿美元，超过法国 GDP 的四分之一，人均 GDP 为 5.7 万美元，位居世界第六。

巴黎的纺织、电器、汽车、飞机等工业都非常发达，时装和化妆品工业更是举世闻名。巴黎设有许多世界性的大银行、大公司、大交易所，它们以巴黎为基地，积极开展国际性业务，构成了一个国际性营业网。

巴黎是法国最大的工商业城市。北部诸郊区主要为制造业区。最发达的制造业项目有汽车、电器、化工、医药、食品等。奢华品生产居次，并主要集中在市中心各区；产品有贵重金属器具、皮革制品、瓷器、服装等。外围城区专事生产家具、鞋、精密工具、光学仪器等。印刷出版业集中在拉丁区和雷米街。大巴黎（都市）区电影生产量占法国电影生产总量的四分之三。巴黎大部分银行、保险公司的总部（包括法兰西银行和证券交易所）均设在“市场”（1183~1969 年为当地的中心市场）的西侧。

2. 交通状况

城市交通状况是国际化大都市的重要标志，良好的交通条件是一个城市与外界联系和市内出行便捷、畅通的重要保证。从外部交通看，巴黎有 4 座机场，其中两座国际机场是位于巴黎东北方的夏尔·戴高乐国际机场（Aeroport international Charles de Gaulle）以及南方的奥利机场（Aeroport de Palis-Orly）。

从市内交通看，巴黎的公路交通人均占有面积是 17.8 平方米。地铁运输非常发达，地铁网纵横交错，如蛛网密布，也是世界城市的一个现代化标志。巴黎地铁是全世界最密集最方便的城市轨道交通系统。没有去过巴黎的人很难想象地铁究竟有多方便。可以说，巴黎任何一点，以 500 米作为半径划一个圆，那么这个圆里一定会有一个地铁站。服务于巴黎城区和近郊的地铁有 16 条线、380 个站，并与 RER 和 SNCF 交通线相连。其中最新建成的 14 号线非常现代化，是一条全自动无人驾驶的线路。

公交线路有 50 余条。连接市区与法兰西岛其他地区的交通由大区快铁（Reseau Express Regional，RER）负责，共有 5 条线路（A－E），它们亦贯穿巴黎市内。巴黎市区的四周还围着 4 条有轨电车线路（Tramway）。巴黎是法国的中心，从巴黎前往法国各地极为方便。法国国家铁路公司（SNCF）已经建成多条高速轮轨列车（TGV），从巴黎前往里昂只需 2 小时，去马赛 3 小时。2007 年 4 月，巴黎与斯特拉斯堡之间的 TGV 也正式完工。

3. 科学教育

巴黎是教育事业的中心。法国著名的法兰西学院、巴黎大学、综合工科学校、高等师范学校、国立桥路学校以及国家科学研究中心等均设在巴黎。巴黎大学是世界上最古老的大学之一，创建于 1253 年。巴黎还有许多学术研究机构、图书馆、博物馆、剧院等。

另外，法国有一种专门培养“精英”的学院，叫“大学校”（Grandesécoles），学生不多，但质量很高。

很多有名的“大学校”设在巴黎，其中理工学院（écolepoly technique）声誉最隆。每年7月14日国庆节，在凯旋门前举行的阅兵式上，排在最前面方阵的青年军官，就是该校的学员。理工学院创办于1794年，不久拿破仑看中了这所学校，将其划归军事建制，还将一面写着“为了祖国的科学和荣誉”（Pourlapatrie，lesScineces，laGloire）的锦旗授予该校。200年来，这里为法国培养出大量人才，例如，第一次世界大战中的协约国联军统帅福煦、诺贝尔物理奖得主贝古勒耳、汽车工业家雪铁龙、法国总统德斯坦等。现在该校已迁往西南郊的帕莱索（Palaiseau），占地150公顷，学生1200多人。

巴黎高等师范学校很有名，新生录取名单最后要由教育部长决定。化学与微生物学家巴斯德、文学家萨特、蓬皮杜总统等都是这里的毕业生。

4. 文化艺术

巴黎是法国的文化中心。早在1469年，法国第一家印刷厂在拉丁区诞生，至今巴黎的新闻出版业仍雄踞首位。世界最大的通讯社之一法新社（Agence France-Presse）设在交易所广场，150家分社遍布全球。巴黎出版的《世界报》（LeMonde）和《费加罗报》（LeFigaro）享有国际声誉。拉丁区也是法国高等教育的摇篮，古老的巴黎大学现已分为13所独立的大学，共有30多万学生，其中5所分布在郊区。

巴黎拥有50个剧场、200个电影院、15个音乐厅。巴黎歌剧院位于市中心的奥斯曼大街，占地11万平方米，整个建筑兼有哥特式和罗马式的风格。法国国家音乐学院和舞蹈学校也设在这里。

巴黎是一座世界历史名城，名胜古迹比比皆是，埃菲尔铁塔、凯旋门、爱丽舍宫、凡尔赛宫、卢浮宫、协和广场、巴黎圣母院、乔治·蓬皮杜全国文化艺术中心等，是国内外游客流连忘返的地方。美丽的塞纳河两岸，公园、绿地星罗棋布，32座大桥横跨河上，使河上风光更加妩媚多姿。河中心的城岛是巴黎的摇篮和发源地。塞纳河畔圣米歇尔林荫大道有绵延数公里的旧书市场，每天都有不少国内外学者、游客来这里选购心爱的古籍，形成塞纳河畔古老的文化区——拉丁区的一大特色。

巴黎的“街头艺术”十分活跃，城市西北部的泰尔特尔艺术广场是世界闻名的露天画廊，每天都有不少画家在这里即席作画出售。在市中心的沙特莱广场和圣·日耳曼德伯广场等地，青年学生和市民经常自带乐器举行音乐会，表演各种节目。

文化人是巴黎社会生活的灵魂。19 世纪法国作家巴尔扎克、普鲁斯特、波德莱尔、兰波、乔治·桑、肖邦、王尔德、科莱特、热奈；20 世纪毕加索、本雅明、纪德、萨特、波夫娃、加缪、罗兰·巴特、福科这些文化名人，组成巴黎社会文化人群落。他们曾经生活在巴黎这个空气中都充满虚无的地方，可他们精神的创造力却丰盈自由法国精神，并取得世界文化史上的最高成就。

巴黎将时髦的艺术和保守的文化、国家统一的福利和极端的个人主义、心明眼亮的现实主义和生机勃勃的浪漫主义进行了特殊的融合，而这些方面都经过了时间的考验，无可争议，也非常微妙。

5. 会议展览

巴黎号称“世界会议之城”。它以明媚的风光、丰富的名胜古迹、多姿多彩的文化活动以及现代化的服务设施迎来了众多的国际会议。联合国教科文组织（UNESKO）、经济合作与发展组织（OEKD）、国际商会（IKC）、巴黎俱乐部（Paris Club）等国际组织的总部均设在巴黎。

举办大型国际会议是衡量一个城市国际化程度的一个重要指标，是一个城市综合接待能力的集中体现。能否举办大型国际会议首先要看场馆设施，据统计，巴黎会议中心包括 4000 个展位，凡尔赛展览馆展出面积达 21.9 万平方米。

三、巴黎的地位

大巴黎地区在法国具有极其重要的中心地位：拥有全法国总在职人口的 22%，占全法国国内生产总值的 27%，全法国 38% 的公司总部、50% 的研究机构、70% 的保险公司总部、96% 的银行总部设在大巴黎地区；拥有高度集中的跨国公司：集中了全法国 2300 家跨国公司、22% 工业就业岗位和 26% 投资总额。该地区每天出行人次达 2500 万，每年接待游人 4000 万（包括旅游与商务），11 个休闲度假中心每年可接待游人 1200 万。

同时，大巴黎地区也是欧洲最具实力的五大经济实体之一，在欧洲具有非常重要的战略地位。它是连接南北欧洲之间的中枢节点，作为拥有 4 亿消费者的市场大门，其战略重要性远在卢森堡、爱尔兰、丹麦、希腊、比利时和葡萄牙之上。

巴黎不但是最高级别的世界城市，而且还是一种文化标志。从公元前 4200 年就已经吸引人群聚居的巴黎，是世界上最古老的城市之一。不同于其他大城市，它逃过了天灾人祸，在不断发展过程中，很好地传承了历史的印记。长久以来，巴黎恪守着严格的城市规划，不论是建筑物的高度、街道的宽度等极其重视整体的美感，而且还把很多古老建筑完善地保存下来；同样，巴黎也保存了许多古老的手工艺工坊，特有的高级定制文化，让巴黎成为时尚的最高标准。这个城市的建筑物各形其异，街市繁华，市内到处是琳琅满目的商品和美不胜收的园林，因此在各国名城之中，它享有世界“花都”的美誉。

第二节　巴黎文化创意产业发展概况

一、巴黎文化创意产业发展历史

法国将文化创意产业的定义为：“一系列经济活动，这些活动把文化的概念、创造、产品的特性与文化产品的制造与商业销售联系起来。”

工业革命开始之初，法国工业区的划分并不明显，到处都是小的造纸厂和皮革厂。随着工业化的发展，工业逐渐与农业分离，形成了新的工业中心。尤其到19世纪中叶，以巴黎为中心的法国铁路网的建设，让巴黎成为真正意义上的法国的经济中心。1911年，巴黎工人数达到110万，其中冶金业15.8万，食品工业4.8万，化学工业3.2万。除此之外，巴黎还大量集中了服装制作和奢侈品生产企业，以满足在巴黎的大量上流社会和新贵们的需要。据统计，受雇于文化艺术品行业的人数在1860年已经达到25748人。

2003年，法国文化产业部门吸收就业人口249800人，企业19500家，其中45%集中在大巴黎（113400人），38%集中在小巴黎。巴黎文化产业部门就业人数占总就业人数2.9%，远高于1.6%全法平均水平。

与此同时，具有“新经济”内涵的文化行业、奢侈品行业、高新技术行业在巴黎经济发展中的地位也日趋上升。

二、巴黎文化产业现状及特色

（一）法国及巴黎文化产业现状概述

法国是全球最重视文化战略的国家之一，而巴黎更是世界的艺术长廊，多年来一直是艺术家向往的圣地。

当前，法国文化产业发展的一个重要特点是：产品的地方性、文化遗产继承传播性非常明显，如传统的香水行业、工艺品制造行业、旅游业及创意性极强的设计行业，在法国经济发展中逐渐突出。

巴黎的文化产业覆盖面广、涉及行业众多。除了“视觉艺术，表演艺术，出版、印刷，视听艺术，网络服务”之外，富含创意的传统奢侈品行业所涉及的传统工艺领域，如：高级成衣、香水、皮革、葡萄酒、餐饮，旅游也是巴黎文化产业的重要内容。

（二）巴黎文化产业的空间分布及特征

自20世纪60年代以来，随着新兴国家的兴起及冲击，法国也出现了工业非中心化及工业郊区化的过程。在大巴黎这一过程表现为众多生产性部门离开小巴黎向巴黎郊区转移，在巴黎郊区先后兴起了5个工业新城。从1954年以来，大约有20万个职位在城市被削减，在巴黎之外产生了60万个职位。其中一半是来自80个大企业，其中的四分之一是来自10个大企业。1961～1962年，工业非中心化进程达到顶峰。

而与此同时，文化艺术部门、商业消费型部门却又向小巴黎集中。自20世纪60年代工业郊区化以来，传统工艺领域的众多行业在小巴黎获得了广阔的发展空间。据统计，1860年，在传统工艺领域就业人数就已达25748人。当今，虽然受到来自新兴国家的巨大竞争压力，但其在某些领域仍然保持巨大的优势地位，如高级成衣、皮革、出版、家具、香水、化妆品等。在传统的小巴黎中心区，香水、成衣等传统领域仍是主要的经济部门。

以成衣、皮革行业为例，巴黎大区就业人口为26715人（2000年），其中小巴黎为17906人，优势非常明显。除了这些传统工艺行业之外，印刷、出版业也同样在小巴黎表现出极强优势。2000年，小巴黎出版业就业人数达41318人，企业2829家，占整个大巴黎比例达到51.1%。

由此可见，巴黎文化产业的发展是一个传统与现代结合的过程，传统的文化基因深深地烙在现代城市经济的印迹中。

（三）欧盟文化产业的政策

为了给文化产业的发展创造良好的政策环境，各个国家和区域组织纷纷采取措施，调整文化产业政策，应对文化产业新趋势带来的挑战。在这种背景下，欧洲国家也纷纷以欧盟为平台，召开一系列文化会议，制定多项发展文化产业的政策。

作为除美国之外经济最发达、文化产业发展最快的地区，欧盟的文化产业是欧洲各国税收的重要来源，为欧洲各国提供了大约700万个工作岗位。欧盟及其成员国有着一套完整和成熟的文化管理模式和产业政策，文化就业统计体系也相对统一和完整。欧盟文化政策的主旨是：在推动整个欧洲一体化的进程中保护和支持欧洲文化的多样性，具体到文化产业政策则包括两个方面：第一，致力于文化产业内部各领域的发展和创新。欧盟期望文化产业能够发挥其作为特色产业的特殊优势，在欧盟各国独有的文化资源的基础上，优化文化产业的结构，使文化产业起到提高欧盟成员国整体形象和国际竞争力的目的。第二，努力开发其他经济部门的文化资源，发挥文化产业与其他产业的联合作用，起到使其成员国的其他产业在国际上保持竞争力的作用。为了实现上述双重目标，欧盟每年要为与文化相关的项目提供1亿欧元的资金，并制订了一系列规划，启动了一系列项目。

从2000年开始，欧盟的旗舰项目“文化2000”正式启动，计划至2006年结束。这一项目主要包括5个方面的内容：致力于欧洲文化领域的建设；促进艺术和文学的创新；提高对欧洲历史和文化的认知；提升欧洲文化遗产和文化收藏的价值；鼓励不同文化之间的对话和社会平等。这个项目每年都会选出代表当年的文化主题，开展一系列活动，并给予资金上的支持。例如，2002年的主题是“视觉艺术”，2003年的主题是“表演艺术”，2004年的主题则是“文化遗产”。项目总预算为2.36亿欧元，目前，欧洲委员会已经建议在2007~2013年继续这一项目，并准备追加预算4.08亿欧元。

语言能力的提高是欧盟文化政策关注的另一个重点。欧盟鼓励和支持语言的多样性，并把语言的多样性看做是欧盟文化和民主的基石。欧盟认为，语言不仅可以为我们了解其他文化打开大门，而且可以使我们在与其他文化的交往中受益。

因此，欧盟的长期目标是鼓励人们在自己的母语之外还要学会两门以上的外语。2004年，欧盟的官方语言从11种增加到20种，并且，欧盟允许并鼓励其成员国在欧洲议会上使用本国语言作正式发言。

欧盟的“媒介计划”总预算超过“文化2000”，具体包括：（1）建立跨国协作以支持欧洲的视听产业；（2）为专业人员提供培训，为视听部门的小企业提供资金和技术支持；（3）推动语言和文化上的多元化；（4）制订电影和视听产品的传播和发行计划，为欧洲自己的媒介产业的发展提供政策支持。

（四）巴黎文化产业的政策

法国在2011年9月公布了2012年的文化预算，其总额为106.2亿美元，在2011年的基础上增加了0.9%，占国家总预算的0.76%。法国2012年的文化事业经费（不包括人员薪酬）共计30.1亿美元，比2011年增长了2.9%；人员薪酬9.24亿美元，比2011年增长1.6%；用于出版发行、文化产业和新闻媒体的经费为66亿美元，与2011年基本持平。文化研究项目经费为2.55亿美元。同时，地方政府的文化经费达到11.68亿美元，比2011增长了0.6%。政府还将拨专款7750万美元，用于海外文化事业的发展。其中，专项资金17.9亿美元，用于文化遗产的保护和利用；在支持艺术创作上，预算提高6.3%，达到11亿美元；在高等艺术教育上，预算提高4.3%，达到3.24亿美元；用于公共阅读上的经费增加了4%，达到3.77亿美元；出版业得到文化部与经济部联合拨款7.79亿美元；从2012年开始，采用1.79亿美元专用于数字影院的建设。在欧债危机影响下，仍然增加支出，可以看到法国对于文化产业的战略定位。

巴黎文化创意产业的发展壮大，与政府导向、协会管理、企业运作有密切的关联，政府管理和产业政策是巴黎时尚产业能够很好发展所不可缺少的支持条件。法国财经就业部企业总署负责规划法国工业发展策略，其中消费品处下设立负责纺织品、服饰及皮件（THC）工业发展科，规划发展相关产业策略。和很多国家的政府支持国际品牌在本地发展不同，法国政府非常注重扶持中小企业以及家庭企业的发展，意在改变它们原有的传统经营模式，创造更多的利润。法国国际企业发展局就是政府用来帮助中小企业走出国门、发展国际贸易的机构。

以"法国奢侈品行业协会"为例，其目标就是："把决策者、大众、年轻人、未来的创意者、未来的消费者组织起来，以活力无限的方式和创意、革新把参与这个协会的品牌在法国和全世界提升其价值，同时提升法国的艺术及促进其国际化。"由此可见，对法国文化艺术的创意、创新、生产、传播是其发展的重要目的。从这点来看，其与文化产业"内容的创造、生产和商业化"的标准不谋而合。从其会员行业分布来看，主要有时装与成衣、青铜、银器、皮草、水晶器皿、出版，装饰、瓷器、旅馆、餐饮、香水、葡萄酒10个行业。同时，"法国奢侈品行业协会"对这10个行业的各个品牌的标准也依据："品质、艺术、本土性、传统"这4个方面。

（五）典型企业

1. 路易·威登

巴黎文化创意产业最有代表性的就是其时装。号称世界花都的巴黎，有着高级定制的荣耀，有着众多奢侈品牌的聚集地。世界第一大奢侈品集团的LVMH集团的路易·威登品牌无疑是其中的翘楚。在巴黎的香榭丽舍大街上，屹立着有着150多年历史的路易·威登总部。

路易·威登（Louis Vuitton），他是法国历史上最杰出的皮件设计大师之一，于1854年在巴黎开了以自己名字命名的第一间皮箱店，革命性地设计了第一个LOUIS VUITTON平顶皮衣箱，创造了LV（路易·威登）图案的第一代。一个世纪之后，路易·威登成为皮箱与皮件领域数一数二的品牌，并且成为上流社会的一个象征物。如今，路易·威登这一品牌已经不仅限于设计和出售高档皮具和箱包，而是成为涉足时装、饰物、皮鞋、箱包、珠宝、手表、传媒、名酒等领域的巨型潮流指标。从早期的LV衣箱到如今每年巴黎T台上的不断变幻的LV时装秀，LV之所以能一直屹立于国际时尚行业顶端地位，傲居奢侈品牌之列，在于其自身独特的品牌 DNA。路易·威登相信传统的文化创意为未来发展之本，以其卓越品质、杰出创意和精湛工艺成为时尚旅行艺术的象征。

首先，LV 高度尊重和珍视自己的品牌。品牌不仅以其创始人 LOUIS VUITTON（路易·威登）的名字命名，也继承了他追求品质、精益求精的态度。从 LV 的第二代传人乔治·威登开始，LV 的后继者都不断地为品牌增加新的内涵。LV 第二代族人为品牌添加了国际视野和触觉。第三代卡斯顿·威登又为 LV 带来了热爱艺术、注重创意和创新的特色。至今，已有 6 代 LV 家族的后人为 LV 品牌工作过。同时，不仅是 LV 家族的后人，连每一位进入到 LV 家族的设计师和其他工作人员也都必须了解 LV 的品牌历史，并在工作和品牌运作中将这种独特的 LV 文化发扬光大。

LV 的另一个成功秘诀，就是力求为尊贵的顾客营造一种“家庭”的感觉。你能想象 LV 可以为客户提供永久的保养服务吗？LV 品牌的产品可以由祖母传给妈妈，妈妈再传给女儿，可以代代相传，无论什么时候你把 LV 的产品拿来修理养护，LV 专卖店都是责无旁贷地尽心尽力予以帮助。让一家三代能持续地拥有一个品牌的产品，这对于一个品牌生命力的延续意义非常重大。

路易·威登的防水、耐火传说，真实程度难以追究，但它不用皮革或其他普通皮料，而是采用一种油画用、名为 Canvas 的帆布物料，外加一层防水的 PVC，的确让它的皮包历久弥新，不易磨损。除了“耐用”之外，有 150 年历史的路易·威登，一开始就专攻皇室及贵族市场，也是令这个名牌屹立不倒的原因。

过去只讲经典不谈潮流的路易·威登，近年来终于一改作风。1996 年，为庆祝 Monogram 系列一百周年纪念，邀请 7 位时尚设计师设计限量款式，在全球掀起疯狂的收集热潮，让路易·威登体会到潮流也有伟大之处。1998 年，路易·威登破天荒地找了美国设计师 MarcJacobs 加盟，设计 Vernis 系列，甚至接着开发了过去从未有过的服装系列。除了皮箱、皮件和时装外，求新求变的百年老店路易·威登也将脚步跨入其他时尚领域。Marc 来自美国，但他却深深为服装的历史、文化、根基和经典精神所着迷。Marc 的设计理念以实用为主，他认为，时装要能够让人穿出门才是最实际的，注重设计细节，糅合个人的独特眼光，衍生出出众的女性魅力风格。经典的行李箱、鲜艳创新的提包，路易·威登的高贵精神和品质不变，但在 Marc 的巧妙装扮下却为路易·威登换上了新的表情，更贴近大众的生活。

日本的艺术家村上隆（Takashi Myrakami）以他的卡通世界颠覆了路易·威登，也颠覆了整个世界。路易·威登的字母组合图案遇上变化多端的奇幻色彩，扭转了人们的视觉印象。顿时间，村上隆的大笑花朵和招牌眼睛幻化成各种形式出现在路易·威登的商品上。西方经典品牌遇上东方天马行空的艺术家，这场时尚与艺术的联姻获得了空前的成功。对村上隆相当着迷的 Marc Jacobs 表示，他最欣赏的是村上隆欢乐作品底下的黑暗面，同时具有光明和黑暗才是真实人生，也是 Marc Jacobs 要带领路易·威登前进的方向。

2. 巴黎春天百货

在巴黎中心位置，距离卢浮宫博物馆、卡尼尔歌剧院、香榭丽舍大街步行仅几分钟之遥，就是著名的“巴黎春天百货”，它创立于 1865 年，是一家专营奢侈品牌产品的百货公司。

巴黎春天百货是法国历史和文化不可或缺的坐标之一，超过了一般意义上的购物场所，它是一座历史建筑，此外还能带给您意外之喜：站在巴黎春天百货大楼的九楼家居装饰部，整个巴黎都在您的脚下！一幅巴黎全景图呈现在眼前：放眼望去，从歌剧院到玛德莱娜教堂，从埃菲尔铁塔到蒙马特高地，一览无余，尽收眼底。

在巴黎春天百货，各大奢侈品牌竞相争艳，琳琅满目，无论是经典怀旧风格的拥趸，抑或前卫时尚潮流之追随者，均可在此找到自己梦寐以求的时尚精品。精心设计的橱窗展示出不可抗拒的诱惑：奢华腕表、皮具、高级珠宝、美容产品、时尚服饰，等等。

巴黎春天百货主要分为三大部分：奢侈和时尚品牌部；男士世界，男士奢华配饰；家居和美容产品部。

一个专为奢侈品牌而设的专属世界，一个充满梦想，由奢华腕表、皮具、高级珠宝、奢华配饰组成的时尚殿堂。巴黎春天百货营造的奢华世界，是巴黎花都的当代象征，代表巴黎人所崇尚的生活艺术，散发出迷人的魅惑。在巴黎春天百货您可以发现：卡地亚、香奈儿、古琦（GUCCI）、欧米茄、路易·威登、普拉达、迪奥、积家、劳力士、肖邦等顶级品牌。

（六）典型产品——巴黎时装周

巴黎时装周（Paris Fashion Week）起源于 1910 年。17 世纪开始，巴黎便一辈辈地积攒下时装制作的好名声。早在 19 世纪末成立的法国时装协会，便一直致力于将巴黎作为世界时装之都的地位打造得坚如磐石——这也是该协会的最高宗旨。他们帮助新晋设计师入行，组织并协调巴黎时装周的日程表，务求让买手和时尚记者尽量看全每一场秀。

如今的巴黎时装周每年一届，分为春夏（9、10 月上旬）和秋冬（2、3 月）两个部分，每次在大约一个月内相继会举办 300 余场时装发布会。具体时间不一定，但都在这个时段内发布。

巴黎时装周，向来是全球四大时装周的压轴，其知名度、历史地位远远高于米兰、纽约、伦敦时装周。20世纪初的意大利流行着这么一句话：“意大利女人若要达到高贵的巅峰，就必须翻过阿尔卑斯山（法国），或越过大西洋（美国）。”意大利人频频向巴黎的时装公司购买设计版权，剪去繁复奢华的细节后，减价出售。而意大利设计师更是以注明“此款服装的灵感取自巴黎时装”为豪。尽管早在1950年米兰便已将Emilio Pucci打造成意大利第一位拥有全球影响的时装大师，但直到Giorgio Armani、Versace、Prada和Dolce & Gabbanna这一批设计师在全球范围内创立出“意大利风潮”后，米兰才真正获得了能与巴黎相提并论的时尚地位——而为达到这一目标，米兰足足耗费了30年的时光。

凭借法国时装协会的影响，卢浮宫卡鲁塞勒大厅（CarrouselduLouvre）和杜乐丽花园（JardindesTu ileries）被开放成为官方秀场。他们向全球的媒体与买手推介时装周上将会露面的每一位设计师。在仿货横行的今日，更是有盗版灭盗版，全力为“法国制造”保驾护航。

巴黎时装周最大的特色是开放与融合，可以接纳世界各地优秀设计师的创意。相反，在米兰和伦敦的时装周相当保守，他们更喜欢本土的设计，对外来设计师的接受度并不高，使这些外来者客居的感觉依旧强烈；而纽约时装周商业氛围又太过浓重。只有巴黎才真正在吸纳全世界的时装精英。那些来自日本、英国和比利时的殿堂级时装设计师们，几乎每一个都是通过巴黎走进了世界的视野。

胸襟宽广且一呼百应的法国时装协会，并没有要求三宅一生、Commedes Garcons和山本耀司（YohjiYamamoto）这些风格独特的日本设计师为推广“法国风格”而努力，也没有把他们变成高度商业化的另一个Ralph Lauren。协会甚至帮助Commedes Garcons获得了1亿美元的年销售额。

在这种背景下，Vivienne Westwood、John Galliano、Alexander McQueen、Hussein Chalayan这些绝顶天才的英国人纷纷东渡，“安特卫普六君子”也在此地获得成功。比较典型的反例当属Helmut Lang——这个奥地利极简主义教父在巴黎发迹。在Helmut Lang被Prada收购后，他就告别巴黎，在米兰与纽约四处碰壁，水土不服得很，最后惨遭灭门。

历时97年的巴黎时装周大概从未想过，原本的“小型时装商品推介会”竟会演变成今天的模样。一场时装秀，早就远远脱离了商品交易的范畴，而成为一场融合了娱乐、戏剧和行为表演艺术的舞台作品。

一场完美的秀，更多的是坚定、准确地传递出品牌形象。能接到多少服装订单事小，能为公司带来真金白银的香水、化妆品、佩饰销售额，以及价格相对便宜的基本款销量，才是这场短短20分钟秀的真正任务——它正为崇拜者营造一个时尚梦。纽约展示商业，米兰展示技艺，伦敦展示胆色，只有巴黎——展示梦想。

三、巴黎文化创意产业与其他产业的比较

目前，全球每天自创意经济创造的产值是220亿美元，并以5%的速度递增。在一些国家增长得更快，美国为14%（1996年开始，美国文化创意产业增长率已超过其他所有传统产业，成为美国最大宗的出口产品来源），英国为12%（文化创意产业增加值占经济总量的9%），法国为13%，而大巴黎贡献了其中的60%以上。

20世纪以前，巴黎是法国最发达的工业区之一。自工业革命爆发以来，巴黎一直是法国最重要、最完备也是最集中的工业区之一。1911年，巴黎工人数量达到110万，其中冶金业15.8万，食品工业4.8万，化学工业3.2万。这一时期，巴黎工业的特点是它的广泛性和多样性。除上述工业部门外，巴黎还集中了大量的服装作坊和奢侈品生产企业，分别吸收就业23.7万人和4.4万人，以满足在巴黎的大量上流社会富裕人们的需要。

二战之后的60年来，巴黎逐步推行工业扩散政策。在引导工业企业扩散的过程中，也加强了对产业布局的调整，留在市区的主要是那些生产时尚、易变产品的工业部门和手工业，大多数都是文化创意产业，如时装、衣服、室内装饰等；而传统的资本、劳动密集型工业部门向郊区转移，如汽车制造业、食品加工业、印刷出版业、电力和电子工业等，这些产业与文化创意产业相融合，互相支持、互相发展。

巴黎的城市经济在法国的整个经济中具有举足轻重的地位。根据2000年的统计，巴黎大区的国民生产总值占全国的30%，而巴黎市区又占巴黎大区的50%，这其中绝大部分为文化创意产业的贡献；巴黎大区的人均国民生产总值达到10000美元以上，高出全国平均水平52.9%，工业产值占全国的四分之一，职工人数占全国的20%，商业额占全国的三分之一，进出口贸易占全国的24%（其中从事文化创意产业的占到70%），因此，巴黎是法国名副其实的经济中心、文化创意产业中心。

第三节　巴黎的文化软实力

巴黎工业生产总值占全法国的四分之一，汽车工业居全国首位。尽管如此，假如用“资本帝国”抑或“跨国集团总部”来概括巴黎，无疑是对这座举世闻

名的文化名城最大的亵读。巴黎虽然是法国最大的工商业城市，它的北郊集聚了汽车、电子、食品、医药等大型制造业，其中不乏世界500强企业，市中心也有各种贵重金属、皮革、时装等精细加工工业存在，但是所有这些，在巴黎历史悠久、声名显赫的文化设施、文化名胜、文化精品、文化大师的名头下黯然失色。

一、文化资源力

巴黎被世人誉为“世界文化艺术之都”，就在于它的悠久历史和文化遗产、生活环境和时尚潮流、城市景观和艺术氛围。这其中的关键因素，是巴黎具有世界一流甚至可以堪称世界第一的文化艺术交流环境。巴黎是世界文化艺术的演艺场，是世界艺术创作的园地，是世界先锋艺术的催生地，是世界时尚潮流的领航者。

巴黎有75个有规模的图书馆、50个剧场、200个电影院、15个音乐厅，还有大量有特色博物馆，巴黎歌剧院是世界上面积最大的歌剧院。巴黎的街头艺术十分活跃，露天画廊、即席作画的街头画家、街头演艺者随处可见。巴黎还是一座“世界会议城”，平均每天举行一次国际会议。巴黎是孕育文学家、艺术家的土坡，莫里哀、雨果、巴尔扎克、大仲马、莫奈，任何一个名字都足以让其他城市艳羡不已。

巴黎具有丰富的旅游资源。由路易十四建造、位于巴黎西南郊约20公里处的凡尔赛宫，城堡、教堂、镜殿、花园、喷泉，气势磅礴，布局严密，一气呵成，堪称气势宏伟、构思缜密的极致。建于12～14世纪坐落在市中心塞纳河中小岛上的巴黎圣母院，是哥特式教堂传世经典之作，堪称崇高南穆、精美神秘的极致。建于1863年位于塞纳河畔、高45米的凯旋门，是当年拿破仑为纪念法国大军战胜奥俄联军而建造的，堪称雄伟衰迈、庄严厚重的极致。1889年由建筑师埃菲尔设计、高307米的埃菲尔铁塔，已成巴黎的象征，夜晚在灯光的照射下，铁塔仿佛变成了“玻璃塔”，玲珑剔透，成为巴黎的奇景之一，堪称奇特想象、大胆创造的极致。在凯旋门和协和广场之间是巴黎最美丽的香榭丽舍大道，两旁是繁华的商业街，灯红酒绿、游人如织、香气袭人，堪称美丽时尚、繁华丰富的极致。1775年，为歌颂法国路易十五而建的协和广场，最美的是其夜景，古色古香的街灯，柔和而温暖，一直向香榭丽舍和凯旋门方向延伸，堪称浪漫温馨、续绵悠长的极致。

二、文化生产力

巴黎集中了众多的国际企业和高级研究机构，进行着频繁的国际商业活动。

巴黎有著名的法兰西学院、巴黎大学、高等师范学校、国家科学研究中心，为文化创意产业提供智力保障支持。作为世界历史名城，巴黎有着丰富的历史文化遗产、旅游胜地和丰富的都市文化生活。巴黎产业部门齐全，奢侈品生产是巴黎工业的一大特色，在工业生产中居第二位，产品有贵重金属器具、皮革制品、瓷器、服装等。巴黎的金融、保险、商业、会议博览和旅游业都很发达，第三产业就业人口占巴黎就业人口的70%。

巴黎作为世界时尚之都，其创意产业重点行业之一是设计业，主要包括：产品设计、时装设计、企业形象设计、视觉传达设计、环境设计、包装设计、设计研究等。法国绝大部分设计公司位于巴黎。据法国工业设计促进协会的统计，巴黎聚集了全法国55%的设计公司，提供了全法国76%的创意设计工作岗位。

目前，法国有专业和半专业话剧团1000多个，演员有7000名以上，其中有1000名以上集中在巴黎。在法国，大多数演员都具有第二职业。法国的大部分剧院集中在巴黎，巴黎有超过57个剧院，超过2.6万个座位。

在世界文化大国中，法国的文化旅游业在全球首屈一指。法国是世界第一旅游大国，每年前来旅游的外国游客多达7000万人，超过法国人口总数。与汽车工业一样，旅游业已成为法国营业额最高、收益最好、创造就业机会最多的行业之一。

三、文化传播力

巴黎乃至整个法国，电影业、图书出版业和文化旅游等文化产业早已成为国民经济中的支柱产业。巴黎发达的传媒与影视业，不仅可以全方位地推广塑造城市的正面形象，更使得他们在全球城市中具有了超一流的话语权。

电影业：法国的电影业久负盛名，因1895年法国的卢米埃尔兄弟发明了电影使法国号称“世界电影之父”、电影发源地。法国在多年来和美国的好莱坞对抗中取得了不错的成绩，其本土的票房一直稳定在30%以上，法国已经成为欧洲最大的和最重要的电影生产国，电影业长盛不衰，其电影产量名列世界第五。2010年以来，法国的电影观众超过1.88亿人，已经超过法国在20世纪70年代的辉煌业绩。巴黎大区影视基础设施雄厚，拥有80多个电影摄影棚、5个大型拍摄基地、众多的后期制作公司，具备数字技术领先的跨国公司和世界知名的电影实验室。位于巴黎北部的巨型电影城将于2012年竣工。作为影视作品的外景拍摄地，大区资源可谓得天独厚。2001年，巴黎大区创立了总额达1.1亿欧元的影视产业基金，对本国和外国影视公司利用巴黎地区资源拍摄的影片给予资助。据统计，在法国拍摄的近50%的电影和电视剧是在巴黎完成的，投入资助基金占法国整个地方政府影视产业投资总额的65%。这也凸显出巴黎大区在法国影视产业中的优势地位。

图书出版业：法国是一个具有深厚文化底蕴的国家，国民非常喜欢阅读。在世界出版市场上，法国堪称执全球出版业之牛耳。法国有4000多家出版社，年营业额200万法郎以上的出版社约400家，小型出版社3000家。每年出版新书45000多种，其中新书与再版书各占到一半。出版业的营业额每年都在201亿美元左右，超过影视与唱片业，可以称得上是法国文化产业的龙头。法国出版的书籍中文学占有很大的比重，远高于教科书与青少年读物。

巴黎传媒产业历史悠久，长期处于世界领先水平，由莫易兹·波利多尔·米约创办的《小新闻报》，由于使用了马里诺尼的轮转印刷机，刊登连载小说，成为世界上第一家发行量达到100万份的报纸。

四、文化创新力

创意产业涵盖了艺术、出版、广播电视和建筑等诸多行业，虽然作为行业本身体现的是经济实力，但它却是文化的载体，而高雅文化和流行文化都被认为是软实力的关键来源。同时，创意产业也被公认为是城市创新力的核心来源。因此，创意产业的发展与城市软实力的培育息息相关。巴黎能够成为举世公认的文化之都和创意之城，其创意产业的发展起到了决定性作用。创意产业的多元发展，增强了城市文化生活活力；对旧城和废旧建筑的改造，延续了城市文脉；影视传媒业的发展，增强了城市的国际信息沟通力和影响力；创意产品的不断推出，更是增强了城市文化凝聚力和创新力。

作为世界城市的巴黎，其文化凝聚力与创新力有着包容的特性。作为著名的国际大都市，巴黎对于各种非主流文化非常包容，通过各种渠道将其转化为实际的经济效益和文化影响力。巴黎对于服装、工艺等艺术产业的“放纵”是举世闻名的，历史上第一间百货店创立在巴黎，行为艺术、奇装异服等在这里司空见惯，红磨房的康康舞在这里不但登堂入室，而且成为著名旅游景点，创造了巨额的经济效益。

巴黎很强的文化凝聚力和创新力还得益于政府的积极深刻介入。法国政府制定各项政策发展创意产业，政府部门成为创意产业的主要推动者之一，他们组织专人研究探讨这一领域所面对的机遇和挑战，并公之于众，这有利于创意产业各个领域与公众的对话，让双方都提出更有建设性的意见和建议，也使各企业股票和基金持有者对变动的市场更有信心。法国政府认为，如果没有有效的政府干预，企业在创意产业链中将面对更多的压力，因为更开放的市场，及更多进口创意产品的竞争，将可能迅速缩短国内企业的寿命。“法国一方面对自己的传统文化而感到骄傲，另一方面也在外国文化的强力竞争下感到无奈；其反对者在1994年《杜邦法》中要求在新闻传媒和网络等接口捍卫法语的地位，针对的就是各产业面临英语文化侵蚀的状态。所以可了解法国并不把重心放在‘文化产业的发展’，而是较重视‘文化的发展’，其强调的是文化与国家形象如何互相结合。”

五、文化吸引力

美国杜克大学富卜商学院凯文·L. 凯勒（Kevin Lane Kelley）教授在他所著的《战略品牌管理》一书中给城市品牌下了这样一个定义：像产品和人一样，地理位置或某一空间区域也可以成为品牌。城市品牌化的力量，就是让人们了解和知道某一区域，并将某种形象和联想与这个城市的存在自然联系在一起，让它的精神融入城市的每一座建筑之中，让竞争与生命和这个城市共存。与企业一样，城市没有品牌，就没有灵魂，没有生命力。巴黎的城市品牌就是时尚与创意，因此具有很强的吸引力和影响力。

作为时尚之都、浪漫之都、服饰之都和文化之都的巴黎，也是欧洲文艺复兴的摇篮，有着千年积淀的历史文化底蕴，重视传统文化与古建筑的保护，凭借政府的文化扶持与资助政策、法语的广泛推介及文化外交上的强势立场，凭借时装、电影等文化产业很好地实现了传统文化与现代文化、法国本土文化与世界文化的融合，赢得了广泛的世界审美认同。

在巴黎，各类国际赛事、时尚庆典此起彼伏，通过这些时尚的文化新元素聚焦世界目光，凝聚城市精神，散发城市魅力。正是这种由内而外的文化塑造和文化融合，使巴黎散发出迷人的魅力。

六、文化影响力

巴黎很早就表现出巨大的影响力。恩格斯在1848年所写的《从巴黎到伯尔尼》中讲到巴黎在19世纪40年代具有的控制力，他说：“只有法国才有巴黎，在这个城市里，欧洲的文明达到了登峰造极的地步，在这里汇集了整个欧洲历史的神经纤维，每隔一定的时间，从这里发出震动全世界的电击，这个城市的居民和任何地方的人民不同，他们把追求享乐的热情同从事历史行动的热情结合起来了，这里的居民善于像最讲究的雅典享乐主义者那样地生活，也善于像最勇敢的斯巴达人那样地死去，在他们身上既体现了阿基比阿德，又体现了勒奥尼达斯（斯巴达著名将领，为国牺牲）。这个城市就像路易·勃朗所说的那样，它真的是世界的心脏和头脑。”

巴黎作为世界城市、作为区域政治经济中心，从这里做出的经济决策和经济政策，极大地影响了世界上其他国家的经济发展。然而，其不仅具有很强的经济影响力，而且在思想上的影响力也是很强的。巴黎出现了法国大革命和巴黎公社起义，诞生了卢梭的《社会契约论》，诞生了拿破仑的《民法典》，诞生了圣西门和傅里叶的空想共产主义，诞生了托克维尔的《论美国的民主》，诞生了萨特的《存在与虚无》等，从这里可以感受到世界跳动的脉搏。

巴黎具有较强的国际话语权也得意于容纳了众多国际组织的总部，这也成为传播法国文化艺术的重要平台，进一步提升巴黎在世界文化中的地位。巴黎汇集了众多国际组织的总部，包括联合国教科文组织（UNESKO）、经济合作与发展组织（OEKD）、国际商会（IKC）、巴黎俱乐部（ParisClub）等共208个，其中，巴黎最有名的国际组织是联合国教育、科学、文化组织，创建于1945年，它是联合国总部下属的第一大分组织，在全球有3000多名工作人员，仅在总部就有2000名。国际组织的“落户”，既是该市国际影响力的象征，又能进一步提高该市的国际声誉和国际认可度，增强其国际议程的控制力。

随着文化创意产业的不断发展，巴黎借助国际组织与会议平台，提升城市国际影响力。发展国际会议产业是提升城市国际影响力的重要手段。国际会议作为国际交往和联系的重要形式，因参会人员多、参会成员国籍广泛、参会成员素质层次高等原，因而成为各大城市提高国际影响力的重要手段。按国际协会联盟（UIA）的统计标准，2008年巴黎举办了419个国际会议，位居世界城市第一。

另外，法语在法国文化及思想的传播中起了巨大的作用，进一步推动巴黎走向国际化。2002年，联合国代表大会接纳瑞士为会员国，使其成员国达到190个国家，其中约有30多个国家的代表团用法语发言。而在“国际外交最高研究院”和“万国邮政联盟”，法语一直保持着唯一正式语言的殊荣。这也是国际邮政业务中一直通用法语的原因。这一切充分说明了为什么法语在大部分国家的学校里都受到极大的重视。可以说，学会英、法语，走遍天下有知音，这是毫不夸张的。

第四节　巴黎世界城市及文化创意产业发展规划

今天，作为时尚之都、浪漫之都的世界城市——巴黎，离不开在上世纪90年代初的世界城市发展规划以及2007年底为了促进文化创意产业快速发展重振雄风的大巴黎计划。

一、SDRIF 规划

20 世纪 80 年代，地区和国际形势的变化为巴黎地区城市发展提出了新的课题。从地区来看，一方面，随着地区社会结构调整的深化，区域发展在经济、社会、人口等多方面出现新的不平衡现象，特别是巴黎城市集聚区的核心地带与边缘地带之间的不平衡；另一方面，随着国家经济形势缓慢好转，一些大型建设项目陆续上马，引发了人们对未来城市空间变化的关注。从国际来看，全球经济结构出现重大调整，经济一体化进程不断加快，全球竞争日趋激烈，世界各国对环境问题的认识更加深刻，欧盟也在紧锣密鼓地筹备之中。面对这样一个新的形势，巴黎作为一国之都该如何应对，成为很现实的问题。

在这种背景下，1990 年法国政府开始对 1976 年的 SDAURIF 规划进行修编。1994 年，《法兰西岛地区发展指导纲要（1990 ~ 2015）》（简称 SDRIF 规划）编制完成，制定了新世纪巴黎地区发展总体目标和战略。该规划由于处于世纪之交的过渡时期而被赋予特殊的历史意义，区域视野和人文观点的引入成为其中的亮点。SDRIF 规划的特色主要表现为：

首先，确定了 3 条土地利用的基本原则：第一，保护自然环境和文化遗产取得巴黎大区内自然环境与人文环境的平衡；第二，优先支持与发展住房和就业容量大、有利于地区协调发展的服务设施项目；第三，预留交通设施用地以及居民参与社会活动、享受商业服务与娱乐休憩活动等项目的建设用地。

其次，世界城市的竞争日益激烈，城市综合规模成为制胜的关键。巴黎具有成为欧洲中心城市和世界城市的优势，但仅靠巴黎或者巴黎地区是不够的，必须整合巴黎盆地乃至整个法国的力量参与竞争。应打破行政边界的隔阂，加强城市之间的联系。一方面，要重视国内不同地区之间的均衡发展，通过人员和产业在全国范围的合理分配，使巴黎地区可以更好地发挥各种非物质资源的优势；另一方面，在巴黎盆地和巴黎地区之间建立伙伴关系，通过发挥相互之间的互补性，实现合理、可行、可持续的区域发展，提高区域整体的吸引力和竞争力。

再次，注重社会、文化、环境等人文因素在城市空间整合、自然空间保护、交通设施建设等三个方面的综合影响及其平衡发展。规划者将巴黎地区划分为建成空间（即城市空间）、农业空间和自然空间，并强调大区的发展建设应该三者兼顾相互协调、共同发展。同时也提出，要维持城市社会的多元化特点，将城市的文化功能建设视为提高地区竞争力的重要途径。此外，规划者还对绿带建设环境保护和污染防治等给予了前所未有的关注。

最后，继续坚持建设“多中心的巴黎地区”这一空间布局的基本原则，新城建设和近郊空间重组仍是区域空间调整的重点，同时更加强调不同层次城市极核在规模、功能和区位上的多样性及相互之间的联系与协作。

二、大巴黎计划的背景

大巴黎地区由传统意义上的巴黎市区、近郊三省及远郊四省组成。从城市空间发展来看，目前巴黎城市空间分隔严重，外环公路如同城墙一样把巴黎中心城区与周围郊区分隔开来。城区内是巴黎主流社会的空间区域，文化教育等公共服务设施齐全，市民受教育程度高，就业机会多，生活富裕。但僵化教条的城市保护条例和高额税收，使得巴黎市区城市空间发展受到很大局限；而巴黎郊区属于外省管理，环境及基础设施普遍落后，是法国外来移民的主要聚居区，居民文化素质不高，就业率低，生活贫困。

尽管现在的大巴黎人口达1200万，但郊区与城区的差别巨大，且交通混乱，城市资源分散，问题多多。如今，对众多居住在巴黎的人们来说，生活已再不是一种享受，而更多成了一种“煎熬”。每逢周日下午，“逃难”驾车返回巴黎的汽车都要在巴黎近郊与环城线堵上十几公里甚至更远，这已成为常态。即便如此，也丝毫阻挡不了人们周末“远离巴黎的决心”。巴黎白领患“抑郁症”的比例较高，除工作竞争激烈、压力大外，与环境不无关系。

近年来，大巴黎地区由于长期以来行政管理上的分隔以及空间发展上的分离而造成的城市与郊区的贫富差距和社会分异，严重阻碍了巴黎作为法国经济与文化“发动机”作用的发挥。尤其是当巴黎与伦敦、纽约等世界级大都市相互竞争时，因缺乏区域协调，劣势尽显。正是在此背景下，“重塑巴黎，重组交通，把首都建造成为21世纪可持续发展，具有国际竞争力，能创造财富和就业，不再有郊区概念的绿色环保大都市”，便成为萨科奇大巴黎计划的主要目标。

2007年，法国总统萨科奇设立了一个“首都地区拓展事务”国务秘书的职务，具体负责巴黎未来20~30年的拓展振兴计划，取名“大巴黎（Grand Paris）计划”。同年9月17日，法国总统萨科齐在法国建筑与文化遗产中心宣布，对大巴黎建设的巨大工程开展国际咨询，10家国际著名建筑师和城市规划事务所向有关方面提交了“大巴黎计划”的设计蓝图。

法国大巴黎计划是针对目前巴黎在世界城市竞争中所遇到的挑战以及所面临的社会、经济问题而提出来的。它反映了在全球化背景下，城市与区域融合的必要性及其内在动力，揭示出在当代大都市扩展进程中，原有的城市郊区、社区与城镇被纳入到都市区范围之后，需要有新的行政管理体系与规划系统促进城市内部的有机融合，以避免城市空间分割与社会分异的激化。

三、大巴黎计划的核心内容

大巴黎计划于2008年初启动，并为此组织了一个由法国政府、巴黎市、巴黎大区市长协会成员组成的大巴黎计划指导委员会和一个由23名资深人士组成的科学咨询委员会。该计划涉及大巴黎地区12000多平方公里的空间范围，该区域拥有约1500万人口。该计划的总负责人为总统首都地区拓展事务国务秘书克里斯蒂安·布朗（Christian Blanc）。

2009年4月30日，来自法国的4家事务所和法国以外的6家事务所在巴黎建筑与遗产城向法国总统及3000名各界人士介绍了他们的方案。这10个由主创建筑师领衔的征集方案大胆提出了他们各自的规划概念。罗兰·卡斯特洛（Roland Castro）提出了巴黎“外迁”；克里斯蒂安·德·波特赞姆巴克（Christian de Portzamparc）提出了“克服大都市危机”；让·努维尔（Jean Nouvel）提出了“促进城乡结合”；安托尼·格兰巴克（Antoine Grumbach）提出了“塞纳河大巴黎”，等等。

目前“大巴黎计划”已经开始实施，主要包括两大措施：

（一）将博物馆城市打造为世界之都

“大巴黎计划”将大大扩张现有的巴黎大区版图，通过修建高速铁路和提高塞纳河的航运功能，法国的首都将向西北延伸100多英里，连通法国北部诺曼底港口城市勒阿弗尔，从而成为和纽约等国际大都市并驾齐驱的港口城市。

按照政府和议会2011年1月达成的协议，从现在起到2025年，将投资325亿欧元建造全长155公里的首都环形自动地铁线以及沿线57座火车站，延长现存地铁线并对其进行现代化翻修。这项庞大的交通工程还包括计划用高速火车把勒阿弗尔、冈城、鲁昂和巴黎连接起来。同时，每年将兴建7万套住宅，以满足“大巴黎”居民的需要。另外，“大巴黎”还计划新建和融合一大批科研、教学、时装、奢侈品、试验室、生物技术和视听产业等园区，并使其形成大经济的“群体聚能”效应。具体实施这项计划的协调指导委员会由国家、巴黎市、巴黎大区的相关负责人组成，另由23位资深人士组成的科学委员会从中协助。统领委员会全部工作的总指挥由萨科齐总统亲自指派的克里斯蒂安·布朗担任，这位巴黎地区拓展事务国务秘书在多种场合表示，希望在未来10年至20年间，将巴黎建成一座全世界仰慕的城市，即一座创造的城市、革新的城市、充满凝聚力的城市。

（二）以塞纳河为轴的文化版图

“大巴黎计划”不仅仅是一项交通计划，或单纯意义上的城市扩建工程，在文化领域也将开拓巨大的发展前景。萨科齐在2011年10月10日的演讲中列举了一长串正在实现或起草中的文化项目，如在巴黎郊区克利希市与蒙费麦伊市交界处建造一座美第奇别墅，并以此为基地成立一个艺术中心。在文化设施方面，东京宫将于2012年春天落成，荒芜20多年的1万平方米土地将得到整治利用。此外，位于巴黎北部圣德尼平原的一个电影城于2012年上半年投入使用。该电影城由著名电影导演吕克·贝松支持建造。

根据规划，大巴黎的文化版图将以塞纳河为轴向四面扩张。在中心区域，有法国国家图书馆、卢浮宫、奥赛博物馆、布朗利博物馆、大皇宫、建筑遗产城和一个坐落在东京宫的崭新的现代艺术机构。在西部，有位于布洛尼森林的路易·威登创意基金会以及正在规划中的赛甘岛。赛甘岛不仅将成为城市地标性建筑群，而且对所有艺术机构敞开大门。在东部，围绕着法国国家视听学院、位于努阿兹勒格朗市的歌布兰学院以及玛尔纳拉瓦雷市和克雷泰伊市的多个大学城，将形成一个影像和多媒体中心。在北部，除了吕克·贝松的电影城，布尔日还将建成一个文化科技中心。在南部，地处维特利的MACVAL博物馆是推广现代艺术的前沿阵地。“大巴黎计划”一旦顺利实施，法国人引以为傲的艺术之都的文化版图将日趋丰盈，同时必将大大增强法兰西之都在世界上的文化影响力。

第八章　发展文化创意产业
提升北京城市文化软实力

第一节　北京文化创意产业发展现状

一、北京文化创意产业发展阶段

北京是我国最早提出发展文化创意产业的城市。从 2005 年起，北京市开始将文化创意产业作为首都经济的支柱产业之一，写入《北京市国民经济和社会发展第十一个五年计划发展纲要》中[①]，提出将北京打造成为中国的“创意产业之都”的目标。此后，北京的文化创意产业得到迅速的发展。

2011 年 5 月 11 日，新修订的北京市《文化创意产业分类》中，对文化创意产业定义：以创作、创造、创新为根本手段，以文化内容和创意成果为核心价值，以知识产权实现或消费为交易特征，为社会公众提供文化体验的具有内在联系的产业集群。

2011 年 11 月颁布的《北京市国民经济和社会发展第十二个五年规划纲要》（以下简称“十二五”规划纲要）中，提出“进一步强化文化创意产业的支柱地位”。经过“十一五”时期的发展，文化创意产业已经成为首都经济的重要支柱

---

① 《北京市国民经济和社会发展第十一个五年计划发展纲要》中对文化创意产业发展的阐述。以完善体制和政策为突破口，制定支持文化创意产业发展的地方法规和优惠政策，营造良好的政策、法制环境和社会氛围，推动文化创意产业加快发展，使之成为首都经济的支柱产业。整合优质资源，积极培育发展一批具有竞争力的大型文化企业集团和文化产业集群；做强做大文艺演出、出版、广播影视、广告等优势产业，不断壮大动漫、网络传媒、网络游戏等新兴产业；打造一批具有一流国际水准、浓郁北京特色的文化精品和知名品牌；逐步把北京建设成为全国的文化演出中心、出版发行和版权贸易中心、影视节目制作和交易中心、动漫和网络游戏研发制作中心、文化会展中心和古玩艺术品交易中心。大力发展研发设计、建筑设计、咨询策划、时尚消费等创意行业。充分利用奥运机遇，加快发展体育休闲健身、竞技体育表演、体育彩票等体育产业。

和新增长点。北京在“十二五”时期，着力提升文化创意产业竞争力，推进文化创意产业升级，优化文化创意产业环境。

改革开放后，北京市文化创意产业发展经历了由市场自发走向政府推动的一个过程。北京文化创意产业发展历程大致分为4个阶段。

（一）文化创意产业萌发时期（第一阶段）

改革开放推动文化事业走向市场，是文化创意产业的萌发阶段。从20世纪90年代初甚至21世纪初，因廉价的厂房租金和颇具工业文明的环境吸引，创意人才，自发地形成了若干文化创意产业聚集区。北京潘家园古玩艺术品交易园区、宋庄原创艺术与卡通产业集聚区、北京798艺术区，由市场推动开始发展成型，中关村科技园区的建设，带动了知识密集型的动漫、音乐等艺术类文化创意产业发展。

（二）文化创意产业概念的提出（第二阶段）

北京市政府于2005年提出了打造“创意产业之都”的目标，由此，文化创意产业概念被正式提出。随着城市文化创意产品消费不断增长，在市场的推动下，北京文化创意产业开始迅速发展，2009年以来，文化创意产业已成为仅次于金融业的北京第二大支柱产业。

（三）文化创意产业相关政策出台（第三阶段）

原有自然形成的北京文化聚集区缺乏规划，配套服务相对滞后，自2006年以来，北京市政府出台了一系列支持文化创意产业发展政策和配套措施，为文化创意产业的发展提供了组织保障、资金支持、统计标准，并将文化创意产业纳入北京市国民经济和社会总体发展规划中。

组织保障方面。2006年3月，由北京市委书记担任组长的北京文化创意产业领导小组（议事协调机构）成立，组建了专门从事推动北京市文化创意产业发展的常设机构——北京市文化创意产业促进中心。

资金支持方面。2006年以来，北京市出台了一系列发展文化创意产业资金配套政策，主要有：《北京市文化创意产业发展专项资金管理办法（试行）》、《北京市促进文化创意产业发展的若干政策》，并为北京文化创意产业发展每年提供5亿元的专项资金，目前，在全国各省区市中，北京市资金投入规模位居首位。

规范了统计分类标准。2006年，北京市率先发布了全国第一个文化创意产业统计的地方标准《北京市文化创意产业分类标准》，范围包括：文化艺术；新闻出版；广播、电视、电影；软件、网络及计算机服务；广告会展；艺术品交易；设计服务；旅游、休闲娱乐和其他辅助服务共9大类。2006年颁布的《北京市文化创意产业投资指导目录》，将文化创意产业投资准入程度分为：鼓励类、允许类、限制类和禁止类4项。确立以11个门类为主线，重点发展的文艺演出、出版发行和版权贸易、影视节目制作和交易、动漫和网络游戏研发制作、广告会展、古玩艺术品交易、设计创意、文化旅游等8个行业为重点。

表8-1 2006年北京市政府推动文化创意产业发展相关措施

时间	政策及措施	主要内容
2006年3月24日	北京文化创意产业领导小组成立	成为北京文化创意产业发展的专门组织协调机构。
2006年8月	《北京市文化创意产业投资指导目录》	《目录》确立的11个门类为主线，以北京市文化创意产业重点发展的文艺演出、出版发行和版权贸易、影视节目制作和交易、动漫和网络游戏研发制作、广告会展、古玩艺术品交易、设计创意、文化旅游等8个行业为重点，将文化创意产业的投资准入程度分为鼓励类、允许类、限制类和禁止类4项。
2006年12月	《北京市文化创意产业分类标准》	在《国民经济行业分类》基础上规定了北京市文化创意产业分类为：文化艺术；新闻出版；广播、电视、电影；软件、网络及计算机服务；广告会展；艺术品交易；设计服务；旅游、休闲娱乐和其他辅助服务共9大类。
2006年11月	设立北京市文化创意产业促进中心	专门从事推动北京市文化创意产业发展的常设机构。
2006年11月7日	《北京市促进文化创意产业发展的若干政策》	该文件共出台了35条鼓励支持文化创意产业的政策，包括：市政府每年安排5亿元文化创意产业发展专项资金，扶持文化创意产业发展；放宽市场准入；支持创意；保护知识产权等。
2006年12月11日	《北京市文化创意产业发展专项资金管理办法（试行）》	专项资金主要支持文艺演出、出版发行和版权贸易、影视制作和交易、动漫与网络游戏研发制作和交易、广告会展、古玩及艺术品交易、设计创意、文化旅游等文化创意行业。
2006年12月10~15日	首届中国北京国际文化创意产业博览会	在北京市政府的大力支持下，首届中国北京国际文化创意产业博览会开幕。

资料来源：根据北京文化创意网的资料整理。

2007年9月北京市政府发布了《北京市“十一五”时期文化创意产业发展规划》，把文化创意产业纳入北京市国民经济和社会总体发展规划之中，提出了“十一五”期间，北京市文化创意产业发展目标、任务，10项重点工作、10项主要任务及多项保障措施，使文化创意产业成为北京“十一五”经济和社会发展总体规划的重要组成部分。

（四）文化创意产业版权交易及资本介入（第四阶段）

2007年以来，北京文化创意产业进入到版权交易及资本介入阶段。版权被誉为文化创意产业的“货币”，文化创意产业95%的交易是版权交易，特别是2008年北京奥运会，成功地对北京奥运会相关版权进行了保护。2007年9月13日，北京国际版权交易中心成立，同时，中国国际版权交易网（www.cnictc.com）正式开通。2009年5月8日，国际版权交易中心在中关村科技园区雍和园开市，标志着我国第一家按照交易所模式运营的版权交易中心正式运作。在政府主导下的版权交易贸易平台的建立，为北京文化创意产业的良性发展提供了有力的保障。

同时，北京文化创意产业融资方式和资本投资方式更加丰富。2008年以来，北京市政府、北京文化创意产业领导小组、北京市银监局、人民银行等部门，先后出台了多个与文化创意产业发展相关的融资政策（见表8-2），涉及贷款贴息、担保资金、融资支持、创业投资等方面的支持。

文化创意金融产品已成为北京金融机构最具有竞争优势和服务特色的业务之一。2008年，北京银行为《画皮》提供1000万元版权质押贷款，这是我国无专业担保公司担保的“版权质押”贷款第一单。《画皮》电影获得1.7亿元的票房收入，确保了北京银行信贷投资的稳健回收，还意外收获了广告效应。

2009年，中国人民银行营业管理部、北京银监局出台了《关于金融支持首都文化创意产业发展的指导意见》，为文化企业的融资打通脉络。截至2011年5月31日，北京银行、交通银行北京分行、工商银行北京分行累计发放文化创意产业贷款1630笔，贷款金额合计约160.55亿元。

表8-2 2008年以来北京出台的文化创意产业的融资政策

时间	政策	主要内容
2008年4月15日	《北京市文化创意产业贷款贴息管理办法（试行）》	从北京市文化创意产业专项资金中安排专款，对已经形成一定规模、获得商业银行文化创意产业项目贷款、符合文化创意产业支持方向的企业，按照项目贷款利息总额的50%~100%给予贷款贴息支持。

续表

时间	政策	主要内容
2009年3月9日	《北京市文化创意产业担保资金管理办法（试行）》	北京市建立文化创意产业担保资金和工作机制，重点支持文化创意企业的创作、生产和营销等环节，并将担保与再担保机制结合起来，采取对合作担保机构的再担保费进行补贴、对担保业务进行补助等方式，鼓励担保机构为文化创意企业提供担保服务。担保资金来源于北京市文化创意产业发展专项资金。
2009年7月	《关于金融支持首都文化创意产业发展的指导意见》	《指导意见》在加大文化创意产业信贷支持力度、金融产品创新力度、财政资金扶持力度及建立文化创意产业的信贷业务拓展和评估机制、业务考评体系、贷款利率定价机制、风险监测系统等方面提出了具体指导意见，并要求积极支持文化创意产品的消费增长，扩大旅游会展、文化艺术、新闻出版、广播、电视、电影等综合消费信贷规模。
2009年8月12日	《北京市文化创意产业创业投资引导基金管理暂行办法》	2009～2011年，北京市将从文化创意产业发展专项资金中每年安排1亿元，累计安排3亿元作为引导基金。引导基金主要以参股方式运作，即以股权投资方式同合作创业投资机构共同发起设立创业投资企业。投资文化创意产业项目，并在约定期限内退出，引导基金的出资比例最高不超过参股创业投资企业实收资本的30%，且不能成为第一大股东。
2009年10月14日	《北京市关于支持影视动漫产业发展的实施办法（试行）》	对在北京市立项、具有自主知识产权的优秀原创动画剧本和样片，择优予以前期资助，资助额为项目实际到位投资额的5%～15%。影视动画片在中央电视台播出每分钟奖励500元，收视率在该频道年度排名前10位的追加奖励每分钟2000元。在北京电视台卫视频道、北京电视台卡酷卫视播出的也有相应奖励。在国内院线上映的动画电影，提供200万元以内的奖励。每年奖励10部优秀手机动画作品，每部奖励5000元。

续表

时间	政策	主要内容
2009 年 10 月 14 日	《北京市关于支持网络游戏产业发展的实施办法（试行）》	针对网络游戏企业，北京将对辖区自主研发的原创网络游戏产业，择优给予 100 万 ~ 200 万元的前期资助；自主研发游戏引擎并利用该引擎制作大型网络游戏 5 款以上的，以及自主研发形成知识产权并投入运营的网络游戏产业和服务，一次性给予 200 万元资助；同时对网络游戏企业购置、租赁服务器等符合一定条件的均安排补贴政策，对网络游戏企业知识产权保护、开发海外市场等给予奖励和补贴。

资料来源：根据北京文化创意网的资料整理。

为了更好地服务于文化创意企业，2010 年 1 月 8 日，全国首家金融服务文化创意产业专营机构北京文化创意产业金融服务中心成立。该中心将为北京文化创意企业提供快速的审批渠道和优质的金融产品服务方案，促进北京市文化创意产业持续快速发展。北京银行采用专业团队模式，为文化创意企业提供机构及个人理财等多项配套服务措施。

2010 年 1 月 12 日，中国工商银行北京分行与北京市文化创意产业促进中心签署战略合作协议，每年设立 100 亿元专项授信额度扶持文化创意企业。2010 年 1 月 14 日，北京银行与北京市文化局签署战略合作协议，北京银行在未来 3 年内意向性向动漫网游、文艺演出、古玩与艺术品等文化创意企业提供人民币 100 亿元专项授信额度。

二、北京文化创意产业集聚区发展现状

2007 年，北京市政府颁布的《北京市“十一五”时期文化创意产业发展规划》提出“到 2010 年，北京市级重点文化创意产业集聚区力争达到 30 个”的任务目标。北京市文化创意产业的发展要逐步形成高端、高效、高辐射力的文化创意产业集群，把北京建设成为中国的文艺演出中心、出版发行和版权贸易中心、广播影视节目制作和交易中心、动漫和网络游戏研发制作中心、广告和会展中心、古玩和艺术品交易中心、设计创意中心、文化旅游中心、文化体育休闲中心，全力将文化创意产业打造成为首都经济发展的支柱产业。

（一）"十一五"时期，北京市认定了30个文化创意产业集聚区

"十一五"时期，北京市相继分4批认定了30个文化创意产业集聚区，各文化创意产业集聚区的分布地域、核心功能和主要行业见表8-3。其中，2006年12月第一批认定了10个文化创意产业集聚区；2008年3月第二批认定了11个文化创意产业集聚区；2010年3月第三批认定了2个文化创意产业集聚区；2010年11月第四批认定了7个文化创意产业集聚区。

表8-3　北京文化创意产业集聚区分布、功能和影响

确认批次与名称		分布地域	核心功能	主要行业
第一批（10个）	中关村创意产业先导基地	海淀区	多方位	软件、网络及计算机
	北京数字娱乐产业示范基地	石景山	文化娱乐	娱乐、动漫
	国家新媒体产业基地	大兴区	媒体	动漫、影视
	中关村科技园区雍和园	东城区	数字娱乐	软件、网络及计算机
	中国（怀柔）影视基地	怀柔区	影视创意	电视、电影
	北京798艺术区	朝阳区	艺术	艺术、日常生活
	北京DRC工业设计创意产业基地	西城区	工业设计	与设计相关的产业
	北京潘家园古玩艺术品交易园区	朝阳区	艺术品交易	艺术品交易与修复
	宋庄原创艺术与卡通产业集聚区	通州区	艺术与卡通	软件
	中关村软件园	海淀区	软件	软件、软件相关的产业
第二批（11个）	清华科技园	海淀区	软件、设计	软件、网络及计算机
	顺义国展产业园	顺义区	会展	会展、相关产业
	北京CBD国际传媒文化创意产业集聚区	朝阳区	传媒	广播、电视、电影
	北京时尚设计广场	朝阳区	时装设计	设计、服装
	琉璃厂历史文化创意产业集聚区	西城区	艺术品	艺术品、相关行业
	惠通时代广场	朝阳区	新闻	出版行业
	前门传统文化产业集聚区	东城区	文化	文化艺术
	北京出版发行物流中心	通州区	新闻、物流	出版行业
	北京欢乐谷生态文化园	朝阳区	旅游	旅游
	大红门服装服饰文化创意产业集聚区	丰台区	服装	设计、服装
	北京（房山）历史文化旅游集聚区	房山区	旅游	旅游及相关产业

续表

确认批次与名称		分布地域	核心功能	主要行业
第三批（2个）	中国动漫游戏城	石景山区	动漫游戏	软件、网络
	北京奥林匹克公园	朝阳区	旅游	旅游、休闲娱乐
第四批（7个）	八达岭长城文化旅游产业集聚区	延庆县	旅游	旅游、休闲娱乐
	北京古北口国际旅游休闲谷产业集聚区	密云区	旅游	旅游、休闲娱乐
	斋堂古村落古道文化旅游产业集聚区	门头沟区	旅游	旅游、休闲娱乐
	中国乐谷-首都音乐文化创意产业集聚区	平谷区	文化	文化艺术
	卢沟桥文化创意产业集聚区	丰台区	旅游	旅游、休闲娱乐
	北京音乐创意产业园	朝阳区	文化	音乐
	十三陵明文化创意产业集聚区	昌平区	旅游	旅游、休闲娱乐

资料来源：根据北京文化创意网的资料整理。

（二）文化创意产业集聚区覆盖了16个区县

目前，北京市30个文化创意产业集聚区覆盖了16个区县。其中，朝阳区最多，有8个集聚区；海淀区有3个集聚区；东城、西城、丰台、石景山、通州各有2个集聚区，其他9个区县各有1个集聚区。

（三）形成了66个区县级文化创意产业集聚区

"十一五"时期，北京市政府充分调动区县积极性，积极引导区县建设一批各具特色的文化创意产业集聚区。目前，北京市已形成以市级集聚区为龙头，以区级集聚区和文化创意街区为特色。东城、西城、朝阳、丰台、石景山、海淀、通州、顺义、昌平、大兴、怀柔、密云12个区县内，形成了区县级文化创意产业集聚区66个，使集聚区成为北京文化创意产业发展的重要载体。

（四）文化创意产业集聚区涉及8个行业

北京市30个文化创意产业集聚区涉及8个行业，即文化艺术类集聚区，新闻出版类集聚区，广播、电视、电影类集聚区，软件、网络及计算机服务类集聚区，广告展会类集聚区，艺术品交易类集聚区，设计服务类集聚区，旅游、休闲娱乐类集聚区。

（五）"十二五"时期，整合提升文化创意产业集聚区的竞争力

北京市"十二五"规划纲要提出，将努力提升文化创意产业竞争力，整合提升30个市级文化创意产业集聚区，打造国际级、市级和区县的文化创意产业

中心、文化创意产业示范区，形成不同梯次、不同产业集群合力的发展架构。

将重点支持中国动漫游戏城、中国北京出版创意产业园、中华文化主题公园、国家新媒体产业基地星光影视园、中影数字电影制作基地、西山文化创意大道、CBD-定福庄传媒走廊、平谷中国乐谷等重大项目建设，提升集聚能力，增强带动作用，形成多元支撑、特色发展格局。

北京将集中力量推动重大标志性城市文化服务功能区规划建设。加快建设以奥林匹克公园为中心的现代演艺功能区；发展以孔庙、国子监为中心的国家文化展示区；抓好以颐和园和天坛公园为代表的皇家园林文化展示区；构建以天桥为中心的北京传统特色演艺区；形成以什刹海、南锣鼓巷为中心的四合院休闲文化区；积极推进国家音乐产业园区、首都剧院区等规划建设；大力发展绘画、艺术品、时尚艺术等多种类型的文化体验功能区。

三、文化创意产业对北京经济发展的促进作用

（一）文化创意产业已成为北京国民经济支柱产业

“十一五”时期，北京文化创意产业得到迅猛发展，使其成为北京国民经济支柱产业，2009 年以来，文化创意产业已成为仅次于金融业的北京第二大支柱产业。

有资料证明，当某一产业的增加值占 GDP 的 5% 以上时，就可以称之为支柱产业。图 8 – 1 显示，2006 ~ 2010 年，北京文化创意产业增加值占北京市 GDP 比重超过 5%，为 10% 以上，2010 年达 12.3%，已达到“支柱性产业”的衡量标准。而同期，全国文化创意产业增加值占全国 GDP 比重在 2.5% 左右，2010 年为 2.75%。

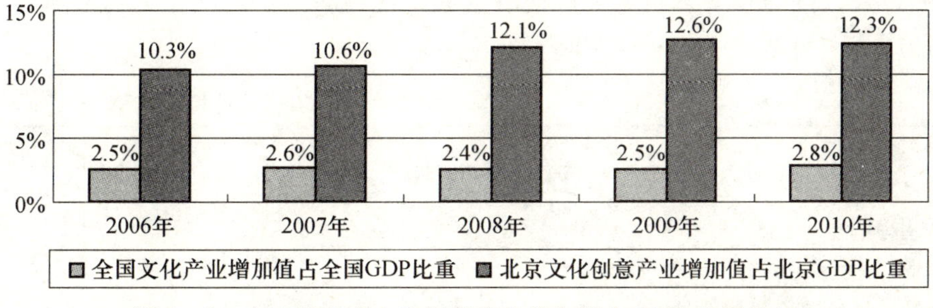

图 8 – 1　全国及北京文化创意产业增加值占 GDP 比重比较

（二）文化创意产业成为北京经济发展新引擎

图 8 – 2 显示，2006 ~ 2010 年，北京 GDP 增加值同比增长率与北京文化创意产业增加值同比增长率比较，北京文化创意产业增加值同比增长率高于北京 GDP 增加值同比增长率，表明文化创意产业已成为北京经济新增长点，文化创意产业对北京 GDP 增长具有显著的拉动作用。

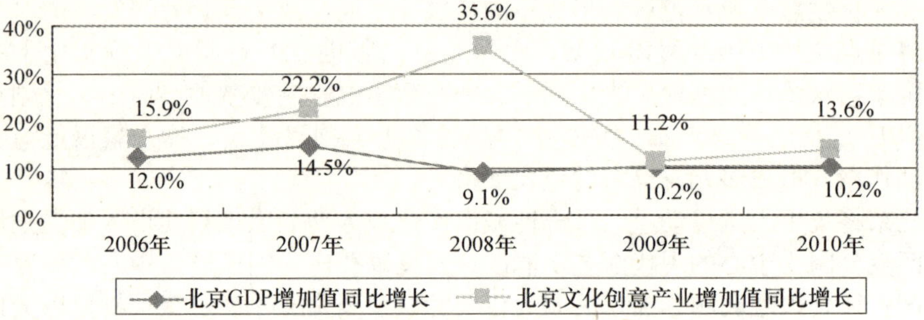

图 8－2 北京 GDP 及文化创意产业增加值同比增长比较

（三）文化创意产业推动了城市经济转型和产业升级

文化创意产业具有技术密集、知识密集型、附加值高、环境污染少、资源能源消耗低等特点，是知识经济时代重要的产业形式。动漫游戏、数字出版、数字新媒体等一批文化创意产业新业态发展迅猛，成为北京文化创意产业发展的新亮点。

表 8－4 显示，“十一五”时期，北京文化创意产业形成了软件、网络及计算机服务，新闻出版，广播、电视、电影和广告会展等四大优势行业。2010 年，四大行业产业增加值占北京市文化创意产业增加值比重为 75.5%。其中，2010 年，软件、网络及计算机服务业产业增加值为 847.1 亿元，占 2010 年文化创意产业增加值的 49.9%，占第三产业产值比重 8.0%，成为北京市文化创意产业的支柱行业。

北京文化创意产业的发展，使新兴产业发展已超过传统产业，特别是以科技引领的软件、网络及计算机服务产业的发展，使高新技术在文化创意领域得到广泛地运用。

表 8－4 2006～2010 年北京市文化创意产业九大行业产值占比重 单位：%

行 业	2006 年	2007 年	2008 年	2009 年	2010 年
1. 文化艺术	4.3	3.8	3.2	3.3	3.2
2. 新闻出版	16.4	14.1	11.4	10.7	10.1
3. 广播、电视、电影	8.9	10.2	8.9	8.4	8.2
4. 软件、网络及计算机服务	45.6	47.9	52.2	47.7	49.9
5. 广告会展	6.3	6.4	8.3	6.6	7.5
6. 艺术品交易	1.2	1.4	1.5	2.1	2.5
7. 设计服务	4.9	4.9	3.9	5.1	5.0
8. 旅游、休闲娱乐	5.9	5.0	4.3	4.1	4.1
9. 其他辅助服务	6.4	6.3	6.2	12.1	9.6

资料来源：北京市统计局。

（四）文化创意产业促进了城市就业的增加

表8－5显示，“十一五”时期，北京文化创意产业的发展，不仅实现了经济的稳定增长，还促进了就业的增加。从社会贡献率看，2006年北京市文化创意产业从业人数为89.5万，2010年达到122.9万，比2006年增加了33.4万，从业人数年均增长率达到8.3%。

北京市文化创意产业就业人数占北京市第三产业就业人数，从2006年的14.1%提高到2010年的16.0%。文化创意产业就业人数占北京市就业人数，从2006年的9.7%提高到2010年的11.9%。文化创意产业不仅是首都经济增长的亮点，而且是社会发展的重要引擎。

表8－5　北京文化创意产业从业人数

项目＼年份	2006	2007	2008	2009	2010
北京文化创意产业从业人数（万人）	89.5	102.5	107.0	114.9	122.9
全社会从业人员数（万人）	919.7	942.7	980.9	988.3	1031.1
文化创意产业从业人数占比重	9.7%	10.9%	10.9%	11.6%	11.9%

资料来源：北京市统计局。

其中，软件、网络及计算机服务是吸纳从业人员最多、增速最快的行业。2006～2010年，这一行业吸纳就业人数从28.3万提高到51.6万，5年间增加了82.3%，年均增长16.2%，在文化创意产业就业人数的比重从31.6%提高到42.0%。

（五）北京文化创意产业在我国文化产业中处于重要地位

北京不仅是我国最早提出发展文化创意产业的城市，同时拥有良好的文化产业发展基础和资源优势。北京是全国的文化中心和对外交往中心，文化设施完善，文化底蕴深厚，各类专业人才资源极为丰富，为北京文化创意产业的发展提供了强大的动力。

表8－6显示，2006～2010年，北京市文化创意产业增加值保持快速增长的同时，占全国文化产业增加值比重在15%以上，在我国文化产业发展中处于重要的地位。

表8-6 北京文化创意产业增加值占全国比重

项目 \ 年份	2006	2007	2008	2009	2010
全国文化产业增加值（亿元）	5124	6412	7630	8400	11052
北京文化创意产业增加值（亿元）	812.1	992.6	1346.4	1497.7	1692.2
北京占全国比重（%）	15.85%	15.48%	17.65%	17.83%	15.31%

资料来源：北京市统计局。

（六）北京文化产业竞争力居全国首位

2011年11月，中国人民大学文化创意产业研究中心发布了中国省市文化产业发展指数（2011），该指数使用2010年统计数据及调研数据计算全国各省、市、自治区的文化产业发展情况，指数包括：综合指数、生产力指数、影响力指数、驱动力指数等4项。其中生产力是从投入的角度反映文化产业发展的资源投入水平，影响力则是从产出的角度反映文化产业发展的实际效果，产业驱动力则反映了文化产业发展的外部环境。

表8-7显示了排名前10的省市分布情况，北京市综合指数排名居首位，广东和上海紧跟其后，四川首次进入前10名。其中，北京市文化产业综合指数为79分，生产力指数、影响力指数分别得分83.3和83.2。

表8-7 中国省、市文化产业发展指数（2011）前10位省市

排名	综合指数		生产力指数		影响力指数		驱动力指数	
1	北京	79.0	北京	83.3	上海	83.3	天津	78.1
2	广东	76.7	广东	79.8	北京	83.2	山西	76.3
3	上海	76.5	上海	77.4	浙江	82.4	江西	76.2
4	浙江	76.1	浙江	76.8	江苏	81.3	吉林	75.5
5	江苏	76.1	辽宁	76.6	广东	80.8	福建	74.4
6	山东	75.7	山东	76.2	湖南	77.6	山东	74.0
7	天津	75.5	江苏	76.1	山东	76.9	广西	73.9
8	四川	73.8	天津	74.8	陕西	76.3	重庆	73.8
9	辽宁	73.4	内蒙古	73.7	安徽	75.9	内蒙古	73.6
10	福建	73.3	四川	73.1	四川	75.4	四川	72.9

（七）北京文化创意产业成为投资热点领域

北京文化创意产业的迅猛发展，近年来成为投资的热点领域，北京文化创意产业固定资产投入居全国第一。2004 年至 2009 年，固定资产投资总额达到 203 亿元，平均增速 21.99%。在国内众多地区，政府纷纷以超过 10 亿元乃至百亿元的重大项目，作为文化创意产业发展的重要引擎。10 亿元招商引资的文化创意产业项目大都是旅游、休闲类园区项目，表 8－8 显示，在全国部分招商引资的 10 亿元文化创意产业园区项目中，北京有 4 个园区的投资规模超过 10 亿元。

表 8－8　北京招商引资的 10 亿级文化创意产业园区类项目

地点	项目名称	占地面积（亩） 建筑面积（m^2）	项目总投资（亿元）	招商意向
海淀区	创意北京文化创意产业园	74.5 万㎡	43.2	合资、合作
朝阳区	1919 影视传媒创意园区	500 亩	10	合资、合作、其他
大兴区	中华农博园	2000 亩	17	招商
房山区	中国溶洞矿山博览园	1800 亩	10.1	股份合作

第二节　北京城市文化软实力现状

一、北京城市文化软实力构成要素

党的十七大报告提出“提高国家文化软实力”，表明我国文化软实力建设上升到国家战略层面。北京市“十二五”规划纲要提出，要建设世界城市，注重文化软实力培育，以提升城市的竞争力和影响力，将文化软实力作为北京城市竞争力的核心要素。

美国哈佛大学教授约瑟夫·奈在其 1990 年出版的《注定领导世界：美国权力性质的变迁》一书，以及他于同年发表的题为《软实力》一文中，最早明确提出和论述了“软实力”的概念。一个国家的软实力，主要包括文化吸引力、意识形态或政治价值观念感召力及塑造国际规则和决定政治议题的能力。

（一）城市软实力的构成要素

城市软实力是国家软实力概念在城市竞争与发展层面上的应用与延伸。北京在建设世界城市中，北京城市软实力的构成要素应该兼备城市软实力的共性和世界城市的个性特征。

1. 世界城市评价标准

弗里德曼提出的世界城市理论假说，将判断世界城市的主要标准聚焦于其在全球经济中的地位和对全球的影响力。他提出的衡量国际大都市的8项标准为：主要的金融中心、跨国公司总部所在地、国际性机构的集中地、第三产业的高度增长、主要制造业中心、世界交通的重要枢纽、城市人口达到一定标准及人口迁移目的地。

由科尔尼咨询公司和芝加哥全球事务委员会等共同发布的《2008全球化城市指数》，则从商业活动、人力资本、信息交流、文化体验和政治参与等5个维度、24项指标对全球60个城市进行评价。

2. 国际大都市的软实力评价体系

国内学者庄德林、陈信康（2009）认为，国际大都市的软实力包括3个层次（见图8－3），分别是资源层、表现层和功能层。资源层是软实力的来源与基础，表现层是软实力发挥作用的方式，功能层是发展软实力所要达到的目的。

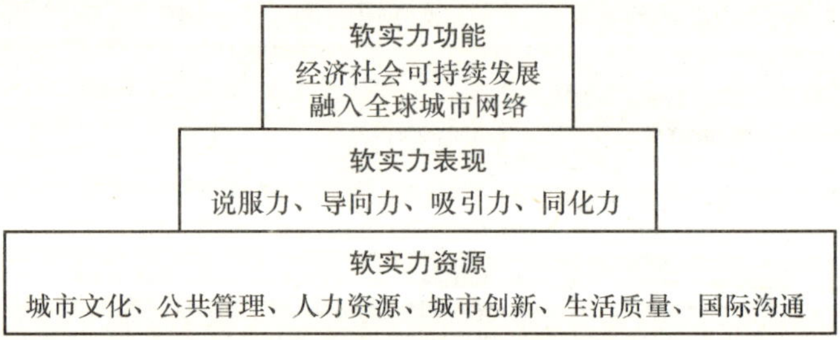

图8－3　国际大都市软实力概念模型

具体而言，它是建立在城市文化、公共管理、人力资本、城市创新力、生活质量、国际沟通等非物质基础之上的，以非强迫方式达到自己期望结果的能力，是城市说服力、导向力、吸引力和同化力的总和。城市软实力可以推动城市全面融入全球城市网络，在全球竞争中走向持续繁荣。国际大都市软实力的构建，包含了城市文化、公共管理、城市创新、生活质量、国际沟通等5个维度、55个指标项的三层评价体系。

3. 国际大都市文化软实力评价指标体系

国内学者陶建杰（2011）在《十大国际都市文化软实力评析》一文中提出，文化软实力是城市综合实力的核心部分，也是城市可持续发展的动力。从文化基础力、文化保障力、文化生产力、文化传播力、文化吸引力和文化创新力6个方面，设计了包含15个二级指标和33个三级指标的城市文化软实力评价指标体系（见表8－9）。

表 8-9　国际大都市文化软实力评价指标体系

一级指标	二级指标	三级指标
文化基础力	文化传统	世界文化遗产和自然遗产数
		对文化资源的开发利用程度
	区位条件	区位便利度
		到世界主要城市的距离
	经济基础	人均 GDP
		人均收入
文化保障力	制度环境	地方自主化程度
		经济自由化程度
		办事效率
	文化投入	政府文教投入
		居民文教投入
文化生产力	文化设施	博物馆数
		图书馆数
		电影院数
	生产规模	广告媒体跨国公司数
		文化产业总产值
文化传播力	国际传播	政府网络反馈
		企业网络反馈
	对外联系	机场客运量
		机场货运量
	文化贸易	国际旅游收入
		版税和许可证服务出口额
文化吸引力	公众声誉	文化产品在国际上的影响力
		文化产品在国际上的受欢迎程度
	国际交流	外国游客占市民比例
		境外游客数
		外国出生市民比例

续表

一级指标	二级指标	三级指标
文化创新力	人力资源	世界 500 强大学数量
		文化产业人才占总人口比重
	创新投入	著名实验室和科研中心数
		人均研发支出占 GDP 比重
	创新产出	国际认可的专利数量
		国际论文发表数量

（二）北京城市文化软实力核心要素

北京“十二五”规划纲要提出，着眼于建设中国特色世界城市，加强首都文化软实力建设，已成为“十二五”时期北京经济社会发展主要任务之一。加强首都文化软实力建设的主要措施有：（1）加强社会主义核心价值体系建设；（2）加快重大文化设施建设；（3）全面提升公共文化服务水平；（4）加强文化创意产业的支柱地位；（5）提高历史文化名城保护水平；（6）提升首都文化的国际影响力。

《北京市“十二五”时期文化创意产业发展规划》（以下简称：“十二五”文化创意产业发展规划）中，对“十二五”期间北京市文化创意产业发展的总体部署为：北京文化创意产业增加值要继续保持两位数增长，增速要高于全市总体经济增长速度，比重力争达到全市地区生产总值的 15% 左右。北京将全力打造世界出版创意之都、亚太演出中心，推进首都文艺演出业聚集区等不同特色的文化功能区为关注的重点。

北京“十二五”文化创意产业发展规划，从推进文化创意产业升级、促进文化创意产业集聚区发展以及优化文化创意产业发展环境三个方面提出了具体措施：（1）在文化创意产业升级方面，以积极培育北京地区文化企业集团和上市公司为重点，完成文艺院团和经营性出版社的转企改制；（2）在文化产业集聚区发展方面，北京将重点吸引国家级文化产业园区落户，其中包括中国北京动漫游戏城、中国北京星光电视节目制作基地和中国北京出版创意产业园等；（3）为了优化产业发展环境，在“十一五”时期已经制定和发布的 21 个产业配套扶持政策的基础上，为文化产业提供宽松而完善的政策环境。

本章基于北京市“十二五”规划纲要和北京市“十二五”文化创意产业发展规划所提出的目标，综合上述研究机构和学者对软实力评价指标的研究，以及本书第三章提出的城市文化软实力构成要素，在结合北京历史、文化、经济和社会发展现状，提出“北京城市文化软实力”构成的核心要素（见图8-4），主要包括：依托北京文化资源优势文化资源力；将文化生产力作为文化软实力的根本动力；以城市精神为核心的文化凝聚力；以文化保障力作为文化软实力的可持续发展的重要保障；文化创新力作为文化软实力的不竭动力；最终通过文化传播、文化交流和对外文化贸易提高北京的文化吸引力和影响力。

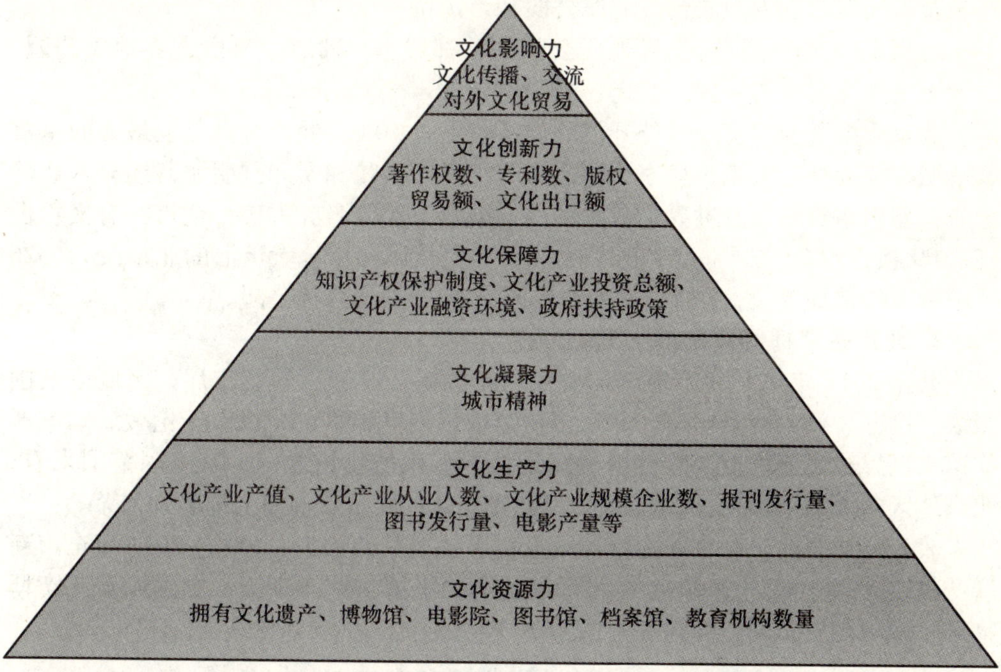

图8-4　“北京城市文化软实力”构成的核心要素

二、北京城市文化软实力评价

根据北京市统计局公布的北京市国民经济和社会发展统计公报、北京统计年鉴数据，以北京城市文化软实力核心要素为基础，对近年来北京城市文化软实力进行评价。

（一）文化资源力是提升城市文化软实力的重要基础

文化资源力是一个城市发展文化软实力的先决条件，包括城市的历史、名胜古迹、传统礼仪、民俗、历史名人，还包括建筑、街区、博物馆、剧院等各类文化基础设施等。

北京市文化基础设施总量和文化消费均居全国首位。北京的博物馆、电影院数量已达到发达国家城市水平。北京24个市、区县的公共图书馆馆舍面积合计16.4万平方米，排在伦敦、东京和巴黎之后，居世界第四位。

1. 北京是全球拥有世界遗产最多的城市

北京拥有世界文化遗产有：故宫、长城、周口店北京人遗址、天坛、颐和园、明十三陵6处。还有中国世界遗产预备名单，如大运河、北京云居寺塔、藏经洞及石经、北京古观象台、北海公园和卢沟桥。

北京是全球首个拥有世界地质公园的首都城市，即北京房山世界地质公园。中国历史文化名街有：国子监街、烟袋斜街。

北京旅游资源丰富，对外开放的旅游景点达200多处，有世界上最大的皇宫紫禁城、祭天神庙天坛、皇家花园北海、皇家园林颐和园和圆明园，还有八达岭长城、慕田峪长城以及世界上最大的四合院恭王府等名胜古迹。全市共有文物古迹7309项，99处全国重点文物保护单位（含长城和京杭大运河的北京段），326处市级文物保护单位，5处国家地质公园，15处国家森林公园。

2. 北京是“博物馆之都”

截至2011年末，北京地区拥有注册博物馆159座，包括市属、区属以及国家级、民办、行业博物馆等。北京博物馆数量列世界第二，仅次于伦敦。国家博物馆为世界最大博物馆。故宫博物院是世界五大博物馆之一。从全国范围来看，北京地区的博物馆不仅在“博”上门类齐全，在质量和规模上都名列前茅。

表8-10显示，北京博物馆的数量仍保持增长的势头，2006~2011年全市新增博物馆53座。其中，2011年北京市新增3个博物馆分别为：中国妇女儿童博物馆、房山地质公园博物馆和中国消防博物馆。

表8-10 2006~2011年北京拥有注册博物馆数量

年份	注册博物馆数量（座）	新增数量（座）	馆藏文物数量（万件）
2006	133		323.8
2007	141	8	329.5
2008	148	7	330.7
2009	151	3	—
2010	156	5	—
2011	159	3	430.2
合计		53	

资料来源：历年北京市国民经济和社会发展统计公报。

3. 北京电影院突破百家，票房收入居全国城市之首

表8－11显示，北京是全国电影院数量最多的城市，至2010年底，北京地区影院突破百家，达到102家，银幕数达到510块。2011年，北京地区16条院线，电影院数量达到118家，银幕数达到617块，IMAX巨幕5块，平均每3.2万人拥有一块电影银幕，处于世界领先水平；影院座位11.44万个，位居全国城市第一。目前，全国40条城市电影院线中，有16条院线在京建有所属影院；北京市影院建设投资总额达到16.7亿元，影院固定资产达到24.4亿元。

同时，北京还是电影巨大的消费市场，拥有数量众多的观众，电影票房持续迅猛增长。2006年，北京放映电影28万场，观众达到1221万人次，票房收入达到3亿元；到2011年，北京地区共放映电影97.3万场，观众3206.1万人次，票房收入13.5亿元。北京地区票房收入占全国票房总收入的10.1%，已连续5年位居全国城市票房冠军。

表8－11　2006～2011年北京影院数量、观众数和票房收入

年份	影院数量（家）	放映电影（万场）	观众（万人次）	票房收入（亿元）
2006	—	28	1221	3
2007	—	34.7	1053	3.66
2008	69	44	1458.9	5.3
2009	84	60 （373块银幕）	2139.6	8.1
2010	102	72.6 （510块屏幕）	2774	11.8
2011	118	97.3 （617块屏幕）	3206.1	13.5

资料来源：历年北京市国民经济和社会发展统计公报。

4. 北京拥有25个公共图书馆和17个国家综合档案馆

北京拥有世界第三、亚洲第一大图书馆——中国国家图书馆。中国科学院图书馆、北京大学图书馆跻身全国五大图书馆。

2006～2011年，北京市共有公共图书馆25个，其图书馆图书总藏量保持增长，从2006年的3719万册达到2011年的4650万册。

表 8－12 2006～2011 年北京 25 个图书馆图书总藏量

年份	图书总藏量（万册）	档案馆数量（个）	档案馆开放档案（万卷）
2006	3719	—	—
2007	3921	19	83.3
2008	4078	19	82.6
2009	4200	19	87.5
2010	4451	17	87.5
2011	4650	17	88.0

资料来源：历年北京市国民经济和社会发展统计公报。

2007～2009 年，北京共有国家综合档案馆 19 个；2010～2011 年，全市共有国家综合档案馆减少了 2 个，为 17 个。但档案馆开放档案数量逐年增加，从 2007 年的 83.34 万卷增加到 2011 年的 88 万卷。

5. 北京教育研究机构数量多

北京是全国教育最发达的地区，是全国高等院校的中心，聚集了全国数量最多的著名高校，其中包括北京大学、清华大学、中国人民大学、北京师范大学、北京航空航天大学、北京理工大学、中国农业大学等著名的学府。

截至 2011 年底，北京市共有 52 所普通高校和 78 个科研机构培养研究生，全年研究生毕业生 6.3 万人，北京市普通高等院校全年本科毕业生 15.1 万人。

北京是全国最大的科学技术研究基地，有中国科学院、中国工程院等科学研究机构和号称中国硅谷的北京中关村科技园区，每年获国家奖励的成果占全国的三分之一。

（二）文化生产力是提高城市文化软实力的根本动力

文化生产力是文化软实力的基础，也是推进文化软实力提升的根本动力，是评价一个地区生产文化产品和提供文化服务的能力。

1. 北京文化产业产值高，文化企业的平均资本规模为 209.6 万元

2011 年，北京文化创意产业实现增加值 1938.6 亿元，比上年增长 14.2%；占地区生产总值的比重为 12.1%。

截至 2011 年底，北京市从事文化创意产业的企业共 13.42 万户，占企业总数的 19.19%。其中，2011 年文化创意产业新开业企业 2.05 万户。文化创意产业以中小规模企业为主，截至 2011 年底，北京市中小规模文化创意产业企业共计 107466 户，占总数的 80%。注册资本在 100 万元以下的企业占文化创意企业总数的 73.1%，注册资本在 5000 万元以上的企业仅占 0.7%。文化创意产业企业的平均资本规模为 209.6 万元，小于北京市企业 584.8 万元的平均资本规模。

2. 北京报刊发行量、图书发行量居国内领先地位

北京新闻出版产业规模较大，其中图书出版占全国的 41%，报刊种类占全国的 30%。2006～2011 年，北京地区出版报纸种类有所减少，2006 年 255 种，2009 年上升到 259 种，2011 年则下降到 253 种。同期，北京地区出版期刊的数量保持增长，2011 年达 3030 种；出版图书数量 2006 年 12.5 万种，到 2011 年达 15.5 万种。

表 8－13　2006～2011 年北京报刊和图书发行量

年份	出版报纸（种）	出版期刊（种）	出版图书（万种）
2006	255	2809	12.5
2007	256	2804	14.0
2008	256	2810	15.3
2009	259	2898	17.1
2010	259	3030	15.5
2011	253	3065	16.6

资料来源：历年北京市国民经济和社会发展统计公报。

3. 北京电影产量居全国第一

中国电影诞生地是位于北京大栅栏的大观楼。北京拥有多个电影制片厂和制作公司，目前，全国 70% 以上的影视公司、发行公司和后期制作单位云集在北京。“中国影都”怀柔区影视生产能力占全国 60%，拥有目前全球最大面积的影视摄影棚，是全国乃至全亚洲最大的影视拍摄及后期制作基地。这些中国电影的骨干企业，不仅形成了完整的电影产业链，还建立了具备多功能的生产制作基地。华谊兄弟公司、博纳国际影业、光线传媒等在京影视公司的成功上市，有效地利用资本市场力量提升电影生产能力。

最近 10 年，中国电影产业飞速发展，产量已跃居世界第三，市场容量接近全球第二。北京在全国电影业占有举足轻重的位置。据市广电局统计，2009～2011 年，北京的电影产量持续递增（见表 8－14），2011 年达 306 部，但占全国电影产量的比重有所下降。

表 8－14　2006～2011 年北京电影产量占全国比重

年份	全国电影产量（部）	北京电影产量（部）	北京占全国比重（%）
2009	456	230	70.2
2010	526	270	51.3
2011	791	306	38.7

资料来源：广电总局统计数据。

4. 北京进入国产动画片创作数量 10 大城市之列

广电总局的统计数据显示，从 2007 年到 2010 年，北京一直位居国产动画片创作生产数量 10 大城市行列（见表 8－15）。2007～2010 年，北京市动画片产量从 10 部 3143 分钟跃升到 2010 年的 17 部 8699 分钟。2010 年，杭州位居全国电视动画片 10 大城市之首，产量为 42 部 35008 分钟。

在 2007～2010 年全国原创动画片制作生产 10 大机构排名中，北京制作机构有 2 年跻身前 10，分别为：2008 年北京天地人传媒有限公司位居第五，2009 年北京卡酷动画卫星频道有限公司位居第九。

表 8－15　2007～2010 年北京市国产电视动画片生产及排名

年份	部数	集数	分钟	10 大城市排名
2007	10	770	3143	10
2008	12	436	7380	5
2009	25	794	9357	7
2010	17	831	8699	8

资料来源：北京市动画产业发展状况探析。

5. 广播电视收入保持稳步增长

北京有国家级广播电台 2 座（中央人民广播电台、中国国际广播电台），国家级电视台 2 座（中央电视台、中国教育电视台），市级广播电台 1 座（北京人民广播电台），市级电视台 1 座（北京电视台）。

北京市广播电影电视局提供的数字显示，北京广播电视产业 2011 年继续保持稳步增长态势，北京市广播影视创收 164.2 亿元，其中，广告收入为 71.49 亿元，比上年同期增加 10.12 亿元，增长了 16.5%。

（三）北京精神是城市文化精神的象征

2011 年底，以“爱国、创新、包容、厚德”为内容的表述语成为北京精神。北京精神充分体现了城市精神与核心价值的相互协调、城市共性与北京个性的相互兼容、历时底蕴与未来取向的相互统一、城市特色与市民素质的相互融合。

文化精神是一个城市历史文化的积淀，是一个城市的文化名片，更是一个城市的核心竞争力的体现，城市文化符号是城市文化精神的象征。北京城市文化符号，是当人们一提起北京首先想到的是“胡同、天坛、故宫、京剧、老舍、曹禺”，等等。世界城市无一例外地具有特定的、独具吸引力的文化符号：巴黎是时装之都和浪漫之都，维也纳是音乐之都，东京是东西文化交汇之城，罗马是古典文化集萃的城市，香港是世界最自由和最安全的城市等，纽约对外推广的文化价值符号有三项：自由女神、百老汇、华尔街。因此，北京精神有助于增强城市的文化凝聚力，增强市民对城市文化的高度认同，推动城市经济和社会的发展。

（四）文化保障力是文化创意产业可持续发展的重要保障

文化保障力是指城市在政策扶持、制度环境、组织领导、资金投入等方面对文化创意产业发展采取的措施，是文化软实力可持续发展的重要保障。

联合国教科文组织（UNESCO）对文化产业的定义是：“结合创作、生产等方式，把本质上无形的文化内容商品化。这些内容受到知识产权的保护，其形式可以是商品或是服务。”文化创意产业则指那些“来源于创意或文化的积累，通过知识产权的形成与运用，具有创造财富与就业机会潜力，并促进整体生活环境提升的行业”。

1998 年出台的《英国创意工业路径文件》中，要求政府“为支持文化创意产业，在从业人员的技能培训、企业财政扶持、知识产权保护、文化产品出口等方面”做出积极努力。英国政府采取的主要措施包括，在组织管理、人才培养、资金支持、生产经营等有关方面逐步加强机制建设，对文化产品的研发、制作、经销、出口实施系统性扶持。

因此，各国文化创意产业的发展离不开政府政策扶持和资金支持，同时，文化创意产业也是受版权保护的产业。

“十一五”时期，北京市政府及主管部门先后制定和发布了一系列与文化创意产业发展相关的政策及措施（见表 8－16），其中，文化创意产业发展总体规划 3 项、文化创意产业促进政策 6 项、文化创意产业投融资支持政策 6 项、文化创意产业知识产权保护政策 3 项。此外，还包括影视动画产业、网络游戏产业、工业旅游、软件和信息产业的发展政策 6 项。

表 8－16 北京市文化创意产业相关政策

政策类别	政 策	数量（项）
总体规划	北京市“十一五”时期文化创意产业发展规划 北京市“十一五”时期出版（版权）发展规划 北京市“十一五”时期旅游业及会展业发展规划	3
产业促进	北京市促进文化创意产业发展的若干政策 北京市海关关于支持北京市文化创意产业发展的若干措施 北京市文化创意产业投资指导目录 北京市保护利用工业资源发展文化创意产业指导意见 北京市工业促进局创意产业实施计划 关于大力推动首都功能核心区文化发展的意见	6
投融资支持	北京市文化创意产业发展专项资金管理办法（试行） 北京市文化创意产业集聚区基础设施专项资金管理办法（试行） 北京市文化创意产业创业投资引导基金管理暂行办法 北京市文化创意产业贷款贴息管理办法（试行） 北京市文化创意产业担保资金管理办法（试行） 关于金融支持首都文化创意产业发展的指导意见	6
知识产权保护	关于实施首都知识产权战略的意见 北京市文化创意产业知识产权保护与租金意见 北京市展会知识产权保护办法	3

资料来源：根据北京文化创意网的资料整理。

北京市持续加大对文化建设和文化创意产业发展的资金投入，2005 年至 2007 年，全市文化投入分别为 11.38 亿元、14.07 亿元和 21.17 亿元，分别占当年财政支出的 1.54%、1.57% 和 1.85%，年均增长率达到 36.38%，远远超过 24.5% 的市财政支出年均增长率。

表 8－17 北京市对文化创意产业的资金投入

年份	北京文化投入额（亿元）	占当年财政支出（%）
2005	11.38	1.54
2006	14.07	1.57
2007	21.17	1.85

资料来源：公开数据资料整理。

从2006年起，北京市设立了文化创意产业发展专项资金，北京市财政每年安排5亿元支持文化创意产业发展；安排文化创意产业集聚区基础设施建设专项资金5亿元，分3年支持文化创意产业集聚区建设。文化创意产业发展专项资金10亿元，支持重点产业项目100个，带动社会资金70亿元；文化创意产业发展集聚区政府固定资产投资已到位2.29亿元，支持重点集聚区建设项目5个。

（五）文化创新力是城市文化软实力的不竭动力

文化创新力是城市对文化方面要素的不断变革，是文化软实力的不竭动力。各项支持政策为北京市文化创业产业的发展提供了制度保障，良好的融资环境、知识产权保护制度使得北京的文化原创性增强，拥有自主知识产权数量在全国最高。2010年，全市作品著作权登记数达到31万件，占据了全国著作权登记数的50%。

“十一五”期间，北京市专利申请量与授权量累计分别达到21万件和10万件。2011年，北京市专利申请量与授权量分别为77955件和40888件，分别增长36.1%和22%；其中发明专利申请量与授权量分别为45057件和15880件，增长34.6%和41.7%。

（六）通过文化传播、文化交流和对外文化贸易提高了北京文化吸引力、影响力

文化影响力是指一个城市的文化信息传递能力，是一个城市文化软实力的重要物质载体。文化影响力既是一个地区通过国际文化互动对国际环境施加的实际影响的大小，也是一个地区的国际影响力在文化领域的一种表现形式。文化影响力与地区“软实力”的关系紧密，在一定程度上，文化影响力可以作地区软实力的一种衡量方法。

从一定意义上说，文化传播力决定影响力。有效地利用各种传播手段和媒介优势，加大文化传播的广度和深度，多维立体地将文化推向国际，扩大文化的国际影响力。通过文化传播、文化交流和对外文化贸易，提高北京文化影响力。

北京市文化贸易统计数据显示，2011年北京文化产品出口总值1.72亿美元，进口3.94亿美元，全年实现文化产品进出口5.66亿美元。从全国范围看，北京地区文化产品进出口规模在全国各省（市）中排名第9位，占同期全国文化产品进出口规模的2.8%；其中进口排名第1位，占同期全国文化产品进口规模的40.6%；出口排名第16位，占同期全国文化产品进口规模的0.9%。

北京文化服务出口总值12.24亿美元，文化服务进口总值8.88亿美元。文化服务贸易进出口总值占北京服务贸易进出口比例的2.3%。

北京文化“走出去”优势明显，北京的广播影视资源在全国最为丰富，其

中电影生产制作和出口均占全国的50%，动漫网游出口占全国的60%。

2010年北京文化艺术品交易总量350亿元，占全国文化艺术品交易的80%以上，北京已成为全球最大的中国文物艺术品交易中心和全国最大传统工艺品交易集散地、高端文物流通中心。

北京是展会集中地，北京是中国唯一入选全球前10名的国际会议城市（国际大会及会议协会（ICCA）2010年公布）。北京已有21个展会通过国际展览联盟（UFI）认证，占全国总数的四分之一以上。

每年北京举办的各类大型活动提高了北京文化的影响力，如“相约北京”文艺活动、北京国际图书博览会、北京图书订货会、北京戏剧演出季、北京音乐演出季、北京舞蹈演出季、北京国际电视周、北京网球公开赛、北京国际车展等渐成品牌。北京国际汽车展已成为底特律、法兰克福、日内瓦、东京四大“老牌”汽车展之后，世界第五大汽车展。

三、提升北京城市文化软实力，促进世界城市建设

北京世界城市建设过程中，文化软实力可以为世界城市建设提供精神引导，起到基础性和全局性的作用，世界城市的基础和核心是文化软实力。北京自1153年建都，已有800多年历史，北京建城已有近3000年的历史，北京的历史文化传承将为世界城市建设构筑深厚的价值底蕴。

作为全国文化中心，北京市拥有丰富的文化资源，近年来，北京市通过聚集区的建设，使文化创意产业呈现良好的发展势头。表现为：一是文化创意产业增加值占地区生产总值的比重达到12%；二是文化创意企业总量和门类居全国之首；三是文化原创性较强，全市著作权登记数占全国的50%；四是文化产业的聚集效应明显，各类艺术院团、机构数量较多；五是广播影视资源在全国最为丰富，其中电影生产制作占全国的50%；六是文化市场活跃，其中艺术品交易总量占全国的63%；七是新闻出版产业规模较大，其中图书出版占全国的41%，报刊种类占全国的30%；八是网络资源丰富，重点网站占全国的90%；九是文化“走出去”优势明显，其中电影出口占全国的50%，动漫网游出口占全国的60%；十是文化基础设施水平较高，其中博物馆数量仅次于英国伦敦，位居世界第二；十一是有世界文化遗产6处，居全国第一；十二是文化创意产业固定资产投资总额已达200多亿元，居全国之首。这些优势为北京城市文化软实力建设奠定了坚实的基础。

（一）加强文化与科技的融合

文化产业，包括众多的次产业类别。这些产业可以分为三个层次或部类：第

一部类是传统意义上的文化产业，如文化旅游、文艺演出业、民族传统节庆和传统工艺品等；第二部类是以电子与纸质印刷为基础的广播、电视、电影、新闻出版等常态文化产业；第三类是数字化、互联网等高新技术支撑下，当代时尚生活潮流推动的新兴创意产业的发展。

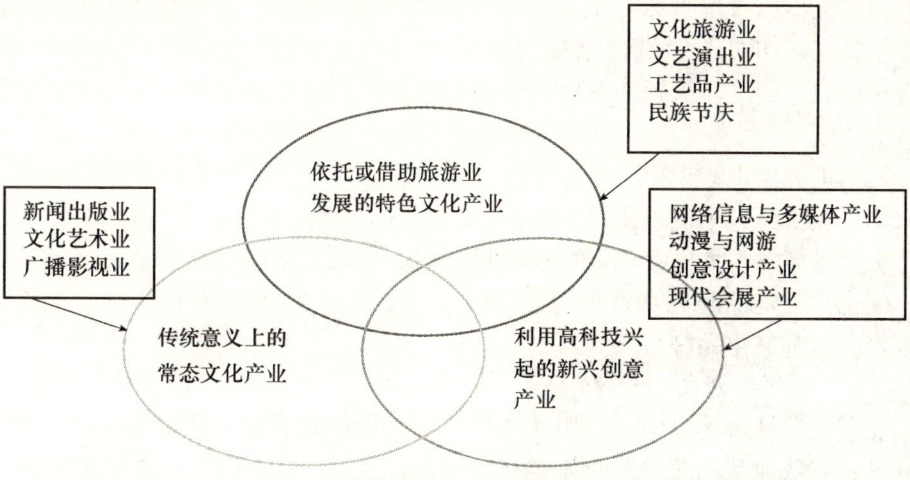

图8－5　文化创意产业内部不同形态

北京世界城市建设中，在着力抓好文艺演出、新闻出版、广播影视、艺术品交易等传统优势产业的基础上，巩固提升首都文化创意产业发展的优势地位。同时，利用高新技术，发展创意设计、动漫游戏、数字内容等新兴文化产业，实现文化与科技的融合。

互联网和信息传播业的发展，迫切需要内容文化产业的支持和推动，为发展文化创意产业提供了高端起步和跨越式发展的良好机遇。新兴数字技术，使创意内容产业进入高端领域，以数字化等高新技术促进文化的产业化，改造传统文化生产流通方式，带动整个文化创意产业的全面发展和提升。

（二）强化历史街区和产业集聚区的空间作用

北京世界城市建设中，通过文化建筑、历史街区展示城市生活方式。北京各区域“十二五”期间，在文化创意产业上发挥自身的自然优势和社会优势，东城区提出“两带、三园、六区”，即历史文化特色产业带、高端文化创意企业集聚带；中关村科技园区雍和园、前门文化创意产业集聚区、龙潭湖体育产业园区；和平里文化商务产业基地、北二环文化要素资源市场、国子监国学文化产业生态区、南锣鼓巷（玉河）文化产业区、广渠门内新闻出版产业基地、永外服装及文化用品产业基地。

朝阳区提出“一区三个中心”建设，要建设成为国家级的文化创意产业示范区，同时要建设三个中心，中国国际信息传媒中心和中国国际版权交易中心以及中国国际文化交流中心。要发展四大产业，包括艺术品交易、文化版权、文化传媒和文化旅游。

西城区提出重点打造“七大产业集聚区”，即：琉璃厂-大栅栏历史文化创意产业集聚区、DRC工业设计创意产业基地、中国北京出版创意产业园区、西长安街现代演艺街区、天桥演艺区、什刹海传统风貌旅游集聚区、天宁寺文化创意园区。

北京世界城市建设中，重点抓好中国动漫游戏城、国际出版创意产业园、中华文化主题公园、中国艺术品交易中心、西山文化创意大道、天桥演艺园区、云居寺文化景区等重大文化创意产业项目。积极推动文化创意产业集聚区的发展建设，优化文化资源配置和产业分工协作，打造一批特色街区和经典文化旅游项目，培育首都文化品牌。

（三）活化历史文化资源

北京世界城市建设中，运用文化创意将文化资源活化，转化为知识产权，衍生商品，有效地利用北京文化资源优势。北京作为一个有着3000年历史的文化古都，北京南北中轴线和朝阜大街以其独特历史地位和丰富的文化遗存构成了古都风貌。北京历史文化遗存丰富，文物保护单位众多，在注重文物保护的同时，深度挖掘文化内涵，使文物资源所承载的文化意义得以更加鲜活地传播。

（四）有效地发挥人才资源优势

北京不仅高校多，也聚集了一大批国内外高端人才。北京各高校每年为文化创意产业培养各类专业人才，成为文化创业产业发展的生力军。北京世界城市建设中，有效地发挥北京文化人才资源优势，鼓励创新型人才，积极创业，建立创意工作室、设计工作室、工艺作坊、动漫工场等，激活市民的创新意识。

（五）营造良好的制度环境

大力推进文化体制改革和政策创新，促进资源整合和市场主体培育，进一步完善文化要素市场，塑造更富活力的文化创意产业发展环境。完善文化创意产业投融资机制，促进文化与资本深度对接。健全融资服务平台，支持社会资本设立各类文化创意产业投资基金、担保公司、小额贷款公司，鼓励金融和保险机构开发面向文化创意产业的金融产品。成立北京文化产权交易所、国家版权交易所和中国设计交易市场，建立中国艺术品交易中心，提升首都文化产品创作、生产、交易的功能。健全文化资产评估机制，构建文化产权保护体系，加大对文化产品和品牌的保护。

参考文献

1. 王新新．北京建设中国特色世界城市的路径选择［J］．城市问题，2012，(2)：30~36
2. 齐心，张佰瑞，赵继敏．北京世界城市指标体系的构建与测评［J］．城市发展研究，2011，(4)：1~7
3. 段霞，文魁．基于全景观察的世界城市指标体系研究［J］．中国人民大学学报，2011，(2)：61~71
4. 谢守红，宁越敏．世界城市研究综述［J］．地理科学进展，2004，(9)：56~66
5. 屠启宇．世界城市指标体系研究的路径取向与方法拓展［J］．上海经济研究，2009，(6)：77~87
6. 寇静，朱晓青．世界城市的特性、主导产业及对北京的启示［J］．中国社会经济发展战略，2012，(1)：36~39
7. 段霞．世界城市建设与发展方式转变［M］．北京：中国经济出版社，2011
8. ［美］许倬云．中国文化与世界文化［M］．贵阳：贵州人民出版社，1991：5~11
9. ［美］罗伯特·弗兰兹．杨顺译．创意无限［M］．北京：中国社会科学出版社，2005：17~22
10. ［英］约翰桩金斯．石同云译．创意产业的核心因素［J］．电影艺术，2006 (5)：108~112
11. 彭艳．文化创意产业中的创意扩散模式研究——以动漫产业为例［D］．湖北：武汉理工大学，2010
12. 文化产业的范围和分类［OL］．http：//www.360doc.com/content/10/1114/19/4579515_69341187.shtml
13. ［澳］斯图亚特·坎宁安．从文化产业到创意产业［M］．北京：社会科学文献出版社，2004
14. 张京成．中国创意产业发展报告（2007）［R］．中国经济出版社，2007
15. 张振鹏，王玲．我国文化创意产业的定义及发展问题探讨［J］．科技管理研究，2009 (6)：564~566
16. 黄海．文化创意产业成北京第二大产业［OL］．http：//news.xinhuanet.com/2011-02/06/c_121052745.htm
17. 于启武，蒋三庚．北京 CBD 文化创意产业发展研究［M］．北京：首都经济贸易大学出版社，2008
18. 周玉红，陈成．“欧洲创意指数”评点创意时代的欧洲．上海情报服务平台，2005
19. 汤红娟．文化创意产业评估的统计指标体系研究［OL］．http：//www.lwkoo.cn/Freepaper/Wenhua/Yanjiu/201109/41277.html

20. 孙福良，张酒英．中国创意经济比较研究［M］．上海：东方出版中心，2008
21. 国外运用财税政策支持文化产业发展的实践经验对我国的启示［OL］．学术论文网，2011
22. http：//www. nbfet. gov. cn/zhuanti/index. php/zhuanti/view/id/14642
23. Mayor of London. Creativity：London's Core Business［M］. Great London Authority，2002
24. Mayor of London. World Cities Culture Report 2012. Greater London Authority，2012
25. Mayor of London，GLA Economics. The London Story：Update 2008，9
26. Alan Freeman. London's creative industries 2011 update. Greater London Authority，October 2011
27. Alan Freeman，GLA Economics. London：A cultural audit 2008. London Development Agency，2008：32
28. Alan Freeman. London：A cultural audit 2008［M］. GLA Economics，2008
29. Alan Freeman. London's Creative Sector：2007 update. London：GLA，2008
30. London's Creative Workforce（2010 update），GLA Economics，Feb 2010
31. GLA. Economics. LDA. DCMS. Design Council. Film London. TICA
32. fDi Intelligence from The Financial Times Ltd，2010
33. 唐亚明．走进英国大报［M］．广州：南方日报出版社，2004
34. 王刘芳．北京创意及服务业就业比例超纽约［N］．北京日报，2010－5－27（8）
35. 杨荣斌，陈超．世界城市文化发展趋向——以纽约、伦敦、新加坡、香港为例［R］．中国文化产业发展报告．2004
36. 沈望舒．北京莫将纽约当“偶像”［J］．瞭望闻闻周刊，2010，（42）：54～55
37. 周振华．伦敦、纽约、东京经济转型的经验及其借鉴［J］．科学发展，2011，（10）：3～11
38. 蔡瀛．“理想城市”需要更科学更务实的城市规划——2007 版纽约城市规划的经验借鉴及其对我们的启示［J］．风景园林，2011，（6）：31～34
39. 陈振华，张章．世界城市郊区小城镇发展对北京的启示——以伦敦、东京和纽约为例［J］．北京规划建设，2010，（4）：68～73
40. 范周．创建北京世界城市新貌应借文化之力［C］．建设世界城市提高首都软实力——2010 北京文化论坛文集．2010
41. 杨剑龙．白玉兰与大苹果：上海、纽约都市文化之比较［J］．上海师范大学学报（哲学社会科学版），2008，（5）：1～8
42. 朱建邦．北京建设世界城市中的城市素质建设［C］．建设世界城市提高首都软实力——2010 北京文化论坛文集．2010 年
43. 王晖．北京市与纽约市文化创意产业集聚区比较研究［J］．北京社会科学，2010，（6）：32～37
44. 陈磊．从伦敦、纽约和东京看世界城市形成的阶段、特征与规律［J］．城市观察，2011，（4）：84～93
45. 李珍玉．从纽约看国际大都市的文化运营［N］．中国文化报，2004 年 11 月 23 日
46. 孙惠柱．大都市的公共文化布局：纽约与上海的比较［N］．解放日报，2008 年 12 月 14 日第 7 版

47. 陈剑．关于建设世界城市，提升首都软实力若干问题的思考［C］．建设世界城市提高首都软实力——2010 北京文化论坛文集．2010 年
48. 伊真．回眸纽约．东方艺术，2001，(6)：96～98
49. 王成荣．建设世界城市打造首都国际商贸中心［C］．建设世界城市提高首都软实力——2010 北京文化论坛文集．2010
50. 纽约、东京、伦敦文化软实力发展比较研究［C］．建设世界城市提高首都软实力——2010 北京文化论坛文集．2010
51. 纽约，魅力之都［J］．创新科技，2008，(11)：60～61
52. 刘光溪．纽约变革［J］．招商周刊，2003，(1)：18～19
53. 蒲玉梅．纽约成为全球性城市发展道路的分析［J］．广西广播电视大学学报，2008，19 (3)：72～76
54. 徐康宁．文明与繁荣——中外城市经济发展环境比较研究［M］．南京：东南大学出版社，2003 年
55. 石忆邵，黄银池．纽约城市规划的特点及其对上海的启示［J］．世界地理研究，2010，19 (1)：20～27
56. 郑寅．纽约和华盛顿之比较［J］．开放导报，1994，(5)：56～59
57. 杨一博，宗刚．纽约世界城市发展道路对北京的启示［J］．现代城市研究，2011，(12)：79～84
58. 呆呆．纽约苏活区：因艺术而商业［J］．商业文化，2006，(15)：41～43
59. 朱易安．纽约与上海文化创意产业发展渊源之比较［J］．科学发展，2009，(5)：87～93
60. 林广．浅论美国纽约的城市形象［J］．城市问题，1998，(3)：57～60
61. 宋洁尘，辛向阳．世界城市的文化特质与北京的抉择［C］．建设世界城市提高首都软实力——2010 北京文化论坛文集．2010
62. 李平余．世界大都会——纽约［J］．出国与就业，2001，(9)：32～33
63. 苏智良，江文君．双城记：上海纽约城市比较研究［J］．上海师范大学学报（哲学社会科学版），2008，37 (5)：22～30
64. 杜树雷．提升首都文化软实力，推进世界城市建设［C］．建设世界城市提高首都软实力——2010 北京文化论坛文集．2010
65. 卢梭．提升首都文化软实力是建设“世界城市”的基础［C］．建设世界城市提高首都软实力——2010 北京文化论坛文集．2010
66. 蒲玉梅．战后纽约全球性城市的形成［J］．台声．新视角，2006，(1)：281～282
67. 宝鸡市社科联．“宝鸡软实力发展战略高峰论坛”观点综述［J］．宝鸡社会科学，2010，(4)：22～25
68. 陶建杰．城市软实力综合评价指标体系研究［J］．中共宁波市委党校学报，2010，(4)：62～67
69. 刘光宇．创意提升软实力［N］．人民日报，2011－5－11
70. 徐虹．对提升城市和区域发展软实力的几点思考［J］．城市，2010，(3)：68～71

71. 陈灏，陈伟雄．关于文化创意产业发展与文化软实力提升的思考［J］．喀什师范学院学报，2011，32（5）：20～23
72. 庄德林，陈信康．国际大都市软实力内涵、塑造经验与启示［J］．中国科技论坛，2010，（4）：70～69
73. 张文平．加快发展文化产业努力增强国家文化软实力［J］．中共贵州省委党校学报，2011，（6）：7～10
74. 孙卫华，刘卫东．流行文化中的文化软实力较量［J］．新闻知识，2012，（2）：6～8
75. 王威，赵东喜．试论加强文化软实力建设与提升中国文化产业竞争力［J］．华北电力大学学报（社会科学版），2012，（1）：28～33
76. 魏磊．试论文化软实力［J］．江西行政学院学报，2012，14（1）：63～66
77. 徐艳芳，王蔚，金华．文化产业视角下的城市文化软实力［J］．济南大学学报（社会科学版），2011，21（5）：50～55
78. 赵学琳，陆静．文化产业增强国家文化软实力的机能分析［J］．中国特色社会主义研究，2011，（6）：29～34
79. 曹淑艳．北京市文化创意产业发展研究——基于北京市建设世界城市的视角［J］．国际商务——对外经济贸易大学学报，2012，（2）：105～112
80. 张蕾．基于世界城市目标的北京文化创意产业与社区互动协调发展［D］．北京交通大学硕士论文．2011
81. 王琪．世界城市创意产业发展状况的国际比较［J］．上海经济研究，2007，（9）：89～94，24
82. 吴丹．百老汇和伦敦西区的文化产业启示录［N］．第一财经日报，2009－10－20（C04）
83. 诸大建，易华．面向都市经济增长的创意产业发展——以伦敦、纽约为例．2007，18（2）：44～48
84. 张勇．北京建设世界城市的资源禀赋特点论析——基于软实力理论框架的思考［C］．建设世界城市提高首都软实力——2010 北京文化论坛文集．2010
85. ［美］伊丽莎白·科瑞德著．陆香，丁硕瑞译．创意纽约：百年纽约的时尚、艺术与音乐［M］．北京：中信出版社，2010
86. 纽约市的城市规划［OL］．http：//www. archcy. com/focus/chengshiguihua/a085dc3930c765ba. 2010－08－03
87. 孙亮．“文化软实力”指标体系的建构原则与构成要素［J］．理论月刊，2009，（5）：145～147
88. 罗能生，谢里．国家文化软实力评估指标体系与模型构建［J］．求索，2010，（9）：22～24
89. 余晓曼．城市文化软实力的内涵及构成要素［J］．当代传播，2011，（2）：83～85
90. 罗能生，郭更臣，谢里．我国区域文化软实力评价研究［J］．经济地理，2010，30（9）：1503～1506
91. 裴苹汀．设计管理提升城市文化辐射力［C］．2009 清华国际设计管理大会论文集，2009 年

92. 叶继海．全球化时代中国文化传播力的构建［J］．新闻爱好者，2011，(24)：18~19
93. 马运军．文化凝聚力：文化建议的主题［J］．探索，2003，(3)：112~114
94. 吴锦程．试论创新文化产业与福建文化生产力发展［J］．科技和产业，2008，8（8)：69~72
95. 蔡尚伟，蒋亚隆．中国“文化迁都”论［OL］．http：//media. people. com. cn/GB/6994968. html. 2008年3月13日
96. 张京成，王国华等．北京文化创意产业发展报告（2011）［M］．北京：社会科学文献出版社，2012年3月
97. 沈金箴．东京世界城市的形成发展及其对北京的启示［J］．经济地理，2003，23（4)：571~576
98. 胡雪峰，石明磊，刘洪波．把握世界城市本质和演变规律探索建设中国特色世界城市之路［J］．北京规划建设，2010（6)：13~15
99. 李苏宁，苏腾．世界城市产业升级对北京的一点启示［J］．北京规划建设，2010，(6)：79－82
100. 李静．打造世界城市，突出中国特色、北京特色［J］．北京规划建设，2010，(5)：47~49
101. 张暄．政府规划主导下的东京世界城市发展模式［J］．城市建设理论研究，2011，(30)：167~173
102. 苑洁．文化产业行业界定的比较研究［J］．理论建设，2005，(1)：61~65
103. 张春梅．创意产业集群发展的国际经验及启示［J］．商业时代，2010，(7)：110~111
104. 朱婧达．北京文化创意产业发展模式探讨［D］．北京：北京交通大学，2009
105. 胡珊．日本文化创意产业的发展经验与启示［J］．时代经贸，2008，(6)：98~99
106. 崔岩，庞楚．浅析日本文化创意产业［J］．文艺生活理论新探，2011，(10)：268~269
107. 黄思源．创意产业及其运行机制探析［D］．北京：中共中央党校，2010
108. 赵春雪．浅析国外文化创意产业发展现状及经验启示［J］．商品质量，2011，(8)：127
109. 赵雯倩．中日文化创意产业整体比较研究［J］．产业与科技论坛，2008，7（7)：244~246
110. 姜毅然，张婉茹，王海澜．以市场为导向的日本文化创意产业［M］．北京：人民出版社，2009
111. 李常庆．日本动漫产品的传播形式与流通渠道［J］．环球扫描，2009（11)：73~76
112. 窦重山．日本漫画出版业发展述略［J］．文学与文化研究，2010（1)：125~128
113. 刘建．映画传奇—当代日本卡通纵览［M］．天津：百花文艺出版社，2003
114. 聂欣如．动画概论［M］．上海：复旦大学出版社，2009
115. 高星．从UNIQLO看日本设计美学理念的品牌化［J］．广西轻工业，2011（9)：149~150
116. 李海霞．日本文化产业的主要特点探析［J］．天府新论，2010（6)：114~119
117. 平成23年度東京都公立図書館調查（総括表）［OL］．http：//www. library. metro. tokyo. jp/Portals/0/15/pdf/23chosa2. pdf
118. 東京都書店案内2011［OL］．http：//www. tokyo-shoten. or. jp/
119. 平成22年度末種別毎都市公園等整備現況［OL］．https：//www. mlit. go. jp/common/000185195. pdf

120. 特定サービス産業実態調査［OL］. http：//www. meti. go. jp/statistics/tyo/tokusabizi/result-2/h22/excel/23_all. xls
121. 日本のアニメ市場（業界・産業）の推移 2012年版［OL］. http：//www. aja. gr. jp/data/doc/sangyodata_suii-20120328. pdf
122. 东京的图书馆［OL］. http：//blog. sina. com. cn/s/blog_53f13a4f0100bq3d. html）
123. 钟纪刚. 巴黎城市建设史（第一版）［M］. 北京：中国建筑工业出版社，2002
124. 刘健. 巴黎地区区域规划研究［J］. 北京规划建设，2002，（1）：67～71
125. 乔恒利. 法国城市规划与设计（第一版）［M］. 北京：中国建筑工业出版社，2008
126. 曹刚，王深. 巴黎地区的发展与规划［J］. 国外城市规划，2004，（5）：44～49
127. 张永仲. 历史中的巴黎实践创新［J］. 规划师，2002，（2）：80～82
128. 米歇尔·米绍，张杰，邹欢. 法国城市规划40年. 第一版. 北京：社会科学文献出版社，2007
129. 卞向阳主编. 国际时尚中心城市案例［M］. 上海：格致出版社，2010
130. 张智新. 四大世界城市行政体制比较及其启示［C］. 2011城市国际化论坛——全球化进程中的大都市治理（论文集）
131. 朱晓龙，王洪辉. 巴黎工业结构演变及特点［J］. 国外城市规划，2004，（5）：50～52
132. 张凌云，程璐. 北京旅游业在建设世界城市中的优势与不足——北京与巴黎等世界四大城市旅游发展差异比较［J］. 北京社会科学，2010，（5）：41～50
133. 史亚娟，郭平建，刘卫，席阳. 北京展PK巴黎展胜算几何［J］. 中国纺织，2011，（5）：44～48
134. 法国文化部. http：//www. culture. gouv. fr/nav/index-stat. html
135. 黄辉. 巴黎文化产业的现状、特征与发展空间［J］. 城市观察，2009，（3）：28～37
136. 果果. 巴黎时尚密语——对话顶级设计名师［M］. 北京：中国纺织出版社，2009
137. 马庆国，楼阳生等. 区域软实力的理论与实施［M］. 北京：中国社会科学出版社，2007
138. 巫志南. 永不落幕的嘉年华［J］. 社会观察，2004，（1）：5～9
139. 王圣军. 大都市圈发展的经济整合机制研究［D］. 成都：西南财经大学，2008
140. 白晋虎，马竣敏，边素庭. 对创意产业发展的观察与思考（一）［J］. 科技创新与生产力，2011，（4）：30～34
141. 2011年全球文化产业发展报告［R］. 全球文化产业大会2012. 1
142. PengEr Lam. Japan'S Quest for "Soft Power"：Attraction and Limitation［J］. East Asia，2007，24（4）：349～63
143. Joseph S，Nye J R，Wang Jisi. Hard Decisions on Soft Power Opportunities and Difficulties for Chinese Soft Power［J］. Harvard International Review，summer. 2009，31（2）：18～23
144. 王美艳. 独语与挑战：大文化观下的法国创意产业发展［J］. 艺术百家，2007，（6）：13～17
145. 吕学武，范周. 文化创意产业前沿见证：使命与方向［M］. 北京：中国传媒大学出版社，2007

146. 曾刚，王深．巴黎地区的发展与规划［J］．国外城市规划，2004，（5）：44～49
147. Gulli F，offner J M. Paris，MetroPole hors les murs，Amenageretgouvernerun Grand Paris. Paris：Presses de Sciences Po，2008
148. 唐亦功．巴黎城市规划布局规律及特点研究［J］．世界地理研究，2007，（5）：1～49
149. 宫丽达．解读《大巴黎计划》的十个关键词［J］．国际城市规划，2010，（4）：72～78
150. 姚立．阵痛中的巴黎"大巴黎计划"的喜与忧［J］．中国报道，2010，（7）：62～65
151. 洪亮平，陶文铸．法国的大巴黎计划及启示［J］．城市问题，2010，（10）：91～96
152. 陶建杰．十大国际都市文化软实力评析［J］．城市问题，2011，（10）：2～68
153. 朱怡洁．我国创意经济产业的发展探究［J］．中国商界，2007，（7）：364～365
154. 夏文斌．文化软实力与北京构建世界城市的战略选择［J］．首都科学发展论坛，2010，（5）：64～65
155. 庄德林，陈信康．国际大都市软实力评价研究［J］．城市发展研究，2009，（10）：36～41
156. 王华，李艾菁，孙颖．改革开放30年：北京十大文化创意产业集聚区发展模式的演进［J］．北京规划建设，2009，（1）：60～63
157. 2005～2011年北京市年国民经济和社会发展统计公报［OL］．北京市统计局网站
158. 北京统计年鉴2011［OL］．http：//www. bjstats. gov. cn/nj/main/2011-tjnj/index. htm
159. 北京文化创意产业网．http：//www. bjci. gov. cn

图书在版编目（CIP）数据

世界城市 文化力量/牛继舜等编著.
--北京：经济日报出版社，2012.12
ISBN 978-7-80257-460-1

Ⅰ. ①世…
Ⅱ. ①牛…
Ⅲ. ①城市建设-研究-北京市②文化产业-产业发展-研究-北京市
Ⅳ. ①F299.271②G127.1

中国版本图书馆 CIP 数据核字（2012）第 245080 号

书　　名：世界城市 文化力量
作　　者：牛继舜等
责任编辑：王　含
责任校对：王　越
出版发行：经济日报出版社
地　　址：北京市西城区右安门内大街 65 号（邮编：100054）
电　　话：010-63567690 （编辑部）　63567687（邮购部）
　　　　　010-63516959　63559665　83558469（发行部）
网　　址：www.edpbook.com.cn
E -mail：jjrbbjb@163.com
经　　销：全国新华书店
印　　刷：北京东海印刷有限公司
开　　本：710×1000mm　1/16
成品尺寸：170×240mm
印　　张：13.75
字　　数：240 千字
版　　次：2012 年 12 月第一版
印　　次：2012 年 12 月第一次印刷
书　　号：ISBN 978-7-80257-460-1
定　　价：38.00 元